ライブラリー生活の科学 7

生活と技術

中島利誠 編著

コロナ社

企画・編集委員会

委員長：中根　芳一（梅花短期大学，大阪市立大学名誉教授）
委　員：石川　實（ノートルダム清心女子大学，奈良女子大学名誉教授）
（五十音順）　岸本　幸臣（大阪教育大学）
　　　　　　中島　利誠（昭和女子大学，お茶の水女子大学名誉教授）

（所属は編集当時のものによる）

編　者

中島　利誠（昭和女子大学，お茶の水女子大学名誉教授）

執筆者

中島　利誠（昭和女子大学，お茶の水女子大学名誉教授）	1 章
會川　義寛（お茶の水女子大学）	2 章
岩永　光一（千葉大学）	3.1, 3.2 節
原田　一（東北工業大学）	3.3, 3.4 節
島崎　恒蔵（日本女子大学）	4 章
中村　猛（元大阪市立大学）	5 章
岡田　明（大阪市立大学大学院）	6 章
風間　健（武庫川女子大学名誉教授）	7 章
小川昭二郎（お茶の水女子大学）	8 章
丹羽　雅子（奈良女子大学）	9 章
鎌田　佳伸（実践女子大学）	10 章

（所属は執筆当時のものによる）

刊行のことば

　近年，家政学系からの改組・改編を含めて，生活科学系の学部・学科の設置が顕著である。しかし，各大学に設置された生活科学系の学部・学科のカリキュラム内容には，必ずしも整合性や共通性があるとは言えない。この原因として，各大学がそれぞれ内容に特色を出そうと努力したこともあるが，各大学が持っている建学の精神や，従来の教員構成など，過去の経緯の影響も無視できない。また生活学科について，大学教員だけをとっても，必ずしも学問論としての生活科学に関する認識が，一致しているとは言えないことが指摘できる。

　また，家政学系の学部・学科を生活科学系に改組・改編することが必要になった原因として，女性の社会進出が顕著になり，さらに21世紀には女性の生涯就労も強く求められ，男女共生社会になると思慮されるにもかかわらず，短大はじめ多くの家政学部・家政学科が，従来から男女共学化や専門職業人の養成を図らず，主として家庭人育成を目的としてきたこと，および家政学の研究・教育の範囲を家庭生活を中心とした人間生活に限定してきたため，生活の社会化・国際化・情報化などの進展が目覚ましく，家庭生活と社会での生活とのボーダレス化が進行する現代社会に適合できなくなり，生活を総合的に捉える生活科学の視点が必要になったことなどを挙げることができる。

　ゆえに，いまこの段階で生活科学についての共通の認識をまとめて，その立論の根拠を含めて，明らかにすることも重要であると言える。

　簡単に表現すれば，生活科学は，生活者がよりよい生活を送るための，生活の発展・向上を目的とした，私たち自身のための学問であると言える。この生活科学の内容を，生活科学の発展に重要な役割を果たしている諸大学の，各分野の専門家によって，現時点でおたがいの生活科学についての認識の疎通を図りながら，分担執筆することによってまとめておくことも，意義のあることだ

刊行のことば

と考えた。

　以上のような観点で，大学・短期大学の教科書，あるいは研究者の参考書として今般コロナ社から「ライブラリー生活の科学」の出版を企画した。

　このシリーズで生活科学を学んだ人が，将来生活科学の専門家として，社会の多くの分野で活躍することを願っている。そして諸々の生活問題を解決することに役立ち，ひいては地球環境の保全，人類の繁栄・福祉に貢献することができれば，幸いである。

　また，各巻の最終章には各巻にかかわる「実践例」をできるだけ取り上げ，読者の理解が進みやすくなるようにも配慮した。

　本シリーズが，多くの大学・短大の生活科学系科目の教科書として，あるいは研究者の参考書として活用されることを願う次第である。

　巻末に記した引用文献以外にも，多くの方々の著書・論文などを参考にさせていただいた。記して深謝申し上げる。また，コロナ社の方々には本シリーズをまとめるにあたってたいへんご面倒をかけ，お世話になった。併せて感謝申し上げる。

1999年3月

企画・編集委員会委員長　　中根　芳一

は じ め に

　近代技術は日常生活の中にも広く，深く浸透しているが，地球上の資源を後世代にも残すために，資源を必要以上に浪費しないことが求められている。地球上の人類が爆発的に増加している今日，技術のなかった昔に戻ることは人類の滅亡を意味している。技術に溺れてもいけないし，技術を軽視してもいけない。いまこそ技術に直面し，技術を賢く選択しながら生きていかなければならない。

　地球上に住んでいた人類が少なく，行動範囲も狭かった時代には，地球は無限大の広さを持っていた。人類が増え，行動範囲も拡大した今日では，倫理は政治・経済の分野のみならず，技術分野にも必要になっている。そのためには生活にかかわる技術の現状を知らなければならない。

　本書では，住生活・衣生活にかかわる技術と生活情報を中心に記述してある。食生活にかかわる技術は「生活と健康」の巻にまとめた。参照して頂きたい。

　技術の賢い選択には歴史的視点も必要である。會川義寛氏には，生活技術の歴史的変遷を執筆して頂いた。中医学にも造詣の深い會川氏にして書くことのできた興味深い技術に対する氏のフィロソフィーが書かれている。岩永光一氏には，人間工学の手法としての形態学的手法，生理学的手法，心理学的手法などを執筆して頂いた。また，原田　一氏には，データ入力の方法と生理・心理反応について，執筆して頂くと同時に，事例紹介をお願いした。日常生活の中で無意識で用いている技術の恩恵を理解できよう。島崎恒蔵氏には，日常生活で使用する機器を加熱器，電動機，照明機器，衣服関連機器に大別して，熱変換の原理と応用例，動力変換の原理と応用例，光変換の原理と照明機器について執筆して頂いた。現代の生活に不可欠なエネルギー利用の実態を知ることができよう。中村　猛氏には，住宅設備としての熱関連事項，給排水設備，防災設備，照明設備について執筆して頂いた。非常にわかりやすく書かれており，

はじめに

読者の方々の家の改築，新築に参考になると思う．また，岡田 明氏には，自動化に伴う造形の変化，ヒューマンインタフェースとヒトの諸特性，ヒューマンインタフェースに基づいた設計指針について執筆して頂いている．

さて，現代はすでに情報化社会から，マルチ情報化社会に足を踏み入れた段階であるが，風間 健氏には，生活情報と生活様式，情報化社会の現状，生活情報と生活技術について，執筆して頂いた．この分野は発展が急激であったため，出版が遅れた分だけ何度にもわたって原稿の書き直しをしてくださった．現代生活はプラスチックをはじめとする多くの先端的機能材料が用いられている．生活の中のプラスチック材料，使用済みのプラスチック材料の廃棄や再利用について，小川昭二郎氏に執筆して頂いた．資源の再利用が求められている今日，プラスチック開発の方向が少しずつ変化してきていることに気付かれるであろう．

快適な生活を営むためには，それなりの材料が必要であるが，同時にこのような感性商品を評価する技術が不可欠である．丹羽雅子氏には，日本から情報発信した技術として高く評価されている感覚性能の客観的評価について執筆して頂いた．丹羽氏はまさにこの分野の世界の第一人者である．また，最近のアパレル技術の進歩には目を見張るものがあるが，鎌田佳伸氏には，わが国の繊維産業，アパレル産業の今後の動向について執筆して頂いた．アパレル産業が急激に変化している現状が理解できよう．

本書を読者諸兄姉の技術に対する見方と，今後の技術選択に少しでも役立てて頂ければありがたいと念ずる次第である．

2002年9月

編集責任者　中島　利誠

目　　　次

1　序　　論

1.1　技術とはなにか？ …………………………………………………………… *1*
1.2　日本の技術の特徴 …………………………………………………………… *2*

2　生活技術の歴史的変遷

2.1　技　術　と　工　学 ………………………………………………………… *4*
2.2　生活の中における技術の始まり …………………………………………… *6*
　2.2.1　自然の一部としての人間 …………………………………………… *6*
　2.2.2　世界の対象化とその自己内への写像─言語の成立─ …………… *7*
　2.2.3　自己の対象化と内部環境 …………………………………………… *9*
　2.2.4　自己の外在化と環境の改造 ………………………………………… *10*
　2.2.5　生理機能と生活技術 ………………………………………………… *11*
　2.2.6　実　践　と　認　識 ………………………………………………… *12*
　2.2.7　環境との調和 ………………………………………………………… *12*
　2.2.8　材　料　と　道　具 ………………………………………………… *13*
2.3　生活に用いる材料 …………………………………………………………… *14*
　2.3.1　五　　　　材 ………………………………………………………… *14*
　2.3.2　火の使用と水の利用 ………………………………………………… *16*
　2.3.3　生物材料の利用と金属材料の使用 ………………………………… *17*

2.3.4 食物の生産 …………………………………………………… *19*
2.4 物理環境の技術的調節 ……………………………………………… *20*
  2.4.1 衣服と寝具 …………………………………………………… *20*
  2.4.2 住居と水道 …………………………………………………… *21*
2.5 医療技術 ……………………………………………………………… *22*
2.6 文字と情報 …………………………………………………………… *23*
2.7 計測と単位 …………………………………………………………… *24*
2.8 機械の発明と機械的世界観 ………………………………………… *25*

3 人間工学と生活技術

3.1 人間工学の視点 ……………………………………………………… *27*
  3.1.1 人間工学とは ………………………………………………… *27*
  3.1.2 人間工学と生活技術 ………………………………………… *29*
3.2 人間工学の手法 ……………………………………………………… *30*
  3.2.1 形態学的手法 ………………………………………………… *31*
  3.2.2 生理学的手法 ………………………………………………… *32*
  3.2.3 心理学的手法 ………………………………………………… *35*
  3.2.4 その他の手法 ………………………………………………… *35*
3.3 入力デバイスと人間工学 …………………………………………… *36*
  3.3.1 入力デバイス ………………………………………………… *36*
  3.3.2 ATM画面 ……………………………………………………… *39*
  3.3.3 数字キーの配列 ……………………………………………… *40*
  3.3.4 データ入力と生理・心理反応 ……………………………… *42*
  3.3.5 釣り用電動リールの操作パネル …………………………… *43*
3.4 ツールと人間工学 …………………………………………………… *44*
  3.4.1 ボールペン …………………………………………………… *44*
  3.4.2 ヘアドライヤー ……………………………………………… *45*
  3.4.3 ファンデーション用コンパクト …………………………… *46*

3.4.4　自動車用シート ……………………………………… *48*

4　生活機器と生活技術

4.1　生活機器の変遷と家庭における役割 ……………………… *50*
4.2　生活機器の種類と利用技術 …………………………………… *51*
　　4.2.1　熱変換の原理と応用機器 ……………………………… *52*
　　4.2.2　動力変換の原理と応用機器 …………………………… *57*
　　4.2.3　光変換の原理と照明機器 ……………………………… *63*
　　4.2.4　被服関連機器 …………………………………………… *67*

5　住宅設備と生活技術

5.1　は じ め に ……………………………………………………… *71*
5.2　エアコンの前に（熱環境）…………………………………… *73*
　　5.2.1　外壁断熱評価 …………………………………………… *73*
　　5.2.2　ヒートポンプエアコン ………………………………… *74*
　　5.2.3　エアコン計画前のチェック …………………………… *75*
5.3　エアコン設備（空気環境）…………………………………… *77*
　　5.3.1　空気の熱的性質 ………………………………………… *77*
　　5.3.2　室内空気清浄度 ………………………………………… *78*
　　5.3.3　エアコンと換気 ………………………………………… *79*
5.4　給排水設備（水環境）………………………………………… *80*
　　5.4.1　給水量と水道 …………………………………………… *80*
　　5.4.2　排水および浄化槽 ……………………………………… *81*
　　5.4.3　衛生器具，機器 ………………………………………… *82*
5.5　配管とダクトの知識（水圧と気圧）………………………… *83*
　　5.5.1　水 圧 と 水 槽 …………………………………………… *83*
　　5.5.2　配管とポンプ …………………………………………… *84*

目次

- 5.5.3 ダクトとファン …………………………………… 85
- 5.6 防災設備（火環境） …………………………………… 86
  - 5.6.1 フラッシュオーバ …………………………………… 86
  - 5.6.2 防災と消火システム ………………………………… 87
  - 5.6.3 都市ガスについて …………………………………… 89
- 5.7 照明設備（光環境） …………………………………… 90
  - 5.7.1 光と単位 ……………………………………………… 90
  - 5.7.2 照度計算 ……………………………………………… 91
  - 5.7.3 照明方式・器具 ……………………………………… 92
- 5.8 防音対策（音環境） …………………………………… 94
  - 5.8.1 音と単位 ……………………………………………… 94
  - 5.8.2 騒音と評価 …………………………………………… 95
  - 5.8.3 設備騒音対策 ………………………………………… 96
- 5.9 電気設備（電気環境） ………………………………… 98
  - 5.9.1 電気と単位 …………………………………………… 98
  - 5.9.2 家電機器 ……………………………………………… 99
  - 5.9.3 電気設備 ……………………………………………… 100
- 5.10 情報設備（通信環境） ………………………………… 101
  - 5.10.1 電波と受信 ………………………………………… 101
  - 5.10.2 通信事業 …………………………………………… 103
  - 5.10.3 弱電設備 …………………………………………… 104
- 5.11 おわりに ……………………………………………… 105

6 生活における造形と技術

- 6.1 生活用具が文化をつくる ……………………………… 107
  - 6.1.1 暮らしの中の火 …………………………………… 107
  - 6.1.2 必要性が生活を変える …………………………… 110
- 6.2 インダストリアル・デザインと造形 ………………… 111

6.2.1　インダストリアル・デザインとは ……………………………… *112*
  6.2.2　デザイン・プロセス ………………………………………………… *114*
  6.2.3　製品デザインの要素 ………………………………………………… *116*
 6.3　生活用具の進化 ………………………………………………………… *117*
  6.3.1　自動化によるヒトと生活用具との関係の変遷 …………… *118*
  6.3.2　ディジタル化とブラックボックス化 ……………………… *120*
  6.3.3　自動化に伴う造形の変化 …………………………………… *121*
 6.4　ヒューマンインタフェース ……………………………………… *122*
  6.4.1　ヒューマンインタフェースとは …………………………… *122*
  6.4.2　ヒューマンインタフェースとヒトの諸特性 ……………… *123*
  6.4.3　ヒューマンインタフェースに基づいた設計指針 ………… *124*
 6.5　これからの生活造形とその課題 ………………………………… *126*
  6.5.1　快適であるということ ……………………………………… *126*
  6.5.2　本当に快適で健康的な生活環境の造形とは ……………… *127*

7　生活情報と技術

 7.1　生活情報と生活様式 ……………………………………………… *130*
 7.2　工業化社会の誕生から爛熟まで ………………………………… *132*
  7.2.1　産業革命のころ ……………………………………………… *132*
  7.2.2　20世紀前半—1900年から1950年まで— ………………… *132*
  7.2.3　生活水準の向上—1955年から1969年まで— …………… *133*
  7.2.4　生活の多様化と情報ニーズ—1970年代から1980年代まで— ……… *135*
 7.3　情報化社会—1990年代から— ………………………………… *138*
  7.3.1　仕事のかたち ………………………………………………… *139*
  7.3.2　情報化社会の生活と生活情報 ……………………………… *140*
 7.4　生活情報と生活技術 ……………………………………………… *145*

8 プラスチック材料と生活技術

- 8.1 プラスチックとは ……………………………………………… *149*
- 8.2 石油化学とプラスチック ………………………………………… *151*
- 8.3 生活の中のプラスチック材料 …………………………………… *152*
  - 8.3.1 ポリエチレン（PE） ………………………………… *154*
  - 8.3.2 ポリプロピレン（PP） ……………………………… *156*
  - 8.3.3 ポリ塩化ビニル（PVC, V） ………………………… *157*
  - 8.3.4 ポリスチレン（PS） ………………………………… *158*
  - 8.3.5 ポリエチレンテレフタレート樹脂（PET樹脂） …… *160*
  - 8.3.6 ポリ塩化ビニリデン ………………………………… *160*
  - 8.3.7 ポリカーボネート（PC） …………………………… *161*
  - 8.3.8 ホルマリン樹脂 ……………………………………… *161*
- 8.4 使い終わったプラスチック材料 ………………………………… *162*
  - 8.4.1 使用量の削減 ………………………………………… *164*
  - 8.4.2 使用済み製品の再使用（リユース） ………………… *164*
  - 8.4.3 マテリアルリサイクル ……………………………… *165*
  - 8.4.4 ケミカルリサイクル ………………………………… *167*
  - 8.4.5 サーマルリサイクル ………………………………… *169*
- 8.5 おわりに ………………………………………………………… *171*

9 感覚性能の客観的評価とアパレル技術

- 9.1 感覚性能の客観的評価 …………………………………………… *173*
  - 9.1.1 人間と触れて使われる材料 ………………………… *173*
  - 9.1.2 感性性能としての風合い …………………………… *175*
  - 9.1.3 風合いの主観評価 …………………………………… *176*
  - 9.1.4 風合いの数値化 ……………………………………… *178*

 9.1.5 風合いの客観的評価法 ……………………………………… *180*
 9.1.6 基本力学量の測定 …………………………………………… *185*
 9.1.7 客観的評価法のほかの材料への応用 …………………… *186*
9.2 アパレル技術 …………………………………………………… *189*
 9.2.1 アパレル形成能と布の力学的性質 ……………………… *190*
 9.2.2 布の仕立て映えの客観的評価 …………………………… *194*
 9.2.3 仕立て映え予測式 ………………………………………… *196*
 9.2.4 布の力学特性に基づく婦人服の最適シルエットデザイン ……… *199*
 9.2.5 布の客観的データのアパレル生産への適用 …………… *203*
 9.2.6 これからのアパレル技術 ………………………………… *204*

10 アパレル産業とロボット技術

10.1 わが国の繊維産業 ……………………………………………… *206*
10.2 アパレル産業 …………………………………………………… *208*
 10.2.1 アパレルとは ……………………………………………… *208*
 10.2.2 アパレル産業の空洞化 …………………………………… *209*
 10.2.3 QR（クイックレスポンス）……………………………… *209*
 10.2.4 SPA（アパレルの製造小売）…………………………… *210*
 10.2.5 ファッション・ファクトリー・ブティック …………… *211*
 10.2.6 衣服の生産工程 …………………………………………… *211*
 10.2.7 衣服の製造機器 …………………………………………… *221*
 10.2.8 アパレル産業のコンピュータ利用・ロボット技術 …… *223*

引用・参考文献 ………………………………………………………… *226*
索   引 …………………………………………………………… *233*

1 序　　論

1.1　技術とはなにか？

　辞書[1]†で技術の項目を見ると，「物事を取り扱ったり処理する際の方法や手段，またはそれを行うわざ」の意味と，「科学の研究成果を生かして人間生活に役立たせる方法」の意味の2種類があるが，本書における技術もこの2通りの意味で用いている。

　生活の中で用いられてきた技術は，それぞれの国の置かれた経済状態も含めた環境の変化と，その積み重ねの歴史により影響を受けながら発達してきた。戦中，戦後の窮乏期に，わが家では食事に用いていた手製のパン焼き器があった。当時，中学生であった私がブリキを2枚見つけてきて，木製の枠の内側に平行に設置し，ブリキ板の間にイースト菌で醗酵させたトウモロコシや小麦粉のペーストを入れ，電灯線から変圧器も付けずに直接ブリキ板に電流を流し，パンをつくっていた。だれから教わったかは覚えていないが，パンができて水分が少なくなると自然に電気抵抗が大きくなり，自動的に電流が流れなくなる点に，やたらと感心した記憶がある。当時，このほかにもたくさんの生活の知恵や工夫があったが，これらはいずれも当時の人々のニーズから生まれたものであった。いつの世でも，専門家になれば素人以上に一層の工夫を凝らしたに違いなく，その工夫の積み上げが，その生活環境の中での生活技術として，そ

---

†　肩付数字は巻末の引用・参考文献の番号を示す。

の地域に根付いたのであろう[2]。

1.2 日本の技術の特徴

機械工学（メカニクス）はドイツが強く，電子工学（エレクトロニクス）は米国が強いと言われるが，この両方を組み合わせたメカトロニクス分野は世界でも日本の独壇場であると言われている。また，米国が人工衛星からの地上撮影の技術を開発し，フランスがカラー写真技術を開発したが，日本はこの両方の技術を組み合わせて，画期的に解像度の高い地上撮影技術を開発したと言われている。さらに，米国で発達し，第二次世界大戦後に日本に導入された品質管理技術が，日本で発達し，メイドインジャパンの品質のよさは世界に鳴り響き，Taguchi's method は欧米の品質管理関係の書籍には必ず載っているほどである。このように，日本から情報発信が行われている場合は問題ないが，一般的には日本からの情報発信が少なく，欧米で見い出された科学が日本で花開く場合も多いため，欧米では日本のことを猿真似の国と非難し，最近では日本人自身が日本の技術が一段と低いかのように軽視し出すようになってきたことは残念である。

石井威望氏[3]は日本の技術の不易と流行の二重構造性を指摘している。職人の世界に代表される技術の現場で，一人がなにか新しい技術をマスターすると，みんなが真似をしたし，教える際も手取り足取りではなく，「習うより慣れろ」，あるいは「見て盗め」と突き放して技術を覚えさせる風習があった。これは芸事の「守・破・離」という発展段階説と共通している。まず，伝統的な古い手法を徹底して学び，基本技術を十分にマスターした上で，つぎの段階として古い伝統的なものを破り，やがては学んだものと離れて，まったく独創的な方式を確立して，初めて一人前になると言うものである。不易の代表として伊勢神宮の式年遷宮の伝統技術を，流行の代表として法隆寺の建造技術を挙げているが，石井氏のように先端技術の指導者がこのような指摘をしていることは非常に興味深い。

現在，わが国の発電には原子力発電，火力発電，水力発電が主として用いられており，原子力発電に関して言えば52基が稼働している。

夏には冷房機の使用，冬には暖房機の使用，昼は産業用の電力というように，電気の使用量は季節により，昼夜の時刻によりつねに変動するが，電気は備蓄できないため，発電量も変動させなければならず，恒常的な使用量分に相当する必要電力量に対しては原子力発電が，昼夜の変動分に相当する電力量に対しては火力発電や水力発電が用いられている。水力発電では夜の余剰電力を用いて，昼間の発電に使用した水を再び汲み上げて，翌日の発電用に準備するといったことも行われている（揚水発電）。このようにして，昼間の電圧の安定性が保たれている。電圧の安定性がないと時計を初め，精密機器類も正確に作動しなくなるからである。技術は産業には必要であっても，生活には関係ないと思われているみたいであるが，ちょうど，空気中の酸素なしには生存できないにもかかわらず，日常の生活の中では意識されないのと同じように，われわれが想像している以上に近代技術は日常生活の中にも浸透しているのである。しかし，地球上の資源を後の世代にも残すためには，必要以上の資源を無駄に浪費しないことが求められている。地球上の人口が爆発しそうに増加している今日，技術のなかった昔に戻ることは人類の滅亡を意味している。技術に溺れてもいけないし，技術を軽視してもいけない。今こそ技術に直面し，技術を賢く選択しながら生きていかなければならないのである。

住んでいた人口が少なく，行動範囲も狭かった時代には，地球は無限大の広さをもっていた。人口が増え，行動範囲も拡大した今日では，倫理は政治・経済の分野のみならず，技術分野にも必要になっている。そのためには生活にかかわる技術の現状を知らなければならない。

賢い判断は正しい判断材料があって初めてできる。筆者の第二次世界大戦時代の教育を思い出すと，現在では考えられないほどの偏った情報に基づいた教育を受けていたが，情報の氾濫している今日においても意外と時代の流行のみに基づいた偏った情報しか知らない人々の多いことに驚かされる。物事には種々の解釈の仕方があるということを知って頂きたい。

2 生活技術の歴史的変遷

2.1 技術と工学

　一般に，技術（technology）とは，科学（science）を人間の役に立つように応用（apply）したものと思われている。すなわち応用科学（applied science）である。確かに現在の多くの技術にはそのような面がある。しかし技術は本来，科学を前提としたものではない。

　技術というものは，学問があろうとなかろうと，また科学が発達していようといなかろうと，人が生活している以上は普遍的に存在するものである。なぜならそれは原初的には身体の生理的な機能にまで遡ることができるものであるからである。

　極端に言えば「歩くこと」も一つの技術である。丸木橋の上を歩くことは一つの技術である。「呼吸をすること」も技術と言えなくはない。咳をして息が苦しいとき，どのような姿勢で呼吸をするのが一番楽か，ということは一つの技術である。動物でさえいろいろな技術を持っている。鳥が羽根を動かして空を飛ぶことは勿論一つの技術であるが，これも例えば流体力学を知っていてこれを応用したものではない。もとより生理的機能として有しているものである。すなわち，技術と生理機能の間には，ある意味で連続的に接続している部分がある。

　生理機能は当然のことながら自然の一部であり，言うまでもなく，科学の存在とは無関係に成立している。したがって一般自然と同様に，生理機能も科学

の研究・認識の対象とはなり得ても，その結果・成果ではない。同様に技術も科学のあるなしにかかわらず元来存在するもので，科学を応用して初めて成立する性質のものでは決してなく，むしろ科学の発達を待ってその研究対象となるべきものである。

このように，技術が科学の研究・認識の対象であるとすると，当然，技術を研究対象とする学問分野が生ずることになる。これを工学（engineering）と言う。工学は技術をその研究対象とする科学であり，技術そのものではない。これは，医学が医療を対象として研究する科学であって，医療そのものではないことと同様である。したがって，工学は近代科学とともに発展した科学の一分野であり，学問としての体系・手法を有するものであり，古来より存在する技術とはその性質を異とするものである（図2.1）。

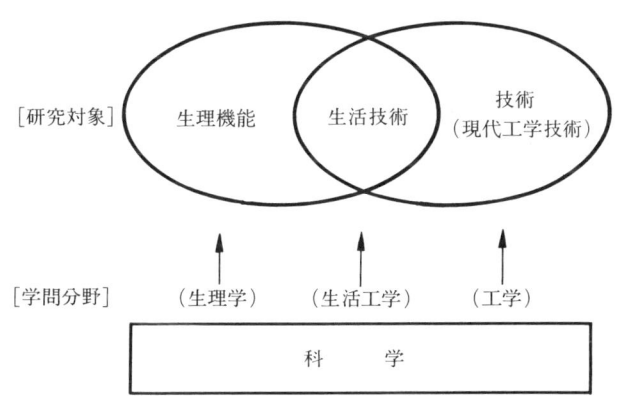

図2.1　技術と科学

いろいろな自然現象の観察の中から科学的な発見があったのと同様に，工学も技術の発展があってこそ学問として成立し得たものである。これは，研究対象の存在が科学成立の不可欠の条件である以上当然のことであるが，工学と技術との関係はさらに密接である。それは，工学が技術の発達を促すからである。研究対象である技術を新たに生成するからである。現在の工業技術はすでに工学なくして存在し得ない状態に達している。風呂桶の職人ならば工学を知

らなくてもよい職人となり得たであろうが，例えば，テレビの設計・製作は工学の知識なしではすでに不可能である。

ただ，本章で論ずるのは現代工業技術ではない。生活に関連する技術を検討対象としている。したがって，まず生活技術の特徴について考察してみよう。

2.2 生活の中における技術の始まり

2.2.1 自然の一部としての人間

人間（human being）が自然（nature）の一部であることは言うまでもない。人間とその周囲の環境（environment）は，同じ自然の一部である。そして人間はその環境の中で生活している[1]。これはほかの動物も同じである。

動物も環境の中で生活し，環境から情報を得てこれを把握・認識し，これに対して能動的に動作を起こし対処する。これにより環境に自分を合わせ，かつ環境を自分に合わせている（図2.2）。また環境から自己を形成する材料物質を得て，かつ自己の動力であるエネルギーを得ている（図2.3）。ここに技術が介在する契機がある。

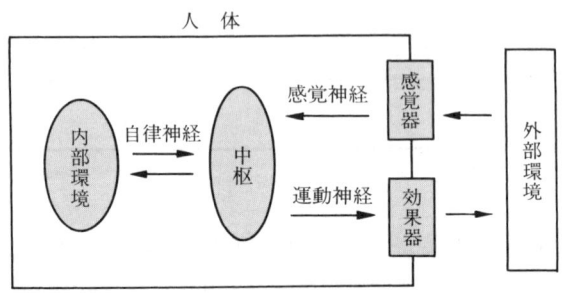

図2.2 身体と環境との間の情報の流れ

この動物と環境との関係は，当然，人間と環境との関係にも持ち込まれている。しかしながら人間と環境との関係は，動物の場合とは質的におおいに変化するものとなった。そのきっかけが世界のシミュレーションとしての言語（language）の発明・使用である。

2.2 生活の中における技術の始まり　7

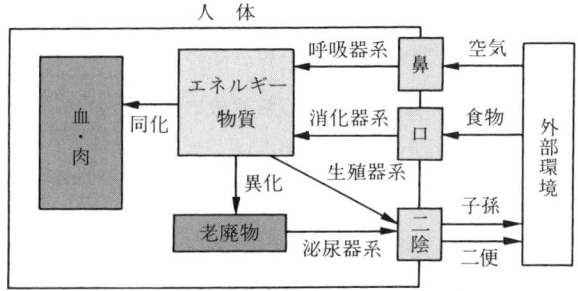

図2.3　身体と環境との間の物質の流れ

2.2.2 世界の対象化とその自己内への写像—言語の成立—

言語は世界（world）の各部分・部分に名前（name）を付けることにその基礎を置いている。勿論，無限に分割可能な世界に対して，人間に使用可能な名前の数は実質的には可付番有限であり，また人間から見て殆ど同じもの，すなわち殆ど似た要素（element）にそれぞれ別々の名前を付けるのも非効率的なので，同種とみなせる要素には一つの名前しか与えられない。言うまでもなくこれは効率だけの問題ではなく，人間の弁別能力の限界にもよる。

この結果，名前の対象（object）となる世界の部分は，一般にはある大きさを持つ有限なもの，要素の集合体となる（**図2.4**）。同じ名前が与えられた要素の間には名前を同じくする同値関係（equivalence relation）があることになる。

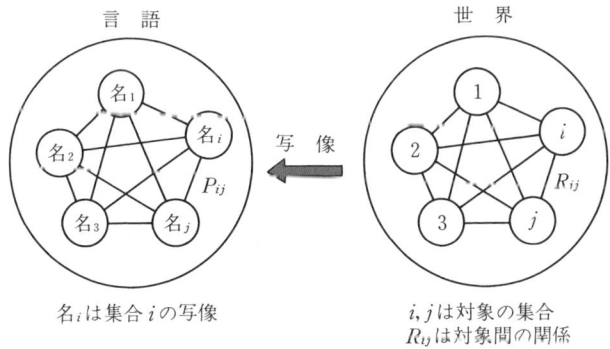

図2.4　世界の写像としての言語

2. 生活技術の歴史的変遷

　この名前付けという作業は，単に名前を付けたにとどまらない。図 2.2 に示すように，これは一種の写像であり，世界の像を作ったことに等しい。世界の中の同値関係にある要素の集合，すなわち対象に，一つの名前が付けられている。世界の中における各種の対象間の関係は，言語の中における対応する名前の間の関係と同じになる。対象と名前とが対応しているだけでなく，対象間の関係とそれに対応する名前間の関係もまた対応している。したがって，名前を付けるということは，世界の一つの像を描くことに等しい。すなわち世界の認識である[2]。

　この言語による認識には二つの特徴がある。一つは世界が名前に対応する対象に分割（partition）されていること，もう一つはその分割は決して一意的ではないことである。ここに文化による名前付けの違いが生まれ，世界への認識の相違が生ずる。またこの分割の細かさの程度が，人間と動物との差を生み出している。

　ひとたび名前付けにより世界の像が作成されると，世界を操作する代わりに，この世界像を操作して，世界の変化を容易に模擬することができるようになる。思考である。名前，すなわち概念は，そのとき思考の操作の単位となる。そして，この世界像の操作により，過去を想い描いたり，未来を想像したりできるのである。言語の使用により世界はこのように思考の対象となり得た。

　人間以外の動物も種々の情報伝達手段を持っていることはよく知られている。そしてこれが人間の言語機能の一部，特に感嘆詞などの役割とよく似ているため，しばしば人間の言語と対比されることがある。

　しかし，この動物の情報伝達手段は，世界の写像とはなっていないことにおいて言語とは決定的に異なっている。世界における各対象間の関係と，これに対応する言語における各名前間の関係とが同じであってこそ，すなわち解像度は悪くとも忠実な写像となっていてこそ，初めて言語を操ることによって，写像の中においてではあるが模擬的に，その原像である世界の操作を可能にしているのである。動物はそのような操作可能な世界の像を作り得ていない。生理機能から生活技術への飛躍には，この世界の像の操作が不可欠だったのである。

2.2.3 自己の対象化と内部環境

思考の対象としての世界の中に，自分の周りの環境が含まれるのは勿論である．しかしながら，この思考の対象としての環境とはなにか，ということを考えると，結局，環境ではない部分，すなわち，自分とはなにか，という問題を考えることに帰着せざるを得ない．世界マイナス自分が環境だからである（図2.5）．

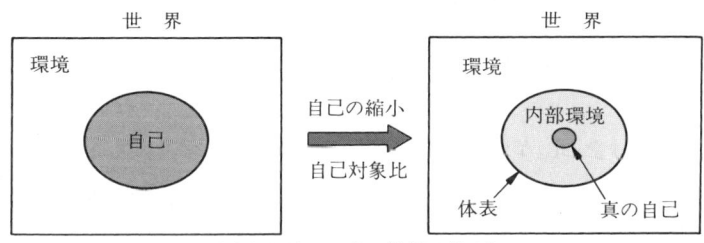

（内部環境では生理機能が働く）

図2.5 自己の対象化と内部環境

もともと自分自身と環境との間に境界線（実際には3次元空間なので面であろうが）を引き，ここまでが自分，ここからが環境，と規定することは難しい．周知の如く，自己とはなにか，というのはなかなか難しい問題であり，常識的には，空間的に存在する自分の身体を自分，その周囲を環境とするのであろうが，この常識も，どこまでが真の自己か，ということを考えると，なかなか簡単にはいかない．

空間的身体とその周囲の環境との界面は体表であるが，この体表を自己と環境との境界としてよいのか．となると，体表や垢やうぶ毛，髪の毛や爪，皮膚の一部なども自己とみなすのか．消化管内の食物は自己とみなしてよいのか，それとも環境か．さらには，手や足，血液や内臓も，いずれも取り替え可能なものであり，単に所有しているだけのものとの区別はなにか，と考え始めると，ほとんどすべてが真の自己ではないのではないか，ということになり，自己は無限に縮小する．

このように，体表から内側に向かって自己が縮小すると，この縮小した自己

と体表との間の部分は，縮小した自己にとっては新たに生じた体表の内側の環境，すなわちクロード・ベルナールの言うところの内部環境ということになる[3]。このもともとは自己であった部分は，縮小した自己から見れば，自己の認識の対象となるから，このような自己の縮小を自己対象化と言う。このとき，体表外の環境は外部環境と言って区別することになる。

2.2.4 自己の外在化と環境の改造

ところがこれとは逆に，自分の改造した環境はすでに自己の一部である，とする考えもある。

骨の大部分は骨細胞が分泌した物質より構成されており，もとの骨細胞はその中にこぢんまりと埋まっているに過ぎない。分泌して細胞の外に出たものはすでに自己ではないとすると，骨の大部分は自己ではなくなる。もとよりこの観点は実際的ではない。したがって，自己の分泌したものも自己の一部と考えようという立場も一理あることになる。

すると例えば，吸い込んでやや温かくなった肺中の息は，自分の肺から分泌した炭酸ガスを含んだものだから，さらには自分が熱を分泌して暖かくしたものだから，もうすでに自分の一部だとみなすこともあながち否定できないし，同様に服の中・皮膚の上の温かい空気部分も自己の一部とも言うこともあっても悪くはない。服の中の空気を自己の一部としてよければ，服自体もその空気を含んでいるから，服の表面が自分の新しい体表であるという主張も成り立とう。すでに美学の領域では，自己表現を行っている服や装飾品は自己の一部として取り扱っている。服内の空気や服が自己の一部なら，室内の空気や建物，さらには都市空間そのものも含めて自己と強弁できなくもなかろう。人が技術や知識を駆使して材料を適切に配置して形成したものだからである。骨細胞がカルシウムなどの材料を用いて骨組織を分泌により形成したことと本質的な違いはない。

すなわち，自己のどんな小さな影響をも含めれば（影響力の分泌），自己は無限に拡大するともみなせる。このような自己の拡大を自己外在化と言う。経

済学では特に，労働により自然を改造することを自己外在化と言っている[4]。勿論，労働には技術は不可欠であり，この自己外在化は技術による物質・エネルギーの再配置を伴っている（図2.6）。

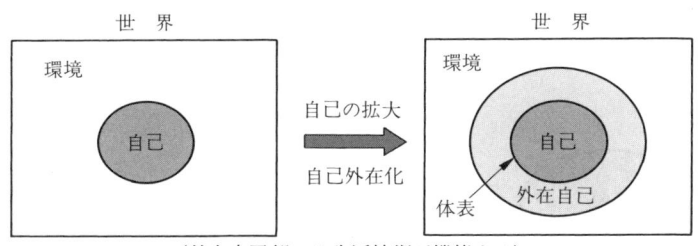

（外在自己部では生活技術が機能する）
図2.6　自己の外在化と外在自己

2.2.5　生理機能と生活技術

　自己を縮小して，体内の自分自身までを内部環境として自己の認識対象とすると，その部分を支配している構造と機能は，解剖学的生体と生理機能である。そしてこれを扱う学問は解剖学と生理学である[3,5]。

　自己を拡大して，自己の影響の及ぶ体外の環境までを自分自身とすると，この環境への自己の影響の与え方を支配しているものは，材料と技術である。これを扱う学問は材料学と工学である。すなわち，身体の内外で，物質に関しては生体と材料，機能に関しては生理と技術ということになる。

　自己が縮小したり拡大したりして，自己と環境との境界が伸縮自在であることから，上記の生体と材料，および生理と技術の境界は曖昧になり，連続したものとなる。手の延長としての道具，足の延長としての乗り物などは前者の例である。「歩く」という生理機能と「自転車を漕ぐ」という生活技術との間の連続性は後者の例である。

　ただやはり，ここで言う生理機能は脳幹・脊髄以下での反射によるものであり，生活技術は多かれ少なかれ大脳を経由して意識にのぼる機能に基づくものと言えよう。

2.2.6 実践と認識

人間が環境に対して働きかけるとき，その技術を用いて，環境の状態の認識と，環境の改造への実践との，二つを行っている[6]。この認識と実践に対して，生理機能としては感覚神経と運動神経とが対応している。すなわち，感覚神経の延長が認識であり，運動神経の延長が実践である（**図 2.7**）。

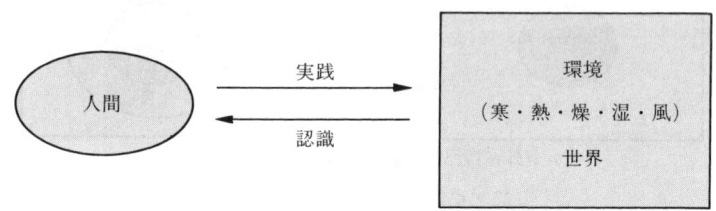

図 2.7 人間と環境との相互作用

この認識と実践とは，内部環境としての自分自身に対しても行われる。これはおもに自律神経の求心および遠心神経が対応している（図 2.2）。

2.2.7 環境との調和

与えられた環境の中で生きていくために生命体は少なくともつぎの二つの実践を行っている。一つは環境に自分自身を適応させること，もう一つは環境を自分自身のために改造することである。前者は自己対象化，後者は自己外在化に対応している。これにより，自分を環境と調和させながら，しかも自主性を失うことなく生きている。すなわち生活である（**図 2.8**）。

この生活における二つの行為，すなわち，「環境への適応」と「環境の改造」

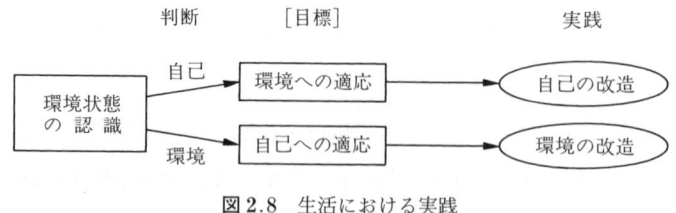

図 2.8 生活における実践

は，内部および外部環境に対する実践であり，自分の生活をよりよくするためという目的を持った行為なので，当然その目的を果たすための工夫を要する。

まず，現在における内外両環境の状態の認識が必要である。勿論，環境すべてに関する把握・認識はできないので，どの部分やどの側面に関する認識がより重要かつ本質的であるかを知らなければならない。

ついで，環境の状態の運動の機構，すなわち環境状態の未来に関する予測もできなければならない。すなわち，世界像の作成とその運動シミュレーションである。よりよい生活を目的とする以上，未来の環境および自己が現在より悪い状態となるならば，それを前もって予測し対策を立てなければならないからである。

さらにその運動の修正方法も知らなければならない。放置しておけば未来の状態が悪くなると予測された場合は，その環境状態の未来への運動を修正して，よりよい方向に変えなければならないからである。

2.2.8 材料と道具

人間から環境への働きかけにおいて，その動作の主体（主語として表される）は勿論人間であり，その客体（目的語として表される）は環境である。その際，環境は人間により動作の対象とされる。

ところが，動作の主体が人間個人では心もとない，体表の皮膚から内側の人間だけでは動作の主語とするには難しい，という局面は多々ある。そのような場合には拡大した自己，すなわちあたかも自分の分泌物のように再配置した周りの環境までを含めた全体を新たな自己として，これを動作の主体とする。すなわち衣服や道具までが自己の範囲として含まれ，働きかけられる環境側ではなく，働きかける自己側に属することになるのである。ここに身体の延長としての道具が出現する。

道具は生理的に人体の一部として（たとえば爪や毛髪などのように）生成されるわけではないので，環境の中から適切な材料を探してきてこれを加工して使うことになる。ここに道具の材料とその加工ということが必要となる。これ

はあたかも自己の身体を作るのにその材料である食物を摂取し，これを消化機能やその他の生理機能により生体成分に作りなおして（すなわち加工して）使用するようなものである．ここにも人体の生理機能の延長としての生活技術，生理機能を担う酵素などの物質の延長としての道具，身体物質の構成要素の延長としての材料という図式が成立する（図2.9）．

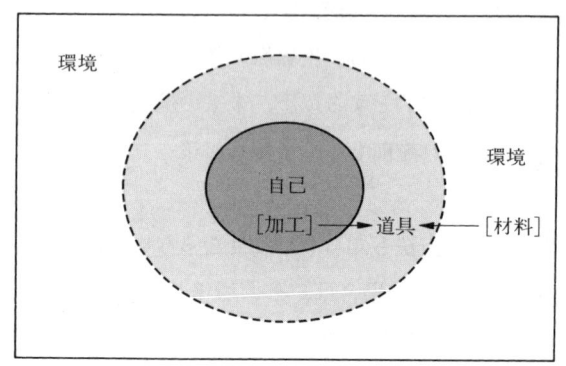

図2.9 身体の外在化としての道具

以下に，自己外在化の際の環境内再配置対象，すなわち生活に用いる材料に関して見てみよう．

2.3 生活に用いる材料

2.3.1 五　　　材

西欧近代技術の基礎を作った紙・印刷・火薬・羅針盤のいわゆる四大発明を行った中国は，紀元前10世紀までにすでに夏・商（殷）・周の3代の王朝が交代しているが（図2.10），その末期の東周春秋時代には，材料を分類して五材と称した．すなわち

「天生五材，民併用之．廃一不可（天，五材を生じ，民，併せてこれを用ふ，一を廃すも不可なり）」（左傳）

として，民の生活に五材の不可欠なることを述べるとともに，この五材を天が

2.3 生活に用いる材料

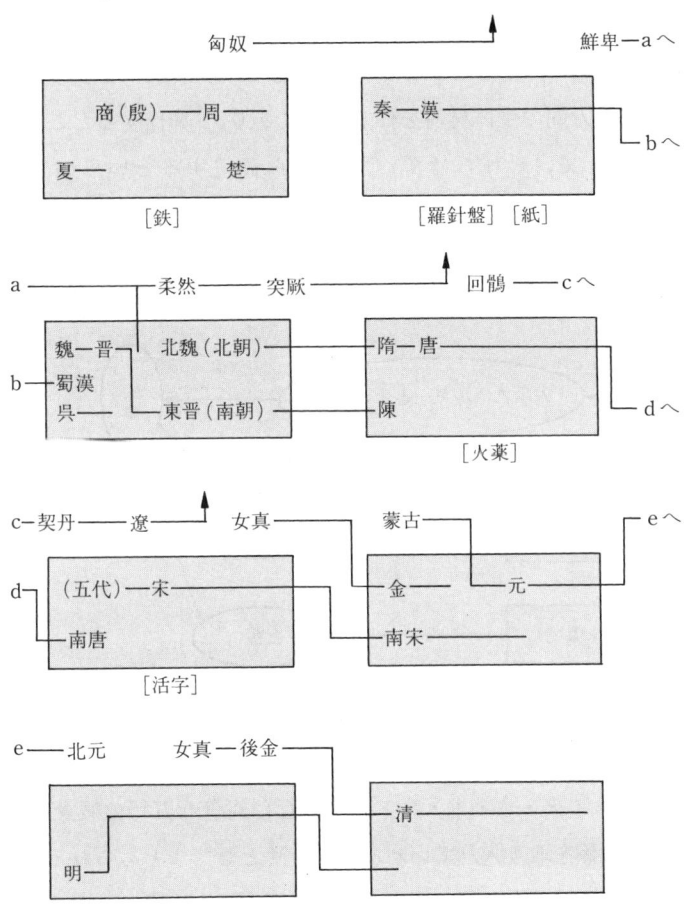

図 2.10 中国の四大発明

生んだもの，すなわち環境中に探せば存在するものとして認識している。

さらにこの五材，すなわち水・火・金・木・土を

「水火者百姓之所飲食也。金木者百姓之所興作也。土者万物之所資生。是為人用（水・火は百姓の飲食する所なり。金・木は百姓の興作する所なり。土は万物の資生する所。これ人のために用ふ）」（尚書）

と具体的にその用途を述べている。

ここで五材を，人間の「飲食するところ」の水火と「興作するところ」の金

木とにまず二分し，さらにそれに加えて「万物の資生するところ」として土を持ってきたところに，その大きな特徴がある。この人間の「飲食するところ」は物質としての人間の生体材料を作るもとであり，「興作するところ」は生活材料を作るもとで，それらはすべて土から資生するというのである（図2.11）。

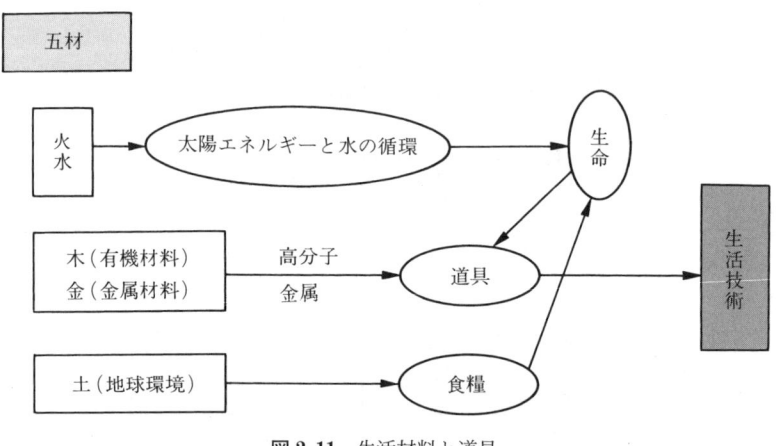

図2.11　生活材料と道具

この水火・金木・土の五材はさらに抽象されて，炎上・潤下・曲直・従革・稼穡（しょく）の性質をもつ火・水・木・金・土の相互に対等な五行の概念に発展し，相生・相剋（こく）の関係を取り入れていわゆる五行論としてまとめられるが[7]，この五行に抽象される以前の五材の概念も生活技術の歴史的観点より見ればつぎに示すようにきわめて重要な意義を含んでいる。

2.3.2　火の使用と水の利用

五材としての「火」と「水」とで表される概念は，いくつかの広い意味合いを持っている。一つは水火が寒熱を，すなわち低温と高温を象徴する場合で，温度制御の技術を意味する。

温度の制御が生活において重要であることは論をまたない。生体内においてはそのホメオスターシス維持のための最初の基本条件として体温の維持があ

り，これは生理機能として行われるが，その生理的調節を容易にするために，生活環境において衣服・住居による被服内温度や室内温度の調節・維持を生活技術として行っている．また，生理的調節がうまくいかず体調が悪くなった場合には，例えば，冷え症には項頸（けい）や腰を温め，発熱時には額を冷やすように，温度刺激は治療，すなわち医療技術の原点である．加熱・冷却は，食材に関しては調理（図2.12），生活材料に関しては材料加工・反応などにおいて不可欠である．金属の製錬は火による高温があって初めて可能となった．

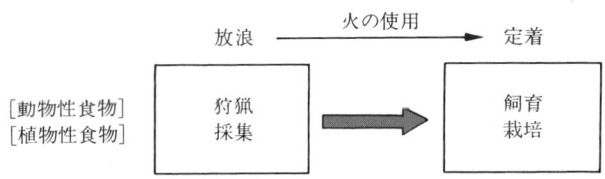

図 2.12　火の使用による生活様式の変化

つぎに，高温としての火は熱輻（ふく）射を伴うため，太陽の作用もその概念に含んでいる．太陽光・太陽熱は地球のすべてのエネルギーの源泉であり，その意味で火はエネルギーの象徴でもある．その際，水は熱の流れのシンクとして把握される．

火がエネルギーを象徴するならば，水は各種生体反応の場として理解される．これは生命誕生の場が海水中であったことに基づいており，反応の場としての水と反応のエネルギーとしての火とは生体反応の基礎である．この意味において，水火はそれぞれ生体の物質と機能をも象徴する．

この事情は他の生物においても同様であり，人間がこれらを飼育・栽培するときには太陽光（火）と灌漑（かんがい）（水）に関する技術を必要とするゆえんにもなっている．

2.3.3　生物材料の利用と金属材料の使用

われわれの身の周りのさまざまな物を見回すと，その素材はほとんどが有機物か金属であることに気付く．これは歴史的に見ても同様で，石器・土器・陶

器・磁器などのセラミックスを除けば，人間が技術の対象とした材料はこの二つのうちのいずれかであった。有機物の合成を行うようになったのは近世であるから，歴史的には生物材料を利用していたことになる。したがって，この生活材料を二分して生物材料と金属材料としよう。すると，前者が五材の「木」，後者が「金」に対応することに気付く。

この材料としての木と金の特徴は，いずれも一種の高分子（共有結合高分子と金属結合高分子）であることである。これにより石器の持つ脆さ(もろ)が克服された。ついで重要な特徴は両者いずれも還元生成物であることである。有機物である「木」は，炭酸ガスなどの中の炭素の還元体であり，金属である「金」は，金属酸化物などの鉱石の中の金属イオンの還元体である。いずれも本来は自然には存在しない。「木」は植物が太陽光エネルギーを使って還元生成したものであり，「金」は人間が製錬という技術をもって還元作成したものである。

人類が最初に用いた金属は銅である。これは銅の融点が1 085℃と低く，かつ酸化還元電位が正の側にあり（いわゆるイオン化傾向が小さく）還元しやすいことによる。木炭で容易に金属銅に還元できる。ただ，金属銅は硬度に欠け軟らかいため，これに錫(すず)を加えて（分率約10％）硬くした。青銅である（夏(か)・殷(いん)）。

鉄の融点は1 535℃であり，銅よりもはるかに高温である。また銅のような貴金属ではないため製錬には強力な還元剤が必要である。ただし鉄鉱石は至る所に存在する。

鉄は周（西周）のときから作られていたが，農具・工具などとして広く実用になったのは東周になってからである。鋳鉄の普及による。鉄製農具により深耕が可能となり，鉄製工具により大規模な水利灌漑事業が可能となった。これを受けて五材としての「金」が言われるようになったのであろう。ヨーロッパに鋳鉄が出現するのは14世紀になってからである。

製鋼法は漢代におおいに発展した。西漢時代にすでに海綿鉄炉・高炉・製鋼炉を有する官営製鉄所が全国46か所に設置され，弾性を必要とする刀や握り鋏(ばさみ)，毛抜きなどが鋼でつくられている。

木材の利用は鉄製の刃の出現を得て加速された。逆に製鉄は木材の燃焼に基づく高温を得て可能となった。この両技術を得て初めて五材としての木と金とが成立するのである。

2.3.4 食物の生産

人は動物なので，食物を他の生物から得なければならない。そこでまず，動物性食物は狩猟で，植物性食物は採集で求めた。その生活様式は放浪性 (nomadic) である。

これが定着性 (sedentary) に変わった契機は，火および火を用いる調理法の発見にあった。火は携帯性がなかったからである。ここに竈(かまど)が築かれ，これが基本的な家の神となる。

さて，定着型の生活を始めると，動物は飼育を，植物は栽培をすることになる。栃の実やどんぐりは採集する分にはよいが，栽培するとなると，可食部/植物体の比率が余りにも小さく，効率が悪い。そこで粟・稗(ひえ)，ついで米・麦などの穀物や豆・芋などを栽培することとなる。ついで耕作道具としての鋤(すき)・鍬(くわ)の発明により深耕が可能となり，土壌の改良が行われる。植物には水が不可欠なので灌漑が行われる。そして，耕した土地は不動産なので携帯性は当然なく，定着性はますます強まる。

食糧を定着生活における穀物の栽培に依存するようになると，その保存が問題となる。先述の如く，食物は金属と同じく還元生成物であり，放置しておけば一般に酸化により金属は腐蝕(しょく)，食物は腐敗する。そこで生活技術としての防蝕・防腐技術が求められることになる。

食物の保存はこれを腐敗させる微生物の繁殖を抑制することにより行われた。その方法はおもに四つある。一つは水分を減らすこと，すなわち乾燥である。これにより微生物の繁殖条件の一つが奪われる。一般には日照乾燥により行われるが，北方では特に動物性食糧に対して薫製を行う。つぎは水の性質を変えること，すなわち浸透圧を大きくしたり（塩漬・砂糖漬など），pH を小さくしたり（酢漬）する。漬物である。もう一つは温度を下げる，すなわち冷

凍（冷蔵）である。このほかに近年，瓶詰や缶詰などの密封がある。

食糧の保存
① 乾燥（水分をなくす）　② 漬物（浸透圧を上げる）
③ 冷凍（温度を下げる）　④ 密封（微生物を入れない）

2.4　物理環境の技術的調節

2.4.1　衣服と寝具

人は四肢を使って動き回るが，その動くためのエネルギーは体幹中の体腔（body cavity）に納める内臓での化学反応によって得ている。この化学反応は酵素反応であり定温定圧を前提とする。したがって，人体内の少なくとも体腔内部分は定温でなければならない。この部位を温熱生理学では芯部（core）と言い，芯部の定温性を守るためには温度可変をも辞さない四肢や体壁部を殻部（shell）と言う。

熱の生成は安静時にはおもに内臓部で，運動時にはさらに筋肉部でも起こるが，体内での熱の輸送はその殆どが熱伝導ではなく血流によりなされるので，熱発生速度の変化や環境温度の擾乱に対して，芯部の定温性を守るためには，生体は生理機能として，体内においては芯部と殻部の間の血流の調節（細動脈の管径の調節ならびに動静脈吻合の開閉）を，また体表においては皮膚での発汗調節を行っている[8]。

環境要因パラメータとしては温度と湿度，風流が考えられるが，これを古人は風・熱・寒・湿・燥の五気として把握しており，この変化が激しく生体が適切な対処を取れないときに病気になると考えた。一般に，この対処は生理機能による調節だけでは十分ではない。ここに生活技術としての体表・環境間の熱流・水蒸気流および環境温度・湿度・空気流の人為的調節が必要となるゆえんがある。

一般には環境温度は体温よりも低いので，人体から環境への定常的熱流が存

在する（図 2.13）。この調節は体表・環境間に可変の熱抵抗をおくことによってなされる。人体は 3 次元物体なので，体表・環境界面は 2 次元である。しかも人体は動くので，その界面の 2 次元形状も変化する。したがって，体表を覆う熱抵抗物体もこの変形に追随できるしなやかな 2 次元物体でなければならない。さらに熱のみならず，水蒸気の透過性も考慮しなければならない。ここに布の必然性が出てくる。

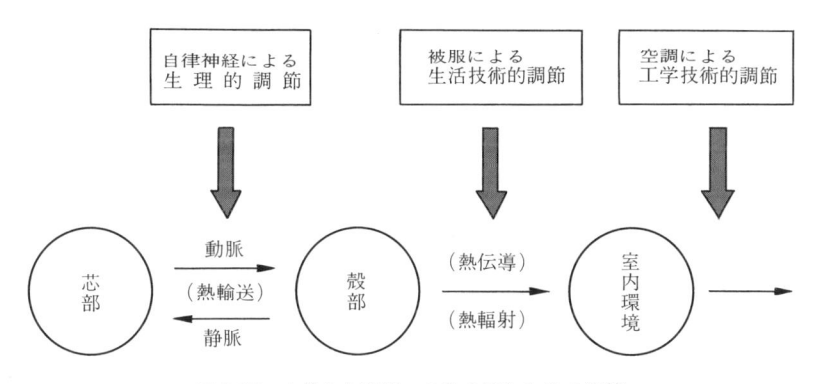

図 2.13 人体から環境への熱の流れとその調節

このために人類の発明した 2 次元物体は，1 次元物体を組み合わせて 2 次元とするという，きわめて優れた着想によるものであった。1 次元物体は繊維またはそれを縒り合わせた糸であり，これを経（縦糸）・緯（横糸）として 2 次元様に織り成して織物とするのである[9]。

このようにして糸より得た布を用いて被覆性を有する衣服を作り，含気性に富む材料を併せて寝具を作って，活動時・睡眠時においての芯部温度の恒常性を保つ工夫をしている。

2.4.2 住居と水道

人体体表の外に衣服があり，またその外に住居があって，環境との間に二重の障壁を作って，それぞれ障壁内人工空間を形成する。この住居内空間を人体の外部環境とみなせば，住居は環境温度を人為的に制御する装置であり，住居

外空間を真の外部環境とすれば、住居外面が新しい体表とみなせる。

後者の観点に立ち、住居全体を新しい生活系とすれば、この段階を単位とする新陳代謝を考えなければならず、系への熱や湿気の出入りだけでなく、水や食糧の出入りも考慮しなければならない。ここに給水技術の必然性が生じる。

生活用水は飲料水のみならず、掃除、洗濯、風呂、洗顔などを含み、ほぼ 500 リットル/人・日の量が必要である。これを人為的に供給するのは容易な業ではなく、この給水技術問題を解決して初めて都市の成立が可能となった。

現在、水道と電気は都市の生命線となっているが、ここにも五材の水（水道）・火（電気）の概念がそのまま現代にまで生きている。

2.5 医療技術

人は環境と調和を取りつつ生きており、環境が変化すればそれに適切に対処して、健康・快適に生活している。変化への対処には勿論有限の時間がかかるので、急速な変化にはつねには追随できず、ときに風邪を引いたり、頭痛や腹痛があったりするが、一般には放置しておいても自然に恢復する。これらの変化すべてを含めて健康と言う。

ところが健康状態からのシフトが大きくなり過ぎて、自然の復元力では健康状態に戻れない場合がある。その場合には人体に外界から刺激を加えてその恢復を助けることになる。治療である[10]。

この外界から人体への刺激は、人体を切り裂いたりしないことを前提とすれば、界面を通しての刺激となるので、皮膚表皮からの刺激か、消化管粘膜上皮からの刺激となる。前者を外治、後者を内治と言う。

いきおい外治は皮膚表皮への機械的・熱的刺激などの物理的刺激を用いるものとなり、鍼灸治療に代表されるものになる。内治は消化管粘膜上皮からの低分子の吸収という化学的刺激となり、湯薬などの内服薬治療となる。人類は長らくおもにこの二つの型の治療により病気に対処してきた（**表 2.1**）。そして、それぞれの社会はそれぞれの文化に基づく伝統医学を有していた。

表 2.1 伝統医学の2種類の治療法

治療	刺激を与える界面	おもな刺激	代表治療
外治	皮膚表皮	物理的刺激	鍼灸
内治	粘膜上皮	化学的刺激	湯薬

　生体はもとより病原体も細胞よりなるとする細胞病理学が19世紀に出現するに及び，科学の一部門としての現代医学が成立した。そして現代医学に基づく治療が普及するに及んで，旧来の各民族の伝統医学はあっというまに消滅してしまった。現代医学に抗する理論体系を持っていなかったからである。

　ところが唯一，現在に至るまで健在な伝統医学がある。それが中医学である[7]。中医学は中国の伝統医学であるが，自然観に基づく独自の理論体系を有し，大学において専門教育がなされ始めると同時に，世界保健機構の支援も受け，近年，生活科学の中に急速に浸透しつつある。

　自らの健康と命を守る医療が，これからは，科学の一分野である現代医学と生活科学の一分野である中医学との両輪をもってなされる傾向は，これからますます強まるであろう。

2.6 文 字 と 情 報

　人間が世界を分割してその一つひとつに名前を付けたのが認識の始まりであると先に述べたが，これは本来連続であるはずの世界の各部分を無理に離散化して量子化し，可付番化して，そのおのおのに名前を与えたことに相当する[11]。したがって名前はすでに量子化したものに対応しており，その意味でディジタルである。また名前の組み合わせからなる文はその意味でテキストと言う。絵とは異なるのである。このディジタルな名前に対応する記号を文字と言う。

　思考は概念を操作して行われるが，この概念は名前で表される。この名前を文字で記すことができるということは，思考過程を可視化でき得ることに相当する。可視化して記録できることを意味する。情報の貯蔵である。

現在日常的に使用されている文字で最も歴史の古いものは漢字である。商（殷）時代の文字である金文や甲骨文字は，往々にして外国であるはずの日本の小学生ですら読むことができる。このような永続性は，この文字が人間の思考単位に直接対応しており，生理的な意味で合理的にできているためであろう。

紙および印刷の発明も中国でなされたが，これが知識や情報の蓄積を可能にし，一人でものを考える個人を生み出し，さらに官僚制や知識階級を創出した。この状況が大きく変わるのは20世紀末のインターネットによる通信革命や情報技術（IT）を待ってからである。

2.7 計測と単位

世界や環境に関する認識の一つに計測という行為がある。物理量の測定である。物理量には長さ，時間，広さ，大きさ，重さ，個数などがあるが，これらの量の表示はつねにある単位（unit）の何倍であるかという数値によって行われる。すなわち

$$物理量＝(数値)×(その物理量の単位) \quad (2.1)$$

である[12]。

この単位として何を用いるかはそれぞれの文化によって異なるが，各文化圏内では統一され規格化される傾向をもつ。例えば，東では始皇帝による度量衡の統一として，西ではフランス革命によるメートル法の創設として試みられている。

「1杯のコーヒー」とか「a cup of tea」などは「1」および「a」が数値を，「杯」および「cup」が単位を表しているが，この「1杯」の「杯」や，「1匹」の「匹」，「1冊」の「冊」など，いわゆる量詞と言われるものは東アジアの言語においてよく発達している（これに対し西欧の言語では名詞の性が発達している）。この量詞こそがまさに単位である。

この物理量を単位で割ったものが単なる数値であることに注意しなければならない。すなわち

$$数値 = \frac{物理量}{その物理量の単位} \quad (2.2)$$

である。この式の左辺はすでに個々の物理量にとらわれない数値に過ぎないため，異なる物理量との間の関係を考えることができる。ここに初めて，原因と結果（多くの場合この二つは異なる物理量である）との間の関係を，式で表すことが可能になる。因果関係を数式で抽象化できるようになる。

物理量の数値化の効用は十分に強調に値するものである。

2.8 機械の発明と機械的世界観

道具の使用は，人間が環境への実践における動作の主体として，環境からの材料を自らの身体の外延として加えたことに始まる。まさに道具は手の延長である。

これに対し機械は明らかにその発想からして異なるものである。機械はすでに身体の外延ではない。それ自体独立した系である。すなわち各種要素の組み合わせから成立している。例えば，動力発生部，動力伝達部，動力使用部などである。このような人間から独立した一つの系という発想は，近代科学を待たなければできなかった。

近代科学はその基礎を原子論においている。原子論は，世界は分割不可能な原子の組み合わせによりなるとするものである。言うまでもなくこれは錯覚であるが，この錯覚が近代科学を生んだ[13]。

原子論的世界観に基づけば，世界をいったん分割して要素である原子にまで至り，そこから翻ってまたこの要素である原子を組み合わせて世界を再構築しようという認識法が生まれる。ここに科学の芽生えのきっかけがある。一神教の神の真似を一定の範囲の系に対して人間がしようというものである。世界を作った一神教の神の真意を理解しようとしたと言ってもよいかもしれない。

東洋においては一神教的迷信がないので原子論的世界観は濃厚ではなかった。むしろ陰陽論的世界観が主流であった。これは，ものごとには必ず矛盾する二面が内包されており，これを陰と陽と名付けるとまたその各陰と陽との中にそれぞれ新たな陰と陽の矛盾が内包されているというものである。当然これは際限なく続き，原子などという切りはない。これでは行き止まりがなく，自身の手による再構築のきっかけはつかめない。ここに東洋において近代科学が生まれなかった原因がある。なまじ正しい世界認識があったため科学の成立が遅れたと言えよう。全体に気配りし過ぎたのである。一部のみを抽象して取り出し，これを操作しなければいけなかったのである。

　要素を組み合わせて一つの系を作る。この知識はすでに工学である。機械はここから生まれたのである。

3 人間工学と生活技術

3.1 人間工学の視点

3.1.1 人間工学とは

「人間工学」という用語は，英語の「human engineering」を日本語に訳したものである。米国では，「ヒューマンファクター (human factors)」，「ヒューマンエンジニアリング (human engineering)」，あるいは「ヒューマンファクターエンジニアリング (human factor engineering)」などの言葉が一般的であった。一方，ヨーロッパでは，人間工学は「アーゴノミクス (ergonomics)」という言葉で呼ばれ，今日では，世界的にこの言葉が使われることが多い。人間工学の国際組織である国際人間工学会も，「The International Ergonomics Association」が正式名称である。「ergonomics」は，「ergon (work, 作業)」と「nomos (law, 法則)」の合成語である。すなわち，ergonomics の語源から考えると，人間工学とは「(人間の) 作業や仕事にかかわる法則や原則を研究する学問」と言うことができる。

最近では，これらの用語に加えて「ヒューマンインタフェース (human interface)」，「マンマシンインタフェース (man-machine interface)」などの言葉が使われることも多くなったが，これらは人間（使用者）と機械や装置あるいは環境との接点（界面，interface）を示す用語であり，狭義には，「ユーザインタフェース (user interface)」など人間と機械（主としてコンピュータ）との情報のやりとりに関する人間工学を示すことが多い。しかし，人間工

学では，古くから，「人間—機械系（man-machine system）」や「人間—環境系（man-environment system）」として，人間とそれを取り巻く種々の環境要素とのかかわりを研究の対象にしており，インタフェースにまつわる多くの用語もこれらの考え方の一環であると言うことができる。

　人間工学が対象とする領域は，人間の生活全般であると言える。すなわち，人間の生活のあらゆる場面を，人間の生理，心理，形態などの特性を基本として研究し，人間にとって望ましい生活環境を設計・評価するための基本となる資料を得ることが人間工学の目的である。この場合の生活環境とは，家屋や建築物などの生活空間，生活に使用する機器・道具（ハードウェア），さらにはコンピュータプログラムに代表されるソフトウェアやシステムなど，あらゆる要素が含まれると考えてよい。したがって，生活科学の領域との関連も大きい。

　しかしながら，生活科学が家政学の流れの中で発展したのに対し，人間工学は労働生理学や産業心理学といった労働科学を基盤として今日に至っている。近年の経済発展の結果として，労働以外の生活のゆとりや質が求められるようになり，人間工学が対象とする人間生活も，労働のみならず日常の家庭での生活や余暇生活など幅を広めているのが現状である。このことを意識して「人間生活工学」という言葉も生まれている。すなわち，ここで述べた人間工学が対象とする生活とは，労働や日常生活を含めた人間の生存するすべての場面を示すものである。

　生活科学と直接的に関連した領域としては，住居や衣服などの分野で人間工学の考え方や手法を取り入れた研究が多く行われている。室内の空調や衣服は人間の体温調節に直接的に影響を与えるものであり，居住環境の快適性や居住者の健康といった問題は大きな研究課題の一つとなっている。また，衣服のデザインには，幅広い年齢層や性別，個人差，動作などを考慮した人体の寸法が基礎的な資料として必須であり，これも生体計測，人体計測として，人間工学の基礎的で重要な領域の一つである。

　人間工学は，単一の独立した学問として完結するものではなく，生理学，心

理学，解剖学などの個体としての人間の特性に関する知識や，公衆衛生学や社会心理学などの集団としての知識，さらには，人間工学の応用としての機械工学や建築学，経営工学の知識など，多くの学問領域によって構成される，いわゆる学際領域の学問である。

　人間工学では生活者である人間を中心に据えた道具や環境，システムの評価と設計を目指す。人間工学が対象とする人間要素は，骨格系，筋系，呼吸器系，循環器系，消化器系，泌尿器系，生殖器系，神経系，内分泌系，感覚系などの生理学的・解剖学的要素，情報の知覚や認知，行動，さらには感性などの心理学的要素である。また，これらの人間要素の性や年齢などによる変化に対する配慮も重要である。思想や哲学，人間関係などの社会科学的要素は，直接的には人間工学の対象とする人間要素には含まないのが一般的であるが，個人や集団の持つ属性の一つとして考慮に入れることが必要になる場合もある。

3.1.2　人間工学と生活技術

　先にも述べたように，人間工学は労働生理学や産業心理学といった労働科学を基盤としている。したがって，人間工学の中心的課題の一つは，労働現場における作業者の身体的負担の評価やその軽減策に関する研究である。しかしながら，科学技術の進歩に伴い，作業の機械化と自動化が進み，従来のいわゆる肉体労働と呼ばれる作業形態は減少した。一方で，コンピュータや自動車に代表される機械の発展と普及は，静的な状態での精神的・身体的緊張を増大させている。このような緊張状態の持続は，場合によっては人間の健康に悪影響を及ぼすこともあり，「テクノストレス」と呼ばれるようになった。テクノストレスは，われわれ人類の進化の歴史の中でいまだかつて経験したことのない新たな作業様式や生活場面と，人間本来の生物学的な特性との間に生じた歪みの結果であると考えることができる。さらに，豊かな経済発展は作業や生活の利便性や高い効率を実現し，その結果として，われわれはさらに高い生活の質を求めるようになった。このような背景を反映して，人間工学の研究領域も高次の中枢機能の結果としての人間の快適性や感性の評価にまで及ぼうとしている。

日常生活においては，住居内における家事労働や家具什器（じゅう），温熱要素などが人間工学の対象の代表例としてあげられる。台所の流し台の高さや浴室・浴槽の設計に関する問題，居住空間内の温度差，効果的で健康な空調の問題など多くの研究が行われている。しかし，これらの問題は，急速な高齢化や生活様式の多様化など，社会環境の変化によって新たな問題を提起し続けており，今後も重要な研究課題である。

また，家庭電化製品の設計や評価にも人間工学が応用されている。現在の家庭電化製品は，基盤的技術の進歩により利便性が向上し高機能化している。しかしながら，そのような機能の拡大は，一方では，その使用者である人間に複雑な機器操作を強いることになり，老人や子供，身体障害者など，必ずしもすべての人がそれらの恩恵を受けることができないという問題点がある。このような問題は，「使いやすさ（useability）」として近年の人間工学でも特に注目されている領域である。

限りない利便性の追及が，われわれ人類の将来にいかなる影響を与えるかは推論の域を越えないが，オフィスオートメーションがテクノストレスを産んだ歴史を振り返ると，このような利便性の追及がさらなるストレスとしてわれわれの将来に大きな波紋を投げかける可能性も否定できない。また，近年の動向から想像すると，労働環境のみならず余暇や家庭内での個人的な生活の占める時間が増大し，その中での生活の質をいかに高めるかがますます重要な課題となることは間違いないと思われる。これらの課題を解決するためには，現代に生きる人間を，生物としての普遍性と高度な知能と豊かな情緒を持つ個としての特殊性の両面から科学的にアプローチし，研究していく姿勢が必要であると思われる。人間工学を含めて，人間の本質を考える科学の発展が切望される。

3.2 人間工学の手法

人間工学では，人間と道具，環境との関係を，人間側の視点から研究する。したがって，人間工学で用いられる研究手法は，あくまでも人間を測定し，評

価するものが中心となる。ここでは，人間工学で従来から用いられている代表的な研究手法のほんの一部について，紙面の都合上概略を記すにとどめる。詳細は，巻末に示した参考書ほかを参照していただきたい[2,5,6,8]。なお，ここで述べる手法のいくつかは，後節の事例研究の中で具体的応用例が示されている。

3.2.1 形態学的手法

人間工学における最も基本的な考え方の一つは，人体の形や寸法に適合した設計や評価を行うことである。人体の寸法については，マルチン式生体計測が古くから一般に行われている。マルチン式生体計測では，専用の計測器（マルチン式生体計測器）を用いて，身長や上肢長などのいわゆる長さに関する身体寸法，胸囲，腹囲などの周径に関する身体寸法などを計測する。計測する部位は，骨の突起などを目安にして解剖学的に定められた身体上の点や床面，座面などを基準にして，全身の細部に渡り定められている。

このほかに，人体の立体的な形状を等高線として表現するモアレ図法やコンピュータによってシミュレーションするCADマネキンなどがある。また，動作中の身体の動きを計測する方法として，複数（通常は2台）のビデオカメラによって動作中の人間を投影し，身体の動きを3次元座標上の点として調べる3次元動作解析が行われる。これらの手法は，人体形状を立体としてとらえたり，人間の動的な作業空間の大きさを評価する方法として有効である。

人体の形状や寸法は年齢や性別によって異なることは言うまでもないが，当然ながら同年齢同性でも個人差が大きい。また，特に日本人においては戦後急速に体位が向上したことも知られているので，既存のデータを参考にする場合には，データが採取された時期（時代）や集団についての注意が必要である。生体計測値を設計に応用する場合には，単純平均による代表値だけでなく，設計する対象によって95％や5％などのパーセンタイル値を使用することが必要となる。

3.2.2 生理学的手法

作業が人体に与える負担の大きさや，それによる身体的な疲労を評価する手法として，多くの生理学的手法が用いられる。人間工学の領域では，測定そのものが生体に与える影響が小さいこと，実際の作業現場での測定も可能であること，生体に対する侵襲がないこと，などが望まれる。ここでは，いくつかの代表的な生理学的手法について述べる。

〔1〕 筋電図　筋電図 (electromyogram：EMG) は，筋が収縮する際に発生する活動電位を記録したもので，人間の動作や道具の使用時の骨格筋の負担や疲労を評価する方法として，人間工学において一般的に用いられている。

筋電図は，活動電位を導出するための電極の装着方法によって表面筋電図 (surface EMG) と挿入筋電図 (inserted EMG)，電極の数によって双極誘導 (bipolar lead) と単極誘導 (monopolar lead) の各々2種類に大別される。人間工学領域では，双極誘導による表面筋電図が多用される。これは，円盤状の電極（表面電極）を測定したい筋を覆う皮膚上に2枚（双極），筋線維の走行に平行に貼り付け，電極下に存在する筋の総合的な活動電位を電極間の電位差として導出するものである。このためには，微弱な生体電気信号を増幅するための生体用増幅器（生体用アンプ）が必要である。近年では，導出した信号をアナログ-ディジタル変換器（A-D変換器）によってディジタル信号に変換したのち，パーソナルコンピュータなどに記録するシステムが一般的である。

一般に，筋の収縮力と筋電図の振幅とは比例関係にある。したがって，筋電図の振幅の大きさは，筋の発揮力，言い換えると筋の負担の大きさを反映する指標となる。また，一定の筋収縮を長時間持続すると，筋の疲労に応じて筋電図の振幅が増大することも知られている。筋電図は 0〜500 Hz 程度の周波数を持つ不規則な交流波形として記録されるので，その振幅を数値化するためには積分値が一般に用いられる。また，筋電図波形は高速フーリエ変換 (fast Fourier transform：FFT) などにより周波数分析することにより，筋電図波形の質的な変化を調べることができる。筋の疲労により筋電図の周波数分布が

低周波方向にシフトする徐波化という現象が知られており，筋収縮のレベルに依存しない筋疲労の指標となる。

〔2〕**心 電 図**　心電図（electrocardiogram：ECG）は，心臓の収縮と拡張に伴う心筋の活動電位を記録したもので，心臓の拍動に対応した特有の波形が観察される。心電図は臨床医学での診断のために用いられることが多く，その場合には，標準肢誘導や単極肢誘導，単極胸部誘導など，心電図を導出するための電極を装着する部位が国際的に標準化されている。人間工学領域では，心電図波形の詳細な解析は行わないことがほとんどであるので，標準的な波形が検出されれば電極部位は厳密である必要はなく，一般に胸骨上部と胸部左下の2か所に表面電極を装着した胸部誘導が行われる。心電図の導出にあたっても，筋電図と同様の生体用増幅器が使用される。

　人間工学領域では，心電図から心拍数（heart rate）を求めて種々の作業に伴う全身的な負担の大きさや，精神的な緊張の程度を評価することが多い。心拍数とは，一連の心電図波形から単位時間当り（通常は1分間）の心電図波形の数を計測することによって得られる。手首や頸部の動脈から触診によって計測される脈拍数と同じものであると考えてよい。

　近年，心電図を応用した指標の一つとして，心拍変動性（heart rate variability：HRV）が注目されている。心臓は定常状態では，ある時間間隔で拍動するが，この時間間隔は厳密には一定ではなくばらつきをもっている。薬理学的な研究によって，この心拍のばらつきが心臓を支配する自律神経系の活動状態を反映することが示されており，現在多くの研究者の注目を集めている。心拍変動性に関する指標はいくつかのものが提案されており，研究者間での統一もなされていないのが現状である。基本的には，心拍の時間間隔のばらつきを計測し，さまざまな解析が行われる。最も単純なものでは，連続的に計測した心拍の時間間隔（一般には，R-R間隔と呼ばれる心電図波形のR棘とそれに続くR棘の時間間隔）の標準偏差を求める。このR-R間隔の標準偏差は，交感神経系の緊張が高まることにより小さくなることが知られている。これ以外には，先に述べた筋電図と同様に，R-R間隔の変動波形を高速フーリエ変換

などにより周波数分析を行い，交感神経系と副交感神経系の活動を反映する指標を算出する方法なども広く行われている。心拍変動性は，データ解析の数学的方法や結果の解釈など，今後の検討の余地は残っているものの，精神作業などを行っているときの精神的な緊張状態を交感神経や副交感神経の活動の程度から評価するなど，今日的な生活場面の評価において有力な指標となることが期待されている。

〔3〕**脳　　　波**　脳の活動電位を記録したものを脳波（electroencephalogram：EEG）と呼ぶ。人間工学を含む人体を対象にした研究では，皿電極を頭皮上に貼り付けた表面電極法による単極誘導で導出するのが一般的である。単極導出とは導出部位に置いた一つの電極（関電極）と電気的に不活性な部位においた不関電極との間の電位差を導出する方式である。関電極の装着位置は，国際 10-20 電極法と呼ばれる基準によって定められており，不関電極は耳朶（耳たぶ）に置くことが多い。

脳波は，その周波数（f）の帯域によって，δ 波（$f < 4\mathrm{Hz}$），θ 波（$4 \leq f < 8\mathrm{Hz}$），α 波（$8 \leq f < 13\mathrm{Hz}$），β 波（$13 \leq f < 30\mathrm{Hz}$）に分類されることが多い。$\alpha$ 波は成人の閉眼安静時に出現し，β 波は開眼時や感覚的な刺激を与えられたときに出現すると言われている。これらは，精神的な緊張やリラックスなどの心身の状態を反映していると解釈されることも多いが，厳密には人間の意識の程度，すなわち覚醒度の違いを表すものと解釈するのが妥当である。θ 波や δ 波の低周波の脳波は，睡眠中や乳幼児に多く出現すると言われる。

近年，これらの一般的な脳波に加え，ある特定の刺激を与えたときに発生する脳波の誘発電位（evoked potential）が注目されている。誘発電位は，音や光などの単純な刺激に対して発生する刺激関連電位（stimulus related potential：SRP）と，指定された刺激を選別して反応するような課題が与えられたときに刺激の種類によって変化する事象関連電位（event related potential：ERP）がある。事象関連電位の代表的なものに，随伴陰性変動（contingent negative variation：CNV）や P 300 があり，意識の集中や刺激に対する注意の度合いを反映すると考えられている。これらの指標は，近年増大している精

神的作業による負担の大きさや脳における情報処理に関する指標としての可能性が注目されている。

3.2.3 心理学的手法

人間工学では，これまでに述べた生理や形態に関する手法に加えて，人がどのように感じているか，という感覚を本人の訴えによって評価する主観評価の手法も多用される。主観評価の手法は計量心理学の領域で発展したもので，人間の感覚という漠としたものを数値として表現するものである。一般には質問紙（アンケート）の形式をとる。評価される内容は，身体的な負担の大きさや疲労感，室内の気温や湿度による温冷感，道具などの使いやすさ，ものの形や色などに対するイメージなど広範囲にわたる。

SD法（semantic differential method）と呼ばれる方法では，評価する対象の特性を一定の長さの線分と，その両端に置かれた対をなす形容詞の組み合わせで表現し，対象から受ける感覚を線分上の位置として回答させる方法である。室内環境の評価を例にとれば，「暑い―寒い」，「乾いた―湿った」，「明るい―暗い」，「閉鎖的な―開放的な」，「男性的な―女性的な」などの形容詞の対を両端に置いたスケールを用意する。得られた結果は，スケール上の目盛りによって数値化され，多変量解析などの統計学的手法によって分析される。

このような心理学的手法は高価な測定機器や特殊な測定技術が必要でないことから，比較的容易に実施可能であることが利点である。しかし，評価される内容がきわめて個人的なものであり，評価尺度と感覚との対応関係にも個人差や，実施時の体調などの状態による差が大きいなどの問題がある。

3.2.4 その他の手法

人間工学の手法の一つとして，作業の出来高の評価，いわゆるパフォーマンステストがある。代表的なものとしては，ある作業を遂行するのに要した時間や作業の出来高，あるいは作業の正確さ（エラー数）などがある。作業の継続に伴う疲労の直接的原因を評価するという意味での意義がある。しかし，作業

効率の観点から評価を行うので比較的容易に結論が得られることが多いが，人間不在，効率重視の結論にならないよう注意が必要である。

そのほかに，ある作業を行っているときの人間の行動をビデオカメラで撮影記録したり，作業の流れに沿って作業者にその経過や思考を言葉として発声してもらい録音するプロトコル分析と呼ばれる行動記録法も多用される。これらの方法は，一連の作業システムについて使いやすさや，わかりやすさ，それに関連した誤った操作の発生などの問題点を明らかにする場合などに有効である。

3.3 入力デバイスと人間工学

近年のコンピュータ技術の進歩は，家庭電化製品から自動車，レジャー機器に至るまでマイクロコンピュータを組み込んだモノを溢れさせている。これらの機器を操作することで，ストレスを受ける者も多くなっており，現在，人と人との関係を含め，人間と機器との新たなかかわり方，いわゆるヒューマンインタフェースのあり方が問われ，人間工学や生理人類学（physiological anthropology）などの領域において人間の機能的側面からのアプローチによる研究が進められている。

ここでは日常の生活で使用されている入力デバイス（input device）を例に挙げながら，人間工学と生活技術とのかかわりについてヒューマンインタフェースの観点より述べることにする。

3.3.1 入力デバイス

パソコンの入力デバイスとして，従来キーボードが主流であったが，最近では特にマウスが一般にも普及し，そのほかにはトラックボール，ジョイスティック，ライトペンやタッチスクリーン（touch screen）などが利用されている。さらに，ゲーム専用のパッドもある。パソコンの画面上で，メニューの選択や図形を描くなどの入力を行うときにマウスがあれば，ほとんどの場合，不

自由するこはない。

以下に紹介する例は，図 3.1 に示すようなマウス，ゲーム用パッドおよび試作したリモコン（ゲーム用パッドを改造したもの）を用いて 3 種類のタスクを実施したときの実験例について示したものである[10]。

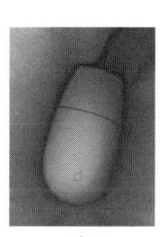

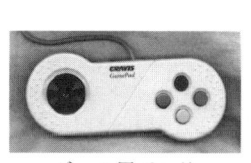

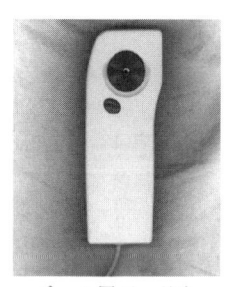

マウス　　　　ゲーム用パッド　　　ゲーム用パッドを
　　　　　　　　　　　　　　　　　改造したリモコン

図 3.1　入力デバイスの例

タスク 1 はパソコンの画面上でカーソルを目的の位置に移動させるというポインティング動作で，直径 10 mm の黒い円形のターゲットがランダムに画面上を移動するので，これを追いかけてクリックする作業である。タスク 2 はプルダウンメニュー選択である（図 3.2）。タスク 3 は画面上に幅 0.5 mm の線で描かれた直径 10 cm の円上をトレースする作業である（図 3.3）。

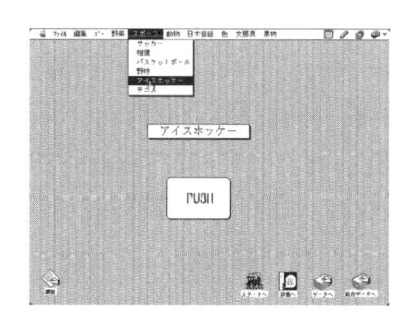

図 3.2　プルダウンメニュータスク用の画面例

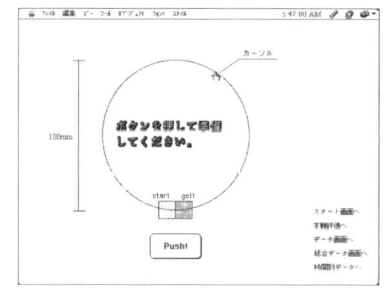

図 3.3　円トレースタスク用の画面例

以上のタスクをマウス，ゲーム用パッドおよび改造したゲーム用パッドを用いて，それぞれ 50 回ずつ試行する．各試行に要した時間，エラー数，正確さなどを計測し，さらに，デバイスの追従性，頸(くび)・肩・腕などへの負担，いらいら感および総合的な使いやすさに関する主観評価をパソコンの画面上で行う（図 3.4）。

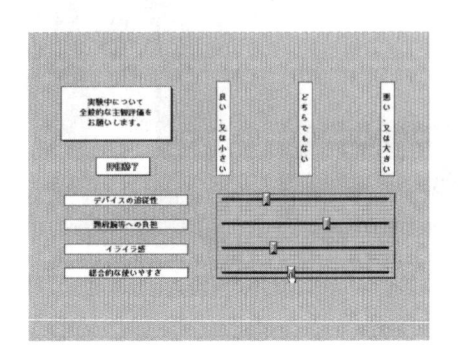

図 3.4　主観評価用の画面

結果として，タスク 1，2，3 のいずれにおいてもパフォーマンスはマウスを用いた場合がゲーム用パッドおよび改造ゲーム用パッドよりも良い．タスク 3 において，マウスは最も成績が良かったが，タスク 1 ではゲーム用パッドもそれほど悪くはなかった．

主観評価の結果によると，マウスはデバイスの追従性が良く，頸・肩・腕などへの負担が少なく，総合的な使いやすさも良く，いらいら感も少なかった．ゲーム用パッドはそれほど悪いという評価ではなく，慣れるとまずまず使えるというものであった．改造型は全体的に評価は悪かった．パッドはマウスほどのパフォーマンスや精度が得られなくても，プルダウンメニュー選択のように直進性のある動きであれば，使えるものである．

したがって，一刻を争うような状況でなければ，一般家庭において，パッドは入力デバイスとしてリモコン感覚で気楽に利用できる可能性もあると言えよう．

3.3.2 ATM 画面

通常，現金自動預入払出機（automatic teller machine：ATM）を用いて入力作業を行う場合，立位姿勢である．ATM の設置スペースを考えれば当然であると思われるが，高齢者や身体障害者にとっては，必ずしも使いやすいものとはなっていない．

倚座位姿勢における使いやすい ATM の画面の高さおよび画面の傾斜について調べた研究によると[11]，画面高さの最適値は 72.5 cm で，画面角度の最適値は 24.8 度であることが示されている．実際に使用されている ATM 画面の高さおよび傾斜は，それぞれ 82〜87 cm，2〜12.5 度であり，平均的な身長の人が立位で使用する場合にはそれほど問題とならないが，年少者や障害者にとっては高過ぎるし，画面の傾斜が不足している．今後，椅子を使用したり車椅子で乗り入れても操作できる ATM の需要が増大することが予想され，この領域の研究がますます必要となるであろう．

倚座位姿勢にて，タッチスクリーンを入力デバイスとして用いるときの正方形数字キーの大きさおよびキー間隔の使いやすさについて調べた結果[12]，データ入力時のパフォーマンスはキーの大きさが大きいほど良い傾向にあり，キー間隔は 3，6 mm が良いことがわかった．

タッチスクリーンのターゲットサイズにおいて的中率 99.5％以上の精度を必要とする場合，接触感知サイズは水平方向 28 mm，垂直方向 32 mm 以上必要であると報告されている[13]．キーサイズは 30 mm 程度が望ましいと思われるが，タッチ面積 400 mm^2 以上では入力の正確さはほぼ一定であること[14]や画面の大きさの制約を考慮すると，タッチスクリーンの正方形数字キーの大きさは 21 mm，キー間隔は 3〜6 mm が使いやすいと言えよう．また，長方形数字キーについてもキー間隔は 3 mm 程度が使いやすいことが示されている[15]．

実用上は大きめのキーを隙間なく配列しても，アフォーダンス（ボタンに陰影をつけるなどしてボタンらしく見せる）の利用によりパフォーマンスに大きな差はないと思われるが，人間の視覚および触角の感覚特性を考慮すると 3

mm 程度の間隔が必要ではないかと思われる。

3.3.3 数字キーの配列

日常生活において，電話機，卓上計算機，ATM などを使用する場合に押したり，触れたりすることによって，数字を入力する機会は多い。電話機の場合には最上段に左から右へ 1, 2, 3 と並び，最下段に 0 が並んでいる。計算機や ATM では，最上段の左から右へ 7, 8, 9 と並び，下から 2 段目に 1, 2, 3，最下段に 0 が並んでいる。

これらテンキー配列の善しあしについてはボタンを用いて実験した結果によると[16]，電話機タイプが良いとされているが，使用頻度や慣れによる影響があるため，善しあしの判断は難しい。

ここでは，日常的に使用されているキー配列およびこれと異なる配列を加えた六つのパターンのキー配列について（**図 3.5**），ボタン，マウス，タッチスクリーンを入力デバイスとして用い，データ入力時のパフォーマンスの測定や主観評価を行った結果について述べる[17]。

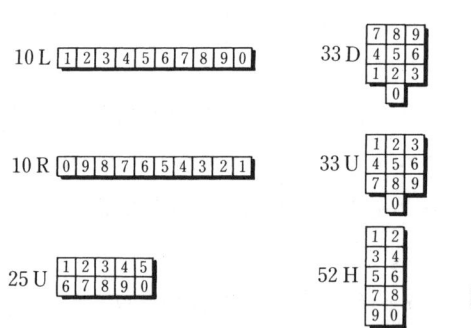

10 L | 1 | 2 | 3 | 4 | 5 | 6 | 7 | 8 | 9 | 0 |

33 D
7	8	9
4	5	6
1	2	3
	0	

10 R | 0 | 9 | 8 | 7 | 6 | 5 | 4 | 3 | 2 | 1 |

33 U
1	2	3
4	5	6
7	8	9
	0	

25 U
| 1 | 2 | 3 | 4 | 5 |
| 6 | 7 | 8 | 9 | 0 |

52 H
1	2
3	4
5	6
7	8
9	0

図 3.5 六つのタイプのキー配列

タスクに用いた画面の例を**図 3.6**に示す。結果として，入力デバイスの観点から入力時間を比較すると，速い順にボタン，マウス，タッチスクリーンとなり，統計的に有意差が見られる（**図 3.7**）。キー配列の観点から入力時間を比較すると，速い順に 33 D, 33 U, 25 U, 52 H, 10 L, 10 R となり，最上段より 7, 8, 9 と並ぶ配列は入力デバイスによらず，入力に要した時間が速い。

図 3.6 タスク画面の例

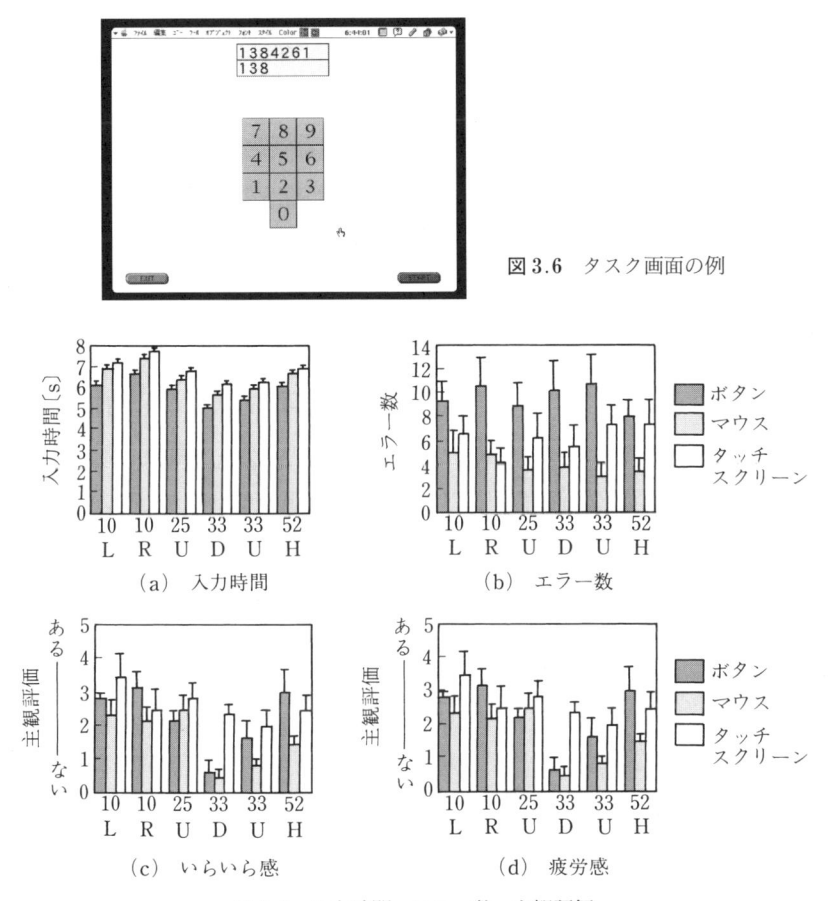

図 3.7 入力時間，エラー数，主観評価

ボタンを用いた場合は入力時間は速いが，エラー数が多い．マウスを用いた場合は疲労感が少ない．タッチスクリーンによる入力は入力時間が遅く，疲労感が強い．さらに，入力時間が速いほど瞬目数が多いことが明らかとなり，瞬目数は今後ヒューマンインタフェースを評価するための指標として利用できる可能性があると思われる．

最近，タッチスクリーンを用いて数字を入力する機会が多いが，ボタンと比較した場合，必ずしも良い入力デバイスとは言えない．しかしながら，現実には入力デバイスとしてタッチスクリーンが普及しているのであるから，今後，

より使いやすいタッチスクリーンのデザインの研究を進めていくことが必要であろう。

3.3.4 データ入力と生理・心理反応

ATMなどにより入力作業を行うとき，後ろに行列ができている場合など，焦ってミスをすることがある。このような状況を想定して，時間的圧迫によるストレスがパフォーマンスへ与える影響を生理反応や心理的変化を測定することにより調べた例を以下に述べる[18]。

被験者はタスクとして，パソコンの画面上でデータの入力作業を行うが，タスク実行中に，入力に要した時間およびエラー数の測定，主観評価を行い，さらに心拍数，血圧などが測定されている。主観評価の項目は入力時のいらいら感，入力の難易，入力の快適感である。

コンピュータの反応時間が遅い場合（この例では0.3〜7秒）には，速い場合（入力後即座につぎの入力が可能）と比較して，心拍数および血圧（収縮期，拡張期）は低い値を示し，入力時のいらいら感，困難さおよび不快感が強く，エラー数も多い（図3.8）。

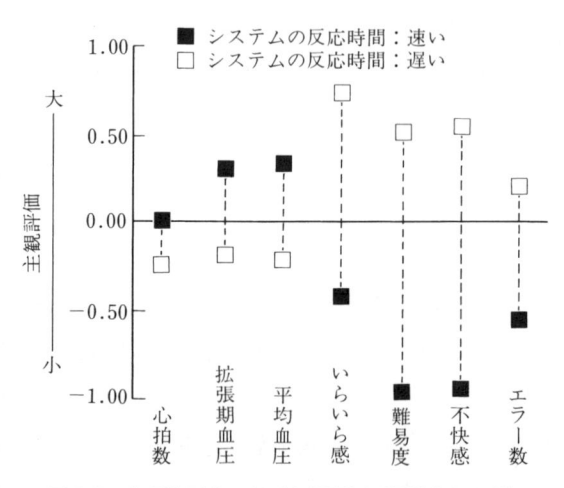

図3.8 生理的反応および主観評価（標準化した値）

通常ストレスが加わったとき，交感神経が緊張し，心拍数の増加や血圧の上昇が生じるが，この例の場合，心理的ストレスが負荷された状況では，心拍数や血圧の上昇が見られなくても，作業を続けることが不快であれば，エラーを起こしやすくなることを示している．さらに，被験者の性格やモチベーションの影響なども考慮しなければならず，この領域の研究は実験条件が研究者によって異なり，結果が異なっても，比較することが困難な場合が多い．実験条件を系統的に設定した研究により，より有益な結果が期待される．

3.3.5 釣り用電動リールの操作パネル

船釣りにおいて使用される電動リール用操作パネルの人間工学的デザイン[19]について紹介しよう．

図3.9(a)に現在市販されている電動リールの操作パネルを示す．図において，Pの表示がある三角形のキーが電源であるが，このリールを初めて手にした場合，10人中8人までが，電源であることを見い出すまで，電源とは無関係なほかの2〜3のキーを押すことが観察されている．このような操作パネルの問題点を抽出するために，初心者と経験者とにより実際に船に乗って釣りを行う実験，およびビルの階段からの模擬実験を実施した．操作の内容は糸の投入，巻取り，自動「しゃくり」（あらかじめプログラムされた「しゃくり」動

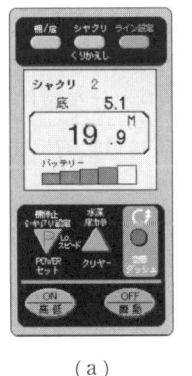

(a)　　　　　(b)

図3.9　電動リール操作パネル

作)，設定「しゃくり」(任意に記憶させる「しゃくり」動作) である．実験結果の分析より理想的な操作パネルをパソコンの画面上で作成する．電動リールを用いて釣りを行うときと同様の操作をシミュレートし，操作に必要な時間，エラー数，心拍数の記録および主観評価を行う．

　結果として，図3.9(b) に示すようなレイアウトが操作時間が短く，主観評価の結果も良い．また，エラーを起こしてもその修復を速く行えることがわかった．この例のように，最近ではレジャー用機器の操作パネルに対しても人間工学的研究が応用され，成果を上げている．

　以上，入力デバイスと人間工学について述べてきたが，今後この領域の研究は人間を中心として，さらに進められていくものと思われる．

3.4　ツールと人間工学

　わが国の消費構造は成熟し，私たちはお金さえあれば必要な物を手に入れることが可能となった．しかし，今までモノを所有することに喜びを見い出していたが，身の周りに物が溢れた結果，最近では，精神的に満足できるライフスタイルを求めるようになってきている．

　現在，モノ造りの新しいあり方が問われ，特に人間工学的手法を用いて研究が進められているが，計測的な実験が中心となり，人間の欲求をどこまでとらえることができたかどうかが不明確である．そこで，真に人間が求める人に優しい，使いやすいツール（モノ）の必要かつ十分な条件を明らかにするために，さらに研究を進める必要がある．ここでは日常的に使用されるツールの使いやすさに関する研究例を紹介する．

3.4.1　ボールペン

　事務作業へのコンピュータの導入に伴い，タイピストやキーパンチャーなどの頸肩腕障害（neck-shoulder-arm syndrome）が多発することが知られているが，これら事務機器を使用しない伝票めくり，ボールペン記入作業によって

も同様の障害を生じることが報告されている[20]。

最近，頸肩腕の負担を軽減する目的で把持部を改良したボールペンが市販されているが，頸，肩，腕の筋負担が最も少なくなるボールペングリップの最適な大きさを求めることを目的とした実験例[21]を紹介する。

実験に用いたボールペンの直径は 8〜18 mm（2 mm 間隔），重量はすべて 16 g である。タスクは 1 回に 1 分程度の宛名書き作業を 15 回連続して行うことである。僧帽筋，上腕二頭筋，上腕三頭筋，腕橈骨筋，総指伸筋，尺側手根屈筋より筋電図（electromyogram：EMG）を記録し，ボールペンと親指および人差し指との保持圧を圧力センサを用いて計測している。主観評価の項目は腕の疲労感，上腕の疲労感，肩の疲労感，親指の痛み，人差し指の痛み，親指付け根の痛み，グリップの太さに関するものである。

僧帽筋より記録した筋電図積分値（integrated EMG）および肩の疲労感の結果から，直径 14 mm 以上のグリップは肩への負担が大きい傾向にあった。総指伸筋より記録した筋電図積分値および腕の疲労感の結果から，直径 8 mm 以下のグリップおよび 14 mm 以上のグリップは腕への負担が大きい傾向にあることも確認されている。直径 10 mm および 12 mm のグリップは腕および肩の負担が少なく，疲労感も小さい。これらの結果より最適なグリップの直径は 8 mm から 14 mm の間に存在することが示されている。今後，性差，年齢，手の大きさや指の長さなどによる影響についても考慮する必要があろう。

3.4.2 ヘアドライヤー

市販されているブラシ付のヘアドライヤー数機種について（図 3.10(a)），使用時の使いやすさを筋負担の観点から比較した例[22]を示す。このヘアドライヤーを用いて図 3.10(b)に示すようなブラッシング動作について五つのパターンを行ったときの左右の上肢 6 か所（腕橈骨筋，尺側手根屈筋，上腕二頭筋，上腕三頭筋，三角筋，僧帽筋）の筋電図を測定し，その積分値から筋負担の比較を行う。ヘアドライヤーの重量は 270〜350 g の範囲である。300 g 前後の重量であれば，比較的長い時間保持していても筋負担は少ないことが知られ

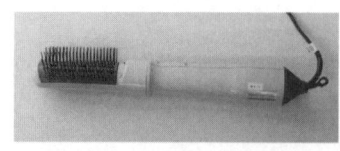

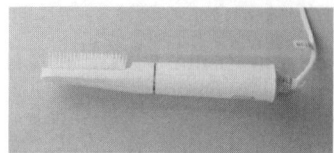

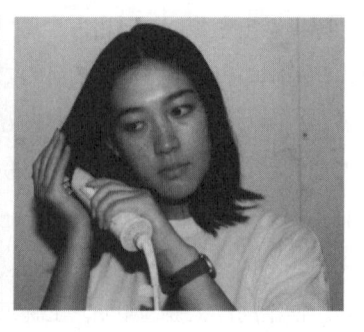

(a) ヘアドライヤー　　　　　(b) ブラッシング動作

図 3.10　ヘアドライヤーとブラッシング動作の例

ているので，300g以下では重量による筋負担への影響は機種による差は少ないものと思われる。実際に筋負担が少なかった機種の重量は270g，320gである。320gはテストした機種の中では軽い方ではないが，グリップの形状が球形に近く，握りやすいことが筋負担を少なくしたものと推察される。しかし，デザイン的には必ずしも格好のよいものではない。このことは，見た目に美しくデザインされた製品が，必ずしも使いやすいとは言えないことを示している。

3.4.3　ファンデーション用コンパクト

従来，ファンデーション用のコンパクトをデザインする場合，売れ筋となるデザインを主体とした製品開発がなされている。しかしながら，最近，この領域においても人間工学的にファンデーション用コンパクトの形状について研究し[23]，デザインへ応用しようとする試みがなされ始めている。

市販されている形状の異なるコンパクトを用いて（**図 3.11**），コンパクトを保持および開閉しているときの保持圧を計測することにより，指でコンパクトを保持する圧力や腕の筋負担がコンパクトの形状の違いにより異なるかどうかを調べている。差が存在すれば，負担の少ないコンパクトの形状を提案することができる。しかしながら，人間工学的に求めた負担の少ない形状に基づいたデザインが一般に受け入れられるかどうかは別問題である。

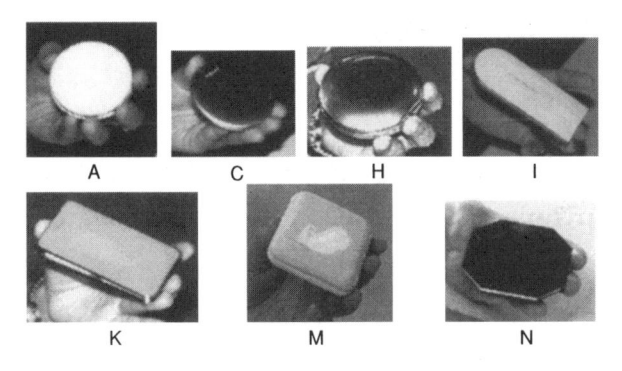

図 3.11　コンパクトの種類

　実際には，コンパクトの重量は 100 g 前後であるため，手や腕の筋負担はそれほど大きくないので，筋負担の差を調べることは難しい。結果としては図3.12 に示すように，蓋を開けるとき，保持するときの両方において，コンパクト H，I や K が筋負担およびコンパクトを保持するときに指にかかる圧力が比較的少ないことが明らかとなっている。デザイン的には丸型や正方形型よりも長方形型が好まれており，長方形型は保持の方向にもよるが，自然な保持の仕方では腕や指への負担も少なく，デザイン的嗜好と人間工学的な視点から

$*: p<0.05, \quad **: p<0.01, \quad ***: p<0.001$

(a) 保持力　　　　　　　　　　(b) 筋電図積分値

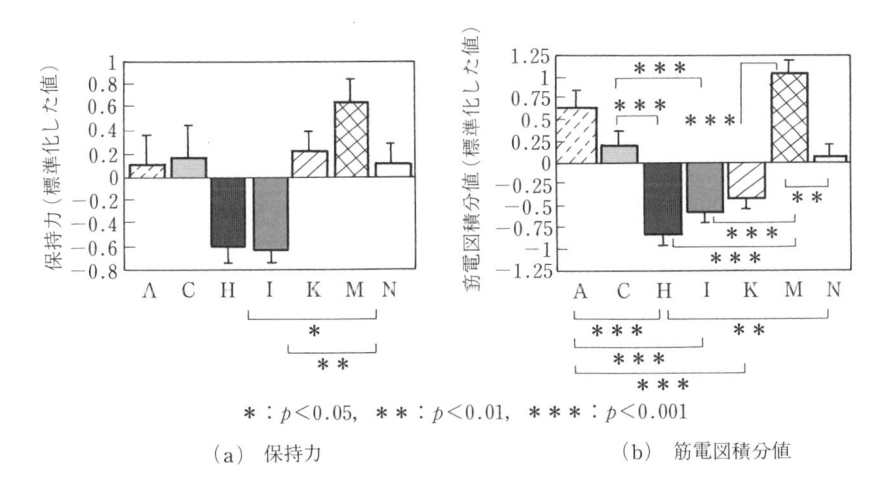

図 3.12　コンパクトの蓋を開けるときに指にかかる保持力および筋電図積分値（標準化した値）

の評価とがほぼ一致した例であると言えよう。

3.4.4　自動車用シート

一般的に椅子に座ることは腰椎(つい)への負担が増加するため，腰痛の原因になることはよく知られている。しかしながら，現代生活のなかで，1日の間で椅子に座らないで過ごすことは皆無に等しい。特に自動車を運転する場合，ほとんど強制的にシートに座ることになる。自動車用のシートに関しては，さまざまな研究が行われている。ここでは，シートの硬さが運転時の快適さへ与える影響を評価するために生理学的指標を用いた例[24]を示す。

パソコンと自動車用ステアリングを使用して，モニター画面に表示される目標にカーソルを合致させるトラッキング作業を2時間行っているときの脳波，心拍数，血圧，むくみ，重心移動などの計測，主観評価を行う。シートについては座面が硬いものと柔らかいものの2種類を用いている。

脳波の記録からα波の出現率を調べたが，柔らかいシートのほうが少ない。心拍数はどちらのシートを用いても100分後に低下し，柔らかいシートでより低下している。収縮期，拡張期血圧はシートの硬さによらず時間経過とともに上昇する傾向にあり，柔らかいシートにおいてより上昇する。むくみはシートの硬さによらず，時間経過とともに増大するが，柔らかいシートにおいてより増大する傾向が見られる（図3.13）。重心移動量は硬いシートよりも柔らかい

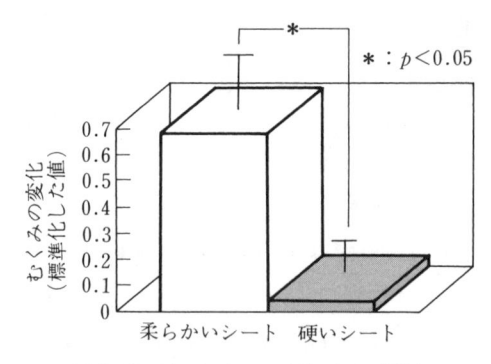

図3.13　足のむくみの変化（100分後）

3.4 ツールと人間工学　**49**

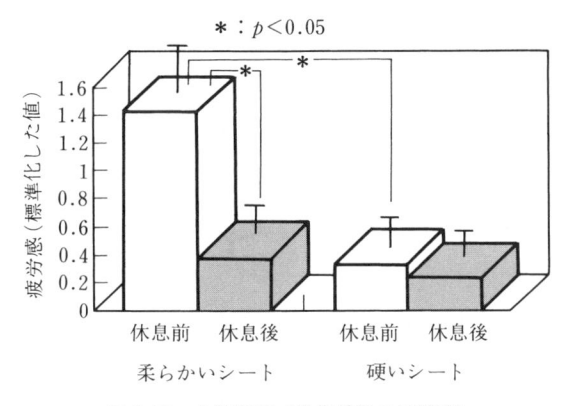

＊：$p<0.05$

図3.14 主観評価（休息前後の疲労感）

シートで大きい。疲労感は時間経過とともに増加するが，柔らかいシートのほうが大きく，100分後に5分間の休憩を設けたが，休憩後の疲労感の減少量は柔らかいシートで大きい（図3.14）。

　長時間の運転では一般に硬いシートが疲労しにくいとされているが，以上の結果から硬いシートは柔らかいシートと比較して生理的にも負担が少なく，疲労感も小さいことが確認されたと言えよう。しかしながら，実用面では硬めのシートにより体幹のサポート性を上げることと，体をある程度自由に動かせるようにしなけらばならないという相矛盾する課題を克服したシートのデザインが求められている。

　以上，いくつかの事例を上げて，身の周りの製品に関する人間工学的研究例ついて述べてきたが，今後，人間本来の能力や資質を損なわないデザインを提案するために，この領域の研究を推進することが重要であると思われる。

4 生活機器と生活技術

4.1 生活機器の変遷と家庭における役割

　本章では，生活機器を家庭内の機器に限定して扱っていくことにする。私たちの生活は，利便性や快適性，またある時は娯楽性などを追求しながら，時代とともに大きく変貌(ぼう)してきている。ここにおいて家庭内の生活機器の果たした役割にはきわめて大きいものがある。

　時代を少し遡って家庭における機器のうち，シンボル的だった機器の売り出し時期を概観してみると，1950年代の中頃まででは白黒テレビ，ミキサ，電気洗濯機，蛍光灯，LPプレーヤ，ジグザグミシン，電気釜(がま)，電気掃除機，トランジスタラジオなど，1950年代終盤から1960年代にかけてはカラーテレビ，電気冷蔵庫，セパレートステレオなど，1960年代の中頃から1970年にかけては，電卓，電子レンジ，クーラ，ラジカセなど，1970年代の中頃から1980年代にかけては家庭用ビデオ，パソコン，ワープロ，コンパクトディスク（CD），ヘッドホンステレオ，コードレス電話など，1980年代の中頃以降では，8ミリビデオ，ファクシミリ，ノートブック型パソコン，ディジタルカメラ，ディジタルビデオディスク（DVD）などを挙げることができる。上記の機器は発売当時は非常に高価で，当時の一般の庶民には高嶺(ね)の花だったものも多いが，現在の私たちの生活においては，生活必需品であったり，普及率がきわめて高く必需品に近い機器が多数含まれている。最近，急速に広まった携帯電話などもこの範疇(はんちゅう)に入る機器の一つであろう。

以上のことからわかるように，私たちは，生活の場において各種の機器を多数活用しながら，生活形態をも大きく変化させてきている。それとともに価値観や人の意識，ライフスタイルなども大きく変わってきているが，このような傾向は今後も一層進展していくとみられる。一例を挙げれば，今いろいろな場面で話題になっているインターネットを初めとする情報化の進展は，情報技術 (IT) 革命とも言われ，産業界の形態のみならず私たちの生活形態をも大きく変えつつある。そして好むと好まざるとに関係なく，そのような環境下で私たちの生活が営まれていく状況を受けとめなければならない。私たちとしては，便利な機器を支える技術をよく理解し，その機器の特質をよく把握して，目先の流行に惑わされることなく，合理的な活用を心がけることが必要であろう。

4.2　生活機器の種類と利用技術

冒頭に各家庭に供給される電気（electricity）について簡単に説明しておこう。私たちが家庭で使う電気は，基本的に電力会社から供給されるものである。わが国においては，例えば東京電力，関西電力などのような電力会社が各地域ごとに存在し，電気事業法という法律のもとで独占的に電力供給の事業をしている。しかし，わが国の電気料金は諸外国と比較して家庭用，産業用ともに割高なため，規制緩和によるコストダウンの一環として同法が改正され，1995年12月から施行された。これにより競争原理が導入されるようになり，電力会社による募集入札で電気事業者以外でも参入機会が与えられるようになった。現在，新しい発電所建設は容易でなく，電力会社にとっても売電事業者の存在は意味が大きい。

さて電気には，電池のように電圧（電流）が時間とともに一定の直流（direct current：DC）と，一定時間内に電圧（電流）が規則的に変化する交流（alternating current：AC）とがある。家庭に配電されているのは後者で，この交流の1秒間に電圧（電流）が変化する回数を周波数（frequency）といい，単位としてHz（ヘルツ）で表す。わが国においては，電気設備（発電

機）を海外から導入した経緯から，東日本地域（おおまかに関東地方以北）では100 V（ボルト），50 Hz，西日本地域（おおまかに中部地方以西）では100 V，60 Hzの異なる周波数の交流が供給されているから，機器を使用する上では後述するように注意を要することもある。

私たちの生活において，このような電気は熱や光，あるいは動力に変換されて利用されたり，さらには電話，ファクシミリ，インターネット，電子メールなどの通信手段や，ラジオ，テレビ，CATVのようなメディアとして，また音響機器のような利用もある。これらは家庭内におけるいわば生活機器と言うべきものであるが，ここでは範囲を限定して最も基本的な電気エネルギーの熱，動力，光への変換とその応用を中心に説明することにしよう。これに関連して特に最近の傾向を述べれば，インバータ（inverter）技術の進展により多くの機器にこの技術が取り入れられて，効率的に利用されている点である。この点については以降，必要に応じて触れることにする。

4.2.1 熱変換の原理と応用機器

電気を熱に変換するには，抵抗加熱を初めいくつかの方法がある。家庭内においては，調理機器や暖房機器としてガスや灯油を利用することも広く行われているが，これらの機器は燃焼によって発生する熱を利用するので，環境中の酸素を消費する点や不完全燃焼などにも注意を払う必要がある。これに対し電気を熱に変換することに関しては，空気を汚す心配がなく，衛生的で，温度制御もしやすく，安全性も高いなどの点が大きな利点といえる。しかし維持経費は一般にガスや灯油に比較して高くつき，また機器として基本的に電気容量をたくさん必要とするので，配電上の配慮が必要となる。

以下，電気から熱への変換を原理ごとに分類し，その応用機器についても触れる。

〔1〕 **抵 抗 加 熱**　抵抗加熱（resistance heating）は最も古くから活用されてきた電気を熱に変換する手段で，抵抗率の高い電気導体に通電すると熱を発生する現象を利用するものである。このような形態で発生する熱をジュー

ル熱（Joule heat）と呼び，熱を発生する材料をヒータ（heater）と言う。ヒータ材料としては，従来からニクロム線がよく用いられている。

ニクロム（nichrome）は，ニッケル-クロム合金であって，ニッケルが79〜84％，クロムが12〜20％，そのほかにマンガンなどをわずかに含む金属材料である。材料の加工性や経済的な理由から，さらに鉄を混ぜることも多い。ニクロムがヒータ材料として用いられる理由は，金属として適度に電気抵抗が大きいこと，高温時でも酸化されにくく，安定である（耐久性が高い）などの，ヒータ材料として最適な特性を備えているためである。

ニクロムは線状や，あるいはさらにスパイラル状にしたり，または幅の狭い箔状にしてヒータとするが，電気コンロ（電熱器），電気オーブン，アイロン，電気炊飯器，電気ポット，トースタ，ヘアドライヤー，電気毛布など多くの生活用家電機器のヒータとして使用されている。特に高温で使用する場合には，密閉型のヒータにすれば空気と絶縁されるために耐久性が向上する。このようなものには，金属管の中にアルミナなどの電気絶縁性物質とともにニクロム線を封入したシーズヒータや，マイカヒータ（雲母板にニクロム線を巻いたもの）を金属板の間に封入したスペースヒータなどがある。

抵抗発熱の場合，ヒータにかかる電圧を V（V：ボルト），流れる電流を I（A：アンペア）とすると，熱に変換される電力 P（W：ワット）は

$$P = VI \tag{4.1}$$

で表される。ここで，1 W＝1 J/s であるから1 s 間に発生する熱量は P〔J/s〕となる。cal 単位で表せば1 cal＝4.186 J であるから，熱量 Q〔cal/s〕は，つぎのようになる。

$$Q = 0.239\,P \tag{4.2}$$

これらの式は直流において成り立つだけでなく，交流においても実効値（effective value）を用いれば，そのまま成り立つことに注意しなければならない。先に述べたように交流は単位時間内に規則正しく電圧（電流）が変化するので，この2乗値の変化を平均した値の平方根が実効値に相当し，これを使えば交流も直流と同じように扱うことができる。前に述べた家庭用の交流電圧

が 100 V というのも実効値にほかならない。

電熱機器の大きな特徴は，比較的容易に温度抑制が可能なことで，サーモスタット（thermostat）と呼ばれる温度調節器が用いられるが，具体的にはバイメタル，ベローズ，フェライト，サーミスタなどがある。このうちバイメタル（bimetal）は，古くから温度制御に用いられている方法で，図4.1のように2枚の温度膨張率の異なる金属板を張り合わせ，温度変化によって生じるバイメタルの湾曲状の変形を電流の断続に利用するものである。いずれにしてもこのような手段によって，電気機器の温度制御やスイッチの切断などが容易に可能なため，電熱機器が便利にかつ安全に使用できるのである。

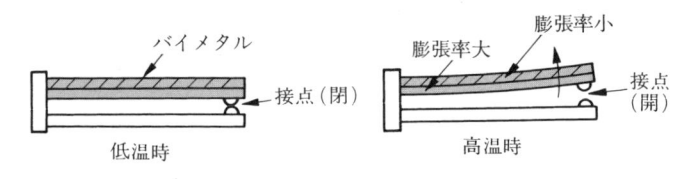

図4.1 バイメタルによる温度制御

〔2〕 **マイクロ波加熱** マイクロ波（microwave）とは，極超短波とも呼ばれる領域の電波である。これは電磁波（electromagnetic wave）の一種であって，電場と磁場がたがいに垂直方向に振動しつつ空間を伝わっていく波の性質を持つものである。波の1周期，すなわち波長（wavelength）がマイクロ波より長くなった電磁波は，ラジオやテレビなどの放送用の電波として利用されている。逆に波長がもっと短くなると，赤外線（infrared rays）を経て，波長が 400～760 nm（n はナノと読み，10^{-9} のこと）の範囲は可視光線（visible rays）と言われ，私たちの目で感知できる。波長がこれよりもっと短くなると，紫外線（ultraviolet rays），さらに短くなるとX線（X rays），γ線（γ rays）などと言われる放射線となり，医療に利用されたりする。このように波長が異なると電磁波は大変違った性質を持つようになる点は興味深い。

さて，マイクロ波加熱（microwave heating）は，原理的には誘電加熱（dielectric heating）と同じである。図4.2に示すように電極間に有極性分子

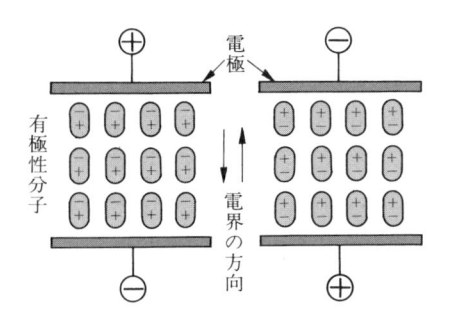

図4.2 誘電加熱の原理

(例えば水分子は大きな極性を有する分子)からなる物を置いて,電極の極性を変化させる(すなわち交流の電気をかける)と,電極間の物質は電界の変化に合わせて分極し,その方向を変化させる。このとき交流の周波数を高くして分極の反転を高速度で行えば,摩擦熱に相当するような熱損失を多量に生じるようになって,その物質が発熱する。これが誘電加熱の原理である。

マイクロ波加熱は,マイクロ波を有極性物質にあて,これにより有極分子の振動を引き起こし,上記のような原理で加熱されるものである。これを利用した調理機器が,電子レンジ (microwave oven) である。電子レンジの場合,2 450 MHz (Mはメガと読み,10^6の意味)の周波数のマイクロ波をマグネトロン (magnetron) と呼ばれる特殊な電子管から発生させ,食品を加熱するものである。

この加熱法は,ガスや電気ヒータを用いる従来の加熱法と比較して,多くの特徴がある。例えば,長所として短時間に食物のみを比較的均一に加熱でき,煙を発生したり,焦げたりしない。また一般に少量の食物や飲物でも食器に入れたままで手軽に暖めることができるので,電子レンジはその便利さと低価格化から,現在では家庭の必需品となっている。一方,短所としては金属のような導電性の容器は電波を反射することから使えず,ガラス容器では耐熱性のものでないと食品の急速な温度上昇によって破損することがある。また食品が焦げないということは,調理においては短所となることもあり,この点から電子レンジに通常のオーブン機能を持たせたオーブンレンジなどもよく利用されている。

マイクロ波加熱法は，このように便利に活用できる反面，利用方法を誤ると危険なため，定められた使用法をつねに守るように心がけなければならない。

〔3〕**誘導加熱**　誘導加熱（induction heating）は，家庭では電磁調理器などとして利用されている。この方法はニクロム線のようなヒータは使わずに，鍋底そのものを直接加熱する熱効率の高い方法であるが，原理上使用できない鍋も多いので，注意しなければならない。この加熱方式では，低周波（周波数が低い）方式と高周波（周波数が高い）方式とがあり，一般によく用いられるのは後者の高周波方式のものである。

原理は図 4.3 に示すように，磁力発生コイルに交流を流すと磁力線が発生し，この磁力線が鍋の底を通るとき渦電流を発生する。鉄鍋のように鍋が金属で，ある程度の電気抵抗を持ったものは，渦電流が流れることによって発熱する。一般の高周波方式のものは家庭用の商用交流（50 Hz または 60 Hz）を一度，直流になおし，先に述べたインバータ（inverter）により 25 kHz 程度の周波数の交流に変換してから使用している。

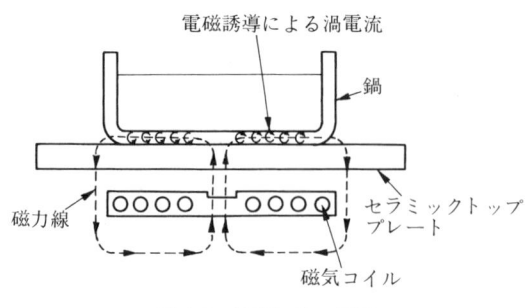

図 4.3　誘導加熱の原理

鍋は底が電磁調理器のプレートと密着する形状のものがよく，原理的に絶縁性の土鍋，陶磁鍋やガラス鍋は使えない。金属でもアルミ鍋，銅鍋は電気抵抗が小さいためやはり使えないが，ホーロー鍋は基本的に中は鉄材料なので使用可能である。ステンレス鍋も原理的には使えるが，電磁調理器ではマグネットスイッチで鍋の適否を判断しているものがあり，このような機種では磁石に対し吸引力を持たない 18-8 ステンレス素材のものは使用できない。

4.2 生活機器の種類と利用技術　　57

　電磁調理器の特徴は，鍋自体を発熱させるために熱効率が高く，温度調節も容易で，清潔・安全である。しかし磁気記録を利用した各種カード類，フロッピーディスクといったものは，漏洩(ろうえい)磁界によってトラブルを発生する可能性が考えられるので，近づけないほうが無難である。
　なお電気炊飯器でIH炊飯器などと呼んでいるものが多く見受けられるようになってきた。このIHとは，induction heating（誘導加熱）のことで，容器（釜(かま)）自体を直接加熱してご飯を炊く方式のものであり，原理自体はここで説明したことと基本的に同じである。

4.2.2　動力変換の原理と応用機器

　電気を動力に変換する機器を電動機（モータ：motor）という。家庭用，産業用を問わず，一般に機械は，動力を投入して機能させ，その結果，私たち人間にとって有効な仕事をするものであり，ここに電気を動力に変換して利用できることの意味は大きい。内燃機関（エンジン）を別にすれば，電動機は動力を得る手段として最も重要なものであるといえる。
　電動機には，多くの種類があるが，使用する電源の種類によって直流電動機と交流電動機に分類できる。
　〔1〕**直流電動機**　　図4.4のように磁石によって磁界を有する空間に導線がおかれ，ここに直流を流すと，この導線には図中の矢印のような力が働く。

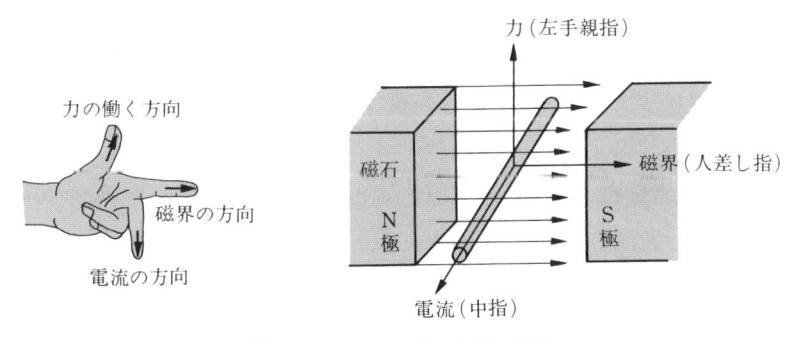

図4.4　フレミングの左手の法則

これをフレミングの左手の法則（left-hand rule）と言い，左手の人差し指を磁界の方向（磁石のN極からS極へ向かう方向），中指を電流の方向に合わせると，親指が導線が受ける力の方向を示すというものである。

図4.5は直流電動機の原理を示したもので，整流子を介して導線（コイル）に電流を流すと，上記のフレミングの左手の法則により矢印の方向に力（偶力）が発生し回転する。すると整流子部分でコイルに流れる電流の向きが反転し，再び同じ方向に力を生じるので，回転が継続することになる。これが直流電動機の原理である。直流電動機を逆回転するには，左手の法則から電源の極性（＋と－）を変えればよいことがすぐわかる。また図4.4における導線が受ける力は，電流の大きさとともに増大するから，電圧を上げれば電動機の回転速度は増加する。

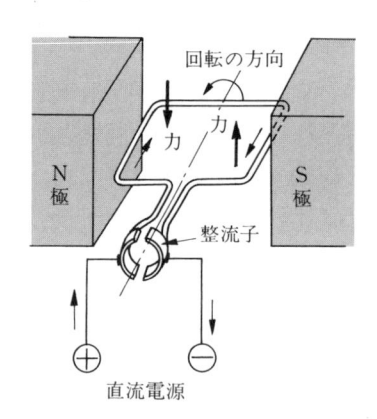

図4.5　直流電動機の原理

電池で動かすような小さな直流電動機の場合は，磁界を作るのに図4.5のような永久磁石が用いられるが，多くの場合は電磁石によって磁界を形成する方式が採用されている。

〔2〕　**交流電動機**　　交流を電源とする電動機には，誘導電動機（induction motor），整流子電動機（commutator motor）などがある。交流電動機としての誘導電動機の利用は広範囲にわたる。

誘導電動機の原理は，図4.6のようなアラゴ（Arago）の円盤の実験に集約される。すなわち回転自由なアルミニウム製などの円盤に磁石を近づけて図の

ように動かすと，円盤に回転力が生じて回転する。これは円盤に発生した渦電流（フレミングの右手の法則による）が磁石の磁界との関係でフレミングの左手の法則に基づいて力（電磁力）を生じるためである。誘導電動機の場合，実際には磁石を動かすことはせずに，交流の特性を利用して回転磁界（rotating magnetic field）を作ることにより円筒形の回転子（ロータ）を動かすように工夫をしている。

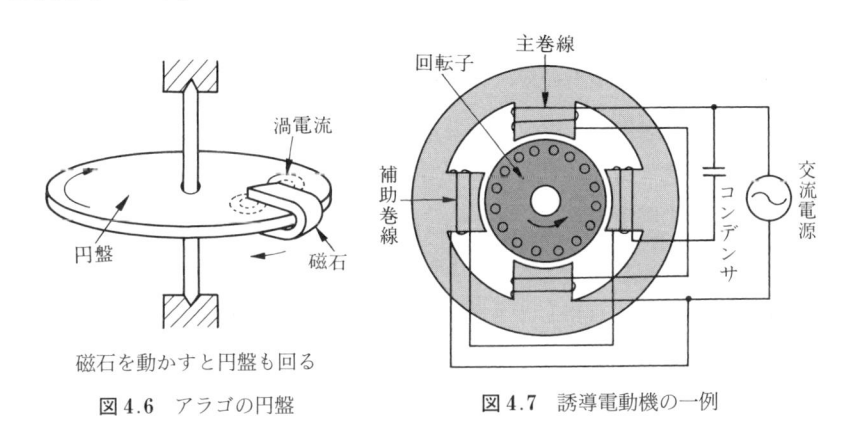

図4.6　アラゴの円盤

図4.7　誘導電動機の一例

図4.7は単相交流による回転磁界を実現する一例を示したものである。コンデンサは電流の位相を進める作用があるので，一方の巻線の中にコンデンサを入れ磁界をずらせるように工夫したもので，コンデンサモータと呼ぶ。この場合は，2極のコイルが回転しているのと同じで，これを二極電動機という。

交流の周波数は，電動機の回転速度に影響する。つまり周波数が高くなれば回転磁界も速くなるので，電動機の回転速度は増加する。一方，電動機における極数も速度に関係し，周波数をf，極数をpとすれば，回転数N（rpm：revolutions per minuteの略で，1分間当りの回転数）に関して次式が成り立つ。

$$N = \frac{120 f}{p} \tag{4.3}$$

例えば二極電動機を50 Hzで使用すれば回転速度は3 000 rpmとなり，周波数を60 Hzに変更すれば3 600 rpmになって，速度は20％増加することに

なる。誘導電動機の場合，実際の回転速度は「すべり」という現象のため，これより若干遅くなる。

同期電動機（synchronous motor）は，回転子を永久磁石で作ったもので，上で述べたすべりという現象が発生しないため，交流の周波数に正確に対応して回転する特性をもつ。また回転力が小さくてよければ，回転磁界によって鉄製の回転子でも回すことができる。これをリアクタンスモータという。

整流子電動機は，回転磁界を作る巻線と回転子にも巻線があり，両者の磁束が作用し合って回転するもので，交流ばかりでなく直流でも使用できる。一般に交流電動機は速度調節しにくいと言えるが，整流子電動機は調節が容易で，回転速度を高速まで増加させることができるという特徴がある。

〔3〕 **電動機の利用機器**　家庭内に限定しても電動機を利用した機器は相当な種類にのぼる。これらの機器を電動機の利用の仕方という観点から**表 4.1**に分類してみた。いずれにしても電動機の動力は回転運動として得られるので，この動力をそのまま，あるいは適当な変換をして利用することになる。ここでは表の中からいくつかの機器を取り挙げて説明することにしよう。

表 4.1　電動機の利用形態の分類

	利用形態	電動機を利用した機器の例
1	送風関連（各種ファンの駆動）	扇風機，換気扇，掃除機，ヘアードライヤー，エアコン（送風機部分）など
2	切削，切断関連 （各種刃の駆動）	ジューサー，ディスポーザ，鉛筆けずり，電気かみそり，電気ドリル，電気のこぎりなど
3	混合，撹拌関連 （各種容器または翼の駆動）	ミキサー，洗濯機，タンブル乾燥機など
4	遠心力利用関連 （各種容器の回転）	脱水機（洗濯機），ジューサーなど
5	その他	冷蔵庫，エアコン（コンプレッサーの駆動） 電気ミシン，時計，カセットプレーヤ，CDプレーヤ，ビデオ（テープ，ディスク）プレーヤなど

（1）**送風関連機器**　この範疇にはいる機器は，いずれも羽根車を電動機で回転し，空気流を発生させるもので，この直接的な応用例は扇風機，換気

扇，掃除機，ヘアドライヤーなどである．ただし電動機としては，扇風機や換気扇には誘導電動機，ヘアドライヤー，掃除機にはファンを高速で回す必要性から整流子電動機がよく使用される．

　消費電力については，扇風機では家庭用のもので20〜60 W程度であり，エアコンに比べてはるかに経済的である．ヘアドライヤーの場合は，電動機が高速回転するのに加えて，送風経路にヒータが存在し，ジュール熱を利用して熱風を送るようになっているので，電力の消費量は予想外に大きい．

　（2）　**冷凍サイクルの利用機器**　家庭における最も身近な冷凍サイクルの利用機器としては，冷蔵庫，エアコン（ルームクーラ）があげられる．

　①　**電気冷蔵庫**　図4.8は電気冷蔵庫（refrigerator）の仕組みの概略を示したもので，電動機の動力は，圧縮機（コンプレッサ）の部分に使われている．冷媒（refrigerant）といわれる液化しやすく，また気化熱（heat of vaporization）の大きい気体を圧縮機で圧縮して，圧力と温度を上昇させ，凝縮器で放熱して温度を下げると気体の状態から液化する．この液体を細い銅のチューブを通して減圧し，蒸発器で気化させると気化熱を奪うので，庫内の空気が冷却されることになる．このようなサイクルを冷凍サイクル（refrigerating cycle）と呼ぶ．

　冷媒としては，従来からフロン（flon：クロロフルオロカーボン，塩素化・

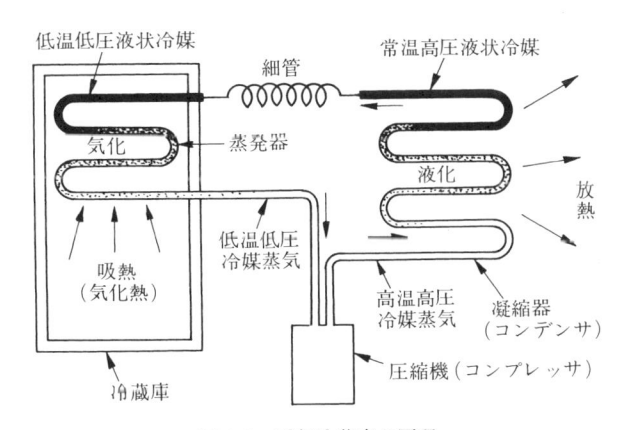

図4.8　電気冷蔵庫の原理

フッ素化されたメタンなど）がもっぱら使われてきた。フロンは工業的な用途が広く，電子部品の洗浄剤や冷媒として優れたものであるが，化学的安定性が高く，太陽の紫外線から地球を保護しているオゾン層（ozonosphere）を破壊することが判明した。このため環境保護の観点から，わが国では1995年末までにフロンは全廃された。そして冷凍サイクルを利用した機器においては代替フロン製品が取って代わるようになっている。しかし製品にすでに使用されたフロンの回収は，製品廃棄時に完全に行われているとは言えない状況にある。このため早急な対策が望まれている。

冷蔵庫の使用上，まず重要なのは設置の仕方である。従来の冷蔵庫では，放熱をする凝縮器は冷蔵庫の背面にあったため，設置には背面を壁からある程度離す必要があったが，最近のものでは冷蔵庫の背面を壁に密着できるものがある。このタイプのものは，側面などで放熱を行っているが，いずれにしても調理機器，暖房機器などから離し，特に放熱面周りのスペースを十分に取って熱を拡散しやすくすることが，電気を効率的に使うことにつながる。

使用にあたっては，熱い食品をすぐに入れることは避け，ドアの開閉はできるだけ少なく短時間で行うようにする。したがって，出し入れの頻度の高いものは手前におくなどの工夫をするとよい。また冷気漏れを防ぐためにドアのパッキンをときどきチェックし，詰め過ぎないようにして庫内のスペースをある程度確保することも，冷気がよく循環し，冷蔵庫を上手に使うことにつながる。

② **エアコン（ルームクーラ）**　冷蔵庫は冷凍サイクルを利用して庫内の熱を奪い庫外へ放熱するものであったが，図4.9のように部屋の中から熱を奪い屋外に放熱するようにしたものが，エアコン（air conditioner）である。電動機は冷蔵庫と同様に圧縮機部分に用いられるが，エアコンの場合は必ず室内の空気の循環用として，あるいは放熱部の冷却用として送風機がついており，このような箇所にも電動機は使われている。

最近はヒートポンプ（heat pump）エアコンがよく使われている。これは夏場の冷房の用途だけでなく，冬場は暖房にも使用できるもので，これは図4.9

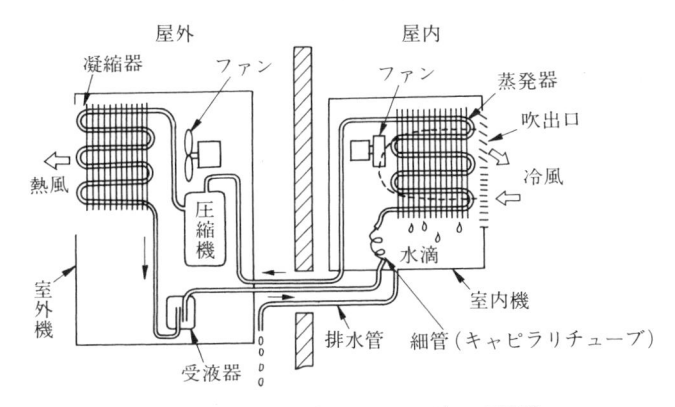

図 4.9 エアコン（ルームクーラ）の原理[3]

の放熱，放冷のサイクルを逆にすることにより達成される。

交流電動機の制御は周波数によって行うのが合理的なため，最近はインバータによって周波数を変換し，圧縮機の働きを効率的に制御するインバータエアコンが多くなっている。

エアコンを能率よく使うためには，屋外への放熱や放冷が能率よく行われるように，特に室外機の設置場所はこの点からよく検討することが重要である。

夏場のエアコンの利用の仕方としては，必要以上に設定温度を低くすることは避け，その分を扇風機を併用したり，開口部のある涼しい服装をするなどして対処することが，健康上も，経費の点からも望ましく，エネルギー的にも理にかなうものである。また部屋自体の断熱，特に窓などの開口部の断熱に配慮することが大切で，カーテンや障子の使用は効果がある。

4.2.3 光変換の原理と照明機器

電気エネルギーを光に変換するには，家庭においては白熱電球や蛍光灯を使うのが一般的である。しかしこの両者の器具では，発光の原理とともに特徴もそれぞれ大きく異なっている。白熱電球のような発光現象を熱放射（thermal radiation）と言い，熱放射とは原理的に異なった発光現象をルミネセンス（luminescence）と言っている。

〔1〕 **熱 放 射**　ニクロム線ヒータに電気を通じると，熱を発生するとともに赤味のある光を発生するのが観察される。電流を増加するとヒータ線は発熱量が増えるとともに，色もだんだん白味をおびた黄色に近づいていく。つまりヒータ線からは，電磁波（赤外線，可視光線）が放出され，電流をたくさん流して温度を高くするほど，可視光線は短波長成分が多くなることが知られている。

図 4.10 に示す白熱電球（incandescent lamp）は，この原理を利用したもので，3410℃と高い融点を持つタングステンをフィラメントとして用いている。そしてこれに通電して発生するジュール熱によってフィラメント温度を上昇させ，可視光線を発生させる仕組みである。一般照明用としては，白色薄膜塗装電球，無色透明電球などの種類があるが，まぶしさを抑えた前者が最もよく用いられている。白熱電球は，内部を真空にするとフィラメントが高温のため蒸発してガラス面に付着して暗くなったり，断線しやすくなるので，現在ではアルゴンなどの不活性気体を封入したガス入り電球となっている。

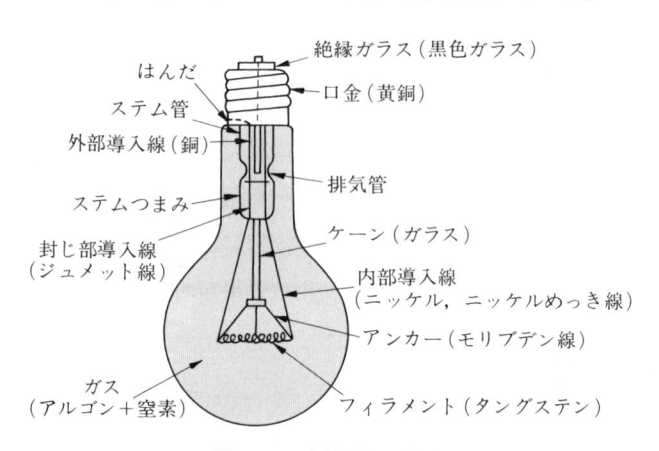

図 4.10　白熱電球の構造

白熱電球は，使用中に高温になることからわかるように，光に変換される電気エネルギーは全体の 6〜7％とわずかで，大部分が熱になって放散する。したがって光への変換効率はよくないが，装置は簡単で比較的暖かみのある光を

発生するため，生活用の照明として現在でもかなり利用されている。

また白熱電球を使用していると，前記のように黒ずんでくるが，ガラス管に不活性気体とハロゲンガスを封入したハロゲンランプは，ハロゲンサイクルを利用してこの現象を改善したランプである。ハロゲンサイクルとは，フィラメントから高温のため蒸発したタングステンとハロゲンが化合物を作るが，温度が高くなると，この化合物はガラス面に付着せず，フィラメント近くで分解し，ハロゲンは拡散し，その後またタングステンと化合物を作るという循環現象をいう。ハロゲンランプは，各種のプロジェクタなどによく使用されている。

〔2〕**ルミネセンス** ルミネセンスの発光タイプには，化学ルミネヤンス，陰極ルミネセンス，フォトルミネセンス，エレクトロルミネセンスなどがある。蛍などの生物体の発光は化学ルミネセンスの例であり，照明に広く使われる蛍光灯や水銀灯もルミネセンスの応用である。

（1）**蛍 光 灯** 蛍光灯（fluorescent lamp）は，図 4.11 に示すように蛍光管，安定器，グローランプ（点灯管）などからなる。蛍光管はその内側

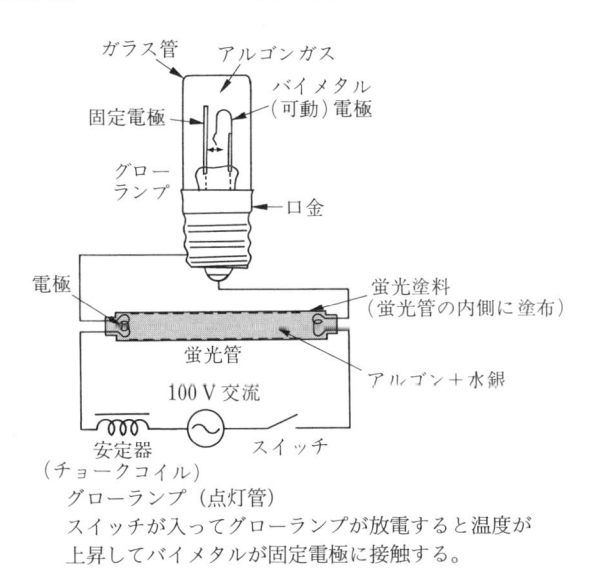

図 4.11 蛍光灯の構造

に蛍光塗料が塗布されており，管の中にはわずかな水銀とアルゴンガスが封入されている。蛍光灯スタンドなどでは，グローランプの代わりにボタンスイッチが用いられていることもある。

　グローランプは図 4.11 に示すようにバイメタルと不活性気体のアルゴンが球の中に封入されている。グローランプの固定電極と可動電極（バイメタル）は離れているが，電源スイッチが入ると紫色の光を放って放電し，温度が上がるために固定電極とバイメタルは接触する。接触すると蛍光管の電極に電流が流れるとともに放電は止んで，温度が低下すれば両電極は再び離れることになる。このようにグローランプは自動的に回路の断続を行い，一方，押しボタンスイッチはこれを手動で行うものである。

　蛍光灯における安定器は，チョークコイルという鉄心をもった一種の巻線で，グローランプによって回路の接続・切断が行われると，回路が切れたときにコイルの誘導により高電圧が発生し，蛍光管の中に放電しやすいアルゴンガスが封入されていることと相まって容易に放電が始まる。これによって水銀は蒸気になり，飛び回っている電子がこれに当たって紫外線を発生する。この紫外線は目で感知できないが，蛍光管の内側に塗布されている蛍光塗料に吸収されて可視光線が発生する。この光を利用するのが蛍光灯である。点灯後の安定器は，一定以上の電流を流さないように制限を加える役目も担っている。

　蛍光灯は白熱電球よりも電気的な効率が良く，また発光部分が広範囲にわたるため，照明による影がソフトになるのが長所である。

　設置に関しては，従来の蛍光灯は 50 Hz，60 Hz の周波数の兼用は適当でないので，引っ越しなどの場合は注意しなければならない。また蛍光灯の使用上の欠点は，点灯までに多少の時間がかかることや光のちらつきが発生することなどである。しかし以上のいずれの点もインバータ方式の蛍光灯の出現により解決された。インバータ方式の蛍光灯は，家庭交流を直流に直し，これをさらにインバータにより 20～50 kHz 程度の周波数の交流に変換して使用するため，周波数の違いを問わずに使えて，ちらつきが感じられない。また点灯に時間がかからず，調光もできるなど利点が多いため，最近はこのタイプの蛍光灯

の普及が著しい。

（2）水銀灯　前述のように蛍光灯は，水銀灯の一種といえるが，水銀蒸気の圧力を蛍光灯よりもっと高圧にすると，可視光線成分が多く発生するようになり，そのまま光源として利用できる。これを（高圧）水銀灯（mercury-vapor lamp）という。この光源は，点灯してから最大の明るさになるまで少々時間がかかり，一度消灯するとランプが冷却するまでは再点灯できないなどの欠点がある。このため家庭ではほとんど用いられないが，私たちの身の周りでは屋外用の照明，体育館や倉庫といった大きな施設の照明などに用いられている。

（3）その他　そのほかの光源としては，ナトリウムランプ，キセノンランプなどを挙げることができる。これらはいずれもナトリウム蒸気やキセノンガスの放電を利用した放電灯で，前者は橙黄色で霧などに対する透過性に優れているため，自動車道路やトンネルの照明によく利用される。後者は，太陽光線と比較的に成分が似ており，公園などの照明に使われている。

4.2.4　被服関連機器

家庭における被服関連機器としては，ミシン，編機，洗濯機，乾燥機，アイロンなどを挙げることができるが，ここではミシンと編機について説明する。

〔1〕ミシン　家庭において使用されるミシン（sewing machine）は，縁かがり縫いミシン（オーバーロックミシン）がわずかに使用されることはあるものの，ほとんど全部が本縫い（lockstitch）ミシンである。本縫いミシンの特徴は，針糸（上糸・needle thread）とボビン糸（下糸：bobbin thread）が存在し，これらの糸が交差（他糸レーシング：interlacing）することによりステッチが形成される点にある。ミシンの機構などについては10章で説明することになっているので，ここではミシンの保守方法を中心に述べる。

ミシンの保守　ミシンを利用する場合につねに念頭におくことは，ミシンが多数の精巧な部品からなる精密機械であり，機械が動作中に接触摩擦した

り，回転したりする箇所がきわめて多い点である。これを機械の用語で表現すれば，機素（部品）相互が面で接する，つまり面対偶（低次対偶：lower pair）をなしたり，線や点で接する線・点対偶（高次対偶：higher pair）を形成するということであるが，このような箇所には必ず潤滑油（lubricant）が必要になる。またミシンは，針を使って布地を縫合する機械であるから，繊維屑（くず）が脱落して機械の可動部に付着しやすいので，これを除去することも保守作業として重要なことである。

　ミシンに限らず，手入れの行き届いた機械は，動作時に音が静かで動きもスムーズとなり，機械の持っている性能をフルに発揮できるが，保守が不十分であると使い勝手が悪く，性能が十分に発揮されないばかりか，最終的には機械寿命も縮めてしまうことを忘れてはならない。

　以上述べたようにミシンの保守は，注油と繊維屑・埃（ほこり）などの除去の二つが大きな仕事になるが，ここでは注油に関してもう少し説明しておこう。注油は潤滑油を機械の可動部に注ぐことであるが，この潤滑油の使用目的には一般に，① 摩擦部分の潤滑，② 摩擦面の腐食防止（さび防止），③ 摩擦熱の除去，などさまざまである。しかし潤滑油としては，基本的にまず ① の役目が大きい。

　潤滑油で摩擦部分が潤滑できる理由は，固体と固体が直接接触して摩擦する固体摩擦（solid friction）という状態から，固体と固体の間に潤滑油が存在する流体摩擦（fluid friction）に移行するためである。固体摩擦においては，材質とともに表面状態が重要で，接触面を滑らかに仕上げるほど両者間の摩擦係数は小さくなるが，これには限度がある。これをさらに潤滑するには，流体摩擦へ切り換えることが効果的である。流体摩擦の状態では，固体間に油膜層が形成されるため，潤滑油の粘性が重要な意味をもってくる。したがって注油する場所によって潤滑油を使い分ける必要がでてくる。

　潤滑油の種類は多いが，**表4.2**に典型的な3種類の潤滑油を示した。このうちミシンに最適な潤滑油は，スピンドル油（spindle oil）である。この潤滑油は軽荷重・高速用の軸受けなどに適する油で，精密機械用として広く使用されるものである。ミシンとしては無色透明のものがよい。この油は，粘度が低

4.2 生活機器の種類と利用技術

表4.2 潤滑油の一例と特徴，用途

名　称	原　料	特　徴	用　途
スピンドル油	鉱油の一種で，重油を蒸留したときに最初に分留する成分。	粘度が低く，無色透明～淡黄色透明。	軽荷重，高速用の軸受，軽荷重の歯車，精密機械（ミシンなど）。
マシン油	鉱油の一種で，一般に精製度が低い。	種類が多く，性状は幅広いが，スピンドル油より粘度は高い。黄褐色～茶褐色のものが一般的。	一般機械用で広く用いられる。高温，高速，高荷重用途には不向き。
グリース	鉱油と脂肪酸の金属塩（金属せっけん）を混合した潤滑油	常温で半固体状（クリーム，ポマード状）。	高荷重の軸受，歯車。いずれもひんぱんに注油が困難な部分。

く，油切れをおこしやすいので，こまめに注油する必要がある。一般機械用とはいっても，マシン油は一般にミシンには不適当である。

〔2〕**家庭用編機**　手芸では編棒を使って編物を編むが，家庭用の手編機（hand knitting machine）はこれを機械的に行うものである。通常1本の糸を用いて1段ずつ端から順に編成が行われるが，このような編方式をヨコ編（weft knitting）という。編成にはこのほかにタテ編（warp knitting）があるが，この編地は家庭で製作することは不可能で，すべて工業的に生産される。ヨコ編は，目増やし，目減らしにより成型可能なことが特長である。

　家庭用でも工業用でも，ヨコ編の編成原理は変わりなく，編機には編針（knitting needle）とこの編針を配置しておく針床（needle bed）が存在し，編針をキャリッジ（carriage）に付属した板状のカム（cam）で駆動することにより編成を行う構造になっている。手編機に用いられる編針は，**図4.12**に示すようにべら針（latch needle）と呼ばれる編針で，編針を動かして編糸を供給するだけで編成が可能なため，自動針と呼ばれることもある。べら針の特徴はべらがフック（hook）との間を開いたり，閉じたりすることである。図4.12にべら針を用いて編成を行う状況を示す。糸が編針のフックにかかり，べらが閉じて古いループを抜けて新しいループを形成する。

　図4.13は編針，針床，キャリッジの状態を示したものである。キャリッジ

図 4.12　べら針と編成原理

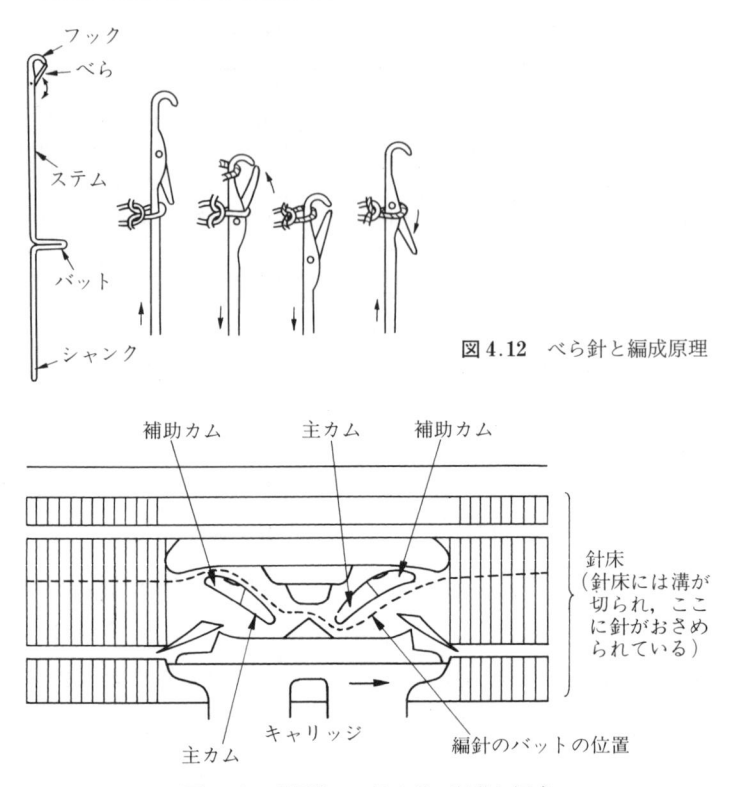

図 4.13　手編機における針の運動と編成

の裏部には主カム，補助カムなどがあり，キャリッジを手で操作することにより，編針のバット（butt）がカムの側面に接触し，針が針床の溝を往復運動することにより編成が達成されることになる。しかしこのような方法により，編成される編地は，すべてのループを同じ方向に引き出した平編（メリヤス編）という組織であり，模様などほかの組織を編もうとする場合には別の操作が必要になる。

　編機の取り扱いも，糸を編み込んでいくために脱落した繊維屑が各所に付着しやすいので，これらをよく取り除くことと，必要に応じて編針と針床の溝，キャリッジのカムの部分などに注油して，針が滑らかに動くようにしておく必要がある。潤滑油は，スピンドル油が適当である。

5 住宅設備と生活技術

5.1 はじめに

　技術とは近代科学（分析統合）を社会生活に役立てる技である。住宅設備は近代が生んだ生活技術の一つである。しかし，排水処理があってこそ給水を享受できるというような，当然の技術バランスが重要である。消費と汚染，産業と公害，開発と危険はつねに共存する。まず身近な生活に関連する住宅設備と技術性の全貌を通観してみる。

① 　住宅はエアコンの発達によりほとんどが適温を享受している。しかし，家庭電化とともに家庭電力は増加の一途を辿り，エネルギー消費公害の面からも冷暖房以前に住宅熱負荷の削減，適正エアコンの採用と効率化が重要である。

② 　住宅は隙間風や騒音などの対応で高気密となり，室内の汚染空気，特にガスレンジの室内燃焼ガス（CO, CO_2）などは必ず給気ルートを完備しておかないと排気ファンを運転しても排気できないことを銘記すべきである。

③ 　住宅の水は水道局（公営企業）によって供給され，水質と量を保証するために不断の努力をしているが，わが国の水源開発は極限にきているという。

　　天候による渇水の難儀は見聞，経験のとおりで，節水は重要な生活技術である。一方，生活排水は河川湖沼・内海の汚濁の元凶の一つであり，

放流下水道および排水処理施設は重要な国家事業として不断の努力がなされている。

④　火災の原因となる火の使用と小火(ぼや)や延焼の原因を持つ諸事象について，その予防と危機管理はやり過ぎることはない。しかしそのため，基本的な明快性を欠くような，複雑で混乱を招く間取(まどり)とか通路構成やシステムは歓迎されない。

⑤　照明は生活に欠くことができない。しかし，照明器具の展覧会をやるのではなく，また，照度だけの目的ではなく，インテリアや外構，建材，色調などと協調し，被照体をよく認識して生活空間の目的に合った光の演出が重要である。

⑥　住宅設備も種々の騒音を発する。レンジフード，エアコン，便器給排水，各種水栓，床壁衝撃音，浴室，扉開閉，テレビ，コンパクトディスク，楽器等々，静音機器の選択と使用方法も重要であるが，建築共々間違った防音遮音対策なども問題である。

⑦　電気配線や設備をする前に，生活当事者として，適切な照明方式と器具の位置，家電機器機種，使い勝手，電源コンセントの容量と位置，アース等々を図上で細かく検討し，同時使用率や将来の余裕も想定した配線が重要である。

⑧　通信設備は，ワープロ，パソコン，テレビ，ファクシミリ，電話等々，急激に発達してくる通信，制御システムの理解，現状の対応は言うまでもなく，できるだけ将来を想定した通信配線のルートなども考えておきたい。

以上は住宅設備を身近な環境要素として，熱，空気，水，火，光，音，電気，通信の八つを並べてみた。基本的住宅環境はこれら個々の要素で成り立ち，その個々は住宅環境に適合してこそ成り立つ。さらに建築環境とも言うべき住宅の空間，動線，構造，造型，内装，外構，建材，色調と協調する。これらの重層する諸要素をすべて考慮して住宅設備と生活技術が整合する。その関係のパターンを図5.1に示す。以下，各節を追って，個々の住宅設備の諸要素

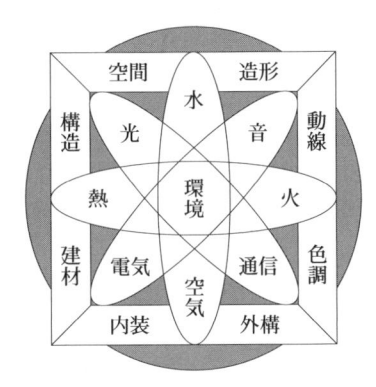

図 5.1 生活環境

にごく基本的な解説を加える。住宅設備関連製品やシステムはますます複雑多岐にわたってくるが，これらを評価する原論的な理解も生活技術の一環であるとして，各節に若干の解説を加える。

5.2 エアコンの前に（熱環境）

5.2.1 外壁断熱評価

均質な壁材の内外温度差を θ〔℃〕とすれば，高温から低温側への伝導熱流 Q〔W/m²〕は，温度差に比例し，壁の厚み d〔m〕に反比例する。式で表すと

$$Q = \lambda \frac{\theta}{d} \tag{5.1}$$

となる。比例定数 λ は壁材質で決まる熱伝導率〔W/m・℃〕である。熱量1W（ワット）とは従来の工学単位，0.86 kcal/h に相当する SI 単位である。グラスウールや発泡樹脂のような λ がきわめて小さい断熱材を外壁に貼付すると熱が伝わりにくくなる。逆数 $1/\lambda$ は熱抵抗を表し，厚み d，材質 λ の壁熱抵抗は d/λ〔m²・℃/W〕となる。また，空気に接した壁面には，表面熱伝達率 α〔W/m²・℃〕（壁外面 $\alpha_0 = 23$，室内面 $\alpha_i = 9$，…風速による）があり，表面熱抵抗は $1/\alpha$ である。したがって，異質積層壁の全熱抵抗 R は

$$R = \frac{1}{\alpha_0} + \Sigma \frac{d}{\lambda} + \frac{1}{\alpha_i} \tag{5.2}$$

となり，1/R を全壁体の熱通過率または熱貫流率 K 〔W/m²・℃〕と言う．これに壁面積 A〔m²〕，内外温度差 θ〔℃〕を掛け，その条件下で壁体に出入りする熱流量 $KA\theta = Q$〔W〕として特定される．これで試算すれば，180 mm 厚コンクリートの熱流が 25 mm 厚の断熱材の挿入で 1/3〜1/4 にも減り，逆にガラス窓は熱負荷の弱点であることなどもわかる．試算例を図 5.2 に示す．

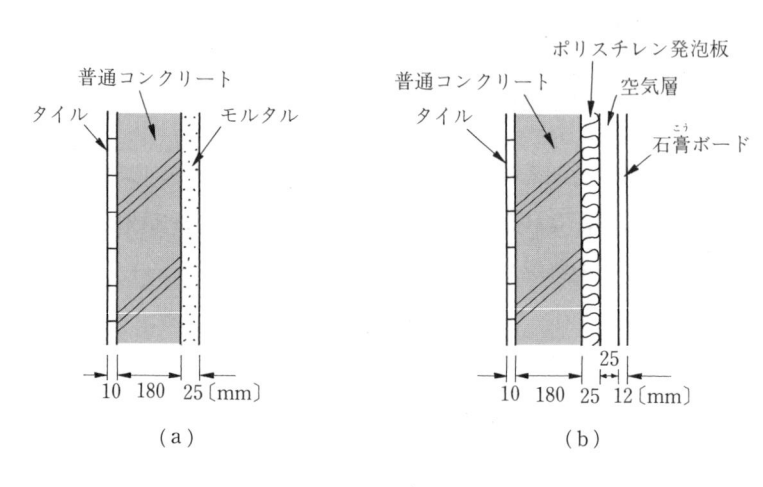

図(a)の場合

$$K = \cfrac{1}{\cfrac{1}{23} + \cfrac{0.01}{1.3} + \cfrac{0.18}{1.4} + \cfrac{0.025}{1.5} + \cfrac{1}{9}} = \cfrac{1}{0.3075} = 3.25 \ \text{〔W/m²・℃〕}$$

図(b)の場合

$$K = \cfrac{1}{\cfrac{1}{23} + \cfrac{0.01}{1.3} + \cfrac{0.18}{1.4} + \cfrac{0.025}{0.037} + 0.07 + \cfrac{0.012}{0.17} + \cfrac{1}{9}} = \cfrac{1}{1.107} = 0.9 \ \text{〔W/m²・℃〕}$$

図 5.2　外壁熱流計算例

5.2.2　ヒートポンプエアコン

電気ストーブは，ニクロム線の抵抗で電力を直接高熱に変える電熱器である．ヒートポンプは同じ電力を冷凍圧縮機の電動機に使い，低温部から高温部へ電熱器の約 3 倍もの熱を奪い揚げる熱ポンプのことである．身近な冷蔵庫は低温庫内から熱を奪い，高温庫外の室内に放出しており，それと同じ装置を使

う冷暖房機のことである。冬の屋外を冷蔵庫内，屋内を庫外と思えば暖房になり，逆転して夏の室内から熱を奪い，屋外へ放熱すれば冷房である。この装置の原理は缶に封入したフロン R 22 という液冷媒の低温沸騰である。これは圧力 4 kg/cm²以下では，0°C以下で沸騰し周囲から気化熱を奪って冷却する。冷凍圧縮機の仕事は，沸騰気化ガスを吸い込み，別の缶に圧入し続けて沸騰缶をつねに 4 kg/cm²以下に保つことである。気化ガスを押し込まれた缶を高圧 15 kg/cm²に保つと 40°Cで凝縮液化し，周囲に凝縮熱を放出して加熱する。この液化冷媒を細孔を通して元の沸騰缶に戻す。すなわち，この圧力制御と循環によって，熱を運んだことになる。よって，熱交換できる外気，廃熱などの熱源があれば電熱器の数倍の効率を示す。住宅のクーラは殆ど，壁掛けの小形ヒートポンプ冷暖房機になっている。原理の概念を図 5.3 に示す。

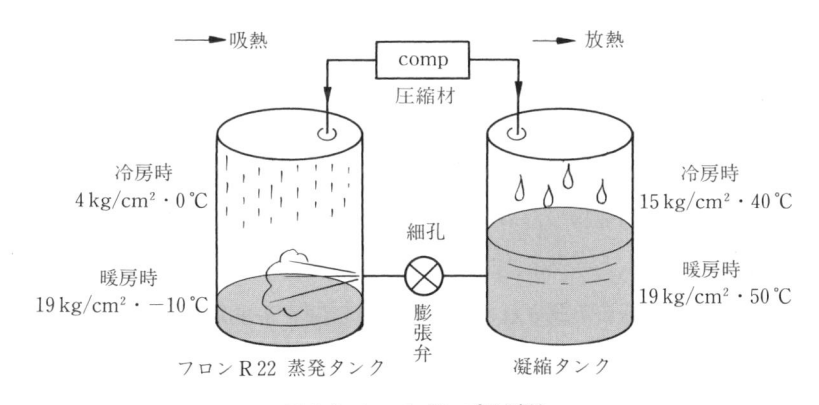

図 5.3　ヒートポンプの原理

5.2.3　エアコン計画前のチェック

一般住宅居室のように部分的，断続的，個性的な使われ方が多い冷暖房の能力は殆ど床 m²当りの経験値（150 W/m²前後）で決めるが，特殊な居室の熱負荷は熱計算が必要である。断熱壁とガラス窓とでは約 8 倍の熱貫流率の差がある。ガラス窓が大きい室の熱負荷はチェックの対象である。南の窓は夏の太陽高度に対して庇が有効である。南の日射の照り返しのあるバルコニは思わぬ

負荷になる。いずれにせよ日射のある窓はカーテンや熱反射フィルムなども有効である。最上階天井と，特に床下通気のある床は断熱を強化する。間仕切壁自身の空洞に床下から天井へドラフトがないように壁底隙間は必ず詰める。エアコン（図5.4）だけに頼らず，建物自身に熱損失の少ない外壁を考える。

（エアコン屋外機） （エアコン屋内機）

図5.4 エアコンの例

1999年，住宅省エネルギー法の建築主判断基準では全国を6地域に分け，住宅床面積当りの熱損失係数を決めている。一般に，戸建床m²当り2.7 W/°C以下とし，外壁などの断熱材や構成に関する指針でも指導している。いずれにせよ熱負荷の少ない建物のために，方位，形態，窓庇，断熱材，隙間，換気，照明，排熱，気流などの熱的配慮が必要である。基本的な熱負荷の知識は必要であり，各種専門書を参照されたい。熱環境に関する事象のパターンを図5.5に示す。

図5.5 熱環境

5.3 エアコン設備（空気環境）

5.3.1 空気の熱的性質

自然界の空気は必ず水蒸気を数％含んでいる。空気の熱的性質を表す諸元をつぎに挙げる。

絶対湿度：乾燥空気 1 kg′ 中に同温度の水蒸気 x〔kg〕が含まれている湿量〔kg/kg′〕。

水蒸気分圧：定積の乾燥空気中に同温度の水蒸気を圧入したときに上昇する圧力。

飽和空気：水蒸気分圧は温度により上限がある。上限 100 ％ にある湿り空気。

比較湿度（飽和度 ϕ〔％〕）：$\dfrac{絶対湿度 x_A}{飽和空気の絶対湿度 x_S}$

関係湿度（相対湿度）：比較湿度を分圧の比とした湿度。常温で比較湿度にほぼ等しい。

エンタルピ：0 ℃ 乾燥空気 1 kg′ が，その湿り空気の状態にまでする顕潜熱量。

湿球温度 WB：乾球温度 DB が濡れ面風速の蒸発冷却によって下がった温度（断熱飽和）。

露点温度：湿り空気から顕熱を奪って冷却し，飽和を過ぎて結露が始まる温度。

比容積：湿り空気の体積〔m³/kg′〕。kg′ は含有乾燥空気。この標準は 0.83〔m³/kg′〕。

上記の条件線，いずれか二つの交点をプロットすればほかの値はすべてわかる湿り空気線図（図 5.6 参照）があり，湿り空気の顕熱と潜熱の与奪，すなわち加熱と冷却，加湿と減湿，異なる湿り空気の混合結果などが，この線図上で簡単に作図でき，イメージ把握，計算ができる。

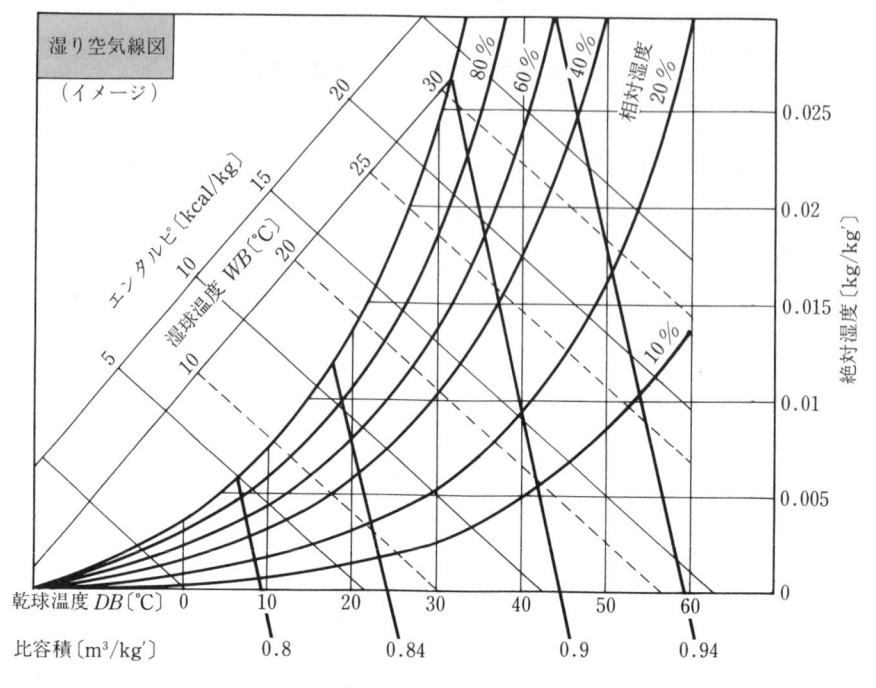

図5.6 湿り空気線図

5.3.2 室内空気清浄度

建基法[†1], 労衛法[†2]で室内空気環境許容度が決められており, それが住宅の室内空気清浄度の目安となる。すなわち, 浮遊粉塵の量 ($0.15\,\mathrm{mg/m^3}$以下), CO_2含有率 ($1\,000\,\mathrm{ppm}$以下), CO含有率 ($10\,\mathrm{ppm}$以下), 温度 ($17\sim28\,°\mathrm{C}$), 相対湿度 ($40\sim70\,\%$), 気流 ($<0.5\,\mathrm{m/s}$) としている。推奨される室内気温は暖房 $20\,°\mathrm{C}\,50\,\%$, 冷房 $27\,°\mathrm{C}\,60\,\%$, 冷房時, 外気温より $7\,°\mathrm{C}$ 以上下げてはならない。粉塵などは換気で処理する。一方, シックハウス, シックビル症候群と言われるものは, 新築の竣工後に入居するとインテリアの新建材や接着剤から蒸発するホルムアルデヒドなどの刺激臭にむかつき, 嘔吐などの複雑なアレルギー症状が出て, 耐えられないという。メーカの対応も進んだ

[†1] 建築基準法 (1950年公布)
[†2] 労働安全衛生法 (1972年公布)

が，類する揮発性有機化合物は数百とあり難題である．しかし，新築現場を温加熱して蒸発を促進消滅させる手法もあるという．今，地球温暖化が地球環境の大問題になり，これはCO_2の保温性に原因があり，その発生を減ずるべきと京都議定書で決議され，世界次世代の省エネルギー活動に大きな影響を与えた．同様に，冷凍機の冷媒のうち特定フロンが成層圏に上ってオゾンを破壊し，紫外線を直接地表に降らせるので生産中止としている．

5.3.3 エアコンと換気

現在，一般住宅の冷暖房は手軽な空気熱源ヒートポンプエアコンが主流で，大手電気メーカが競って市販している．6畳の部屋で加熱能力 3 kW くらいが目安であるが，消費電力は市販品でも 1 kW くらいである．問題は室内外ともに冷媒配管や機器配置および脱湿排水等に合理的な景観処理がされていないことで，一考を要する．一方，汚染空気の換気は空調の重要な一部であるが，臭気，温度，有毒燃焼ガス，喫煙，湿気，湯気，塵埃，集会等々，なにの目的か，により換気量を計算して余裕をとるべきである．また，住宅で最もカビの多い所はバス・トイレであるという．室温の上昇は蒸発を促進し，効果的な湿気の排出ができる．最近，浴室乾燥換気暖房機などの設備が注目されている．最も多い問題と思うのは，排気扇のみによる第三種換気（排気のみ）の給気口の無視と通気ルート，ドラフト，室負圧障害などへの配慮であり，住宅設備とともに建築構成が処理すべきである．第三種とは給気口警告の意味がある．ま

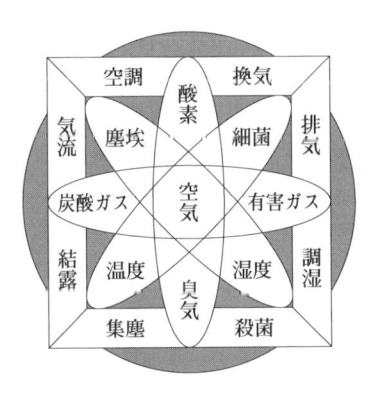

図 5.7 空気環境

た，今後の高齢化住宅に向けてはさらに家族室の至適温度，垂直温度分布，浴室・トイレ・寝室などのための床パネル輻射暖房などが注目されている．空気環境に関する事象のパターンを図5.7に示す．

5.4 給排水設備（水環境）

5.4.1 給水量と水道

人は体重の50〜60％が水で，1％減で喉(のど)が渇き，6％減で変調し，20％減で死に至るといい，生命維持のための摂取量は1人1日当り飲料1〜1.5 l，食物で0.7〜1 l，体内燃焼生成0.3 l，計2〜2.5 lくらいであるという．しかし住宅1人1日平均使用水量は200〜400 lで，構成比は最近，風呂30％，トイレ20％，洗濯20％，台所ほか30％といわれる．住宅1戸にはだいたい，5個くらいの給水点がある．住戸内の同時使用は10 l/min×3個くらいとし，マンション系では1戸当り20 mm径の引込管が普通である．市水道は水道法規定の水質に浄水管理され，約2 kg/cm²以上の端末圧力を保証して各住宅に送られている．水質は飲料適，残留塩素0.1〜1.5 ppm以上，塩素イオン200 ppm以下とし，1日間程度の貯留と雑菌に対応している．いずれにせよわが国の1人当り降雨量は世界平均の1/5で決して潤沢ではない．あくまでも衛生

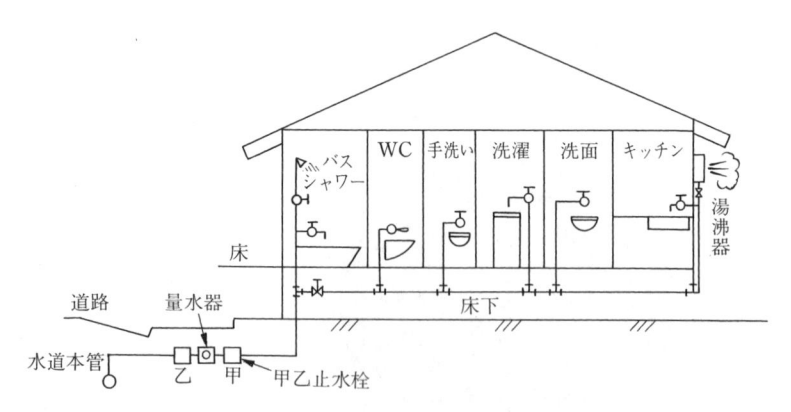

図5.8 住宅の市水道引込みと給水点

5.4 給排水設備（水環境）

的でありつつ，節水の励行と節水器具の開発の続行，節水水栓，節水便器，定量水栓，循環濾過バス，雨水貯留による雑用水などは重要な技術である．市水道引込みと給水点の概要を図5.8に示す．

5.4.2 排水および浄化槽

排水には守るべき三原則がある．第一に排水勾配は当り前の真理で，ごまかしは利かない．広い平面でも，排水管でも一般に1/100前後とする．第二は排水用通気管である．排水管中の水はピストンが動いていくように下流の空気を押し，上流の空気を引っ張る．よって特に立配管のトップとボトムに給排気の出入口として通気管を取り出し，臭気のため屋根の上まで立ち上げて配管し開放しておく．これで排水の流れが円滑になる．第三はトラップである．「わな」のことであるが，排水管の一部をU字に深く曲げて排水がつねにたまっているようにしておくと，勾配落差では潜って流れていくが，下流の下水臭が昇ってくるのを封水する，古人が考えた巧妙な仕掛けである．1996年，わが国の

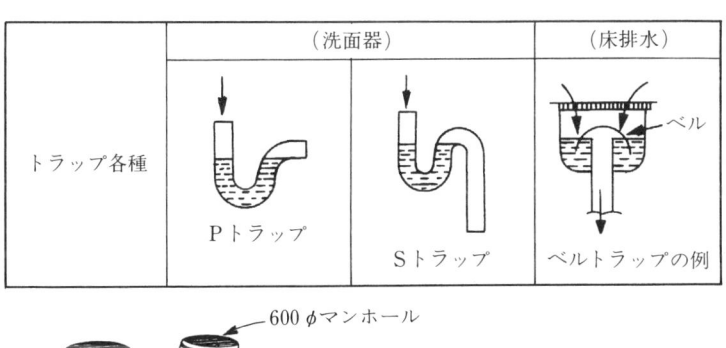

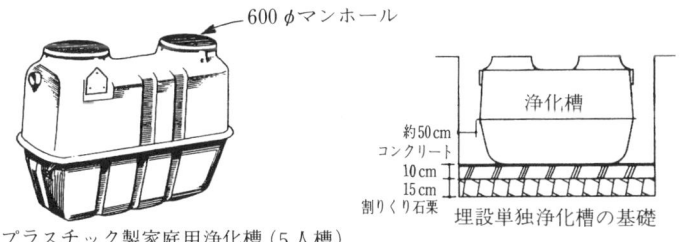

図5.9 トラップと浄化槽

公共下水道の普及率は50％を超したが，普及外の住宅に安くて小形の私設汚水浄化槽が望まれる。浄化槽は環境に重要なバイオ装置である。腐敗菌1個は20分で世代分裂する。よって24時間では驚くなかれ約5000億の百億倍になる。この猛烈な増殖腐敗菌は汚水中の有機物を酵素で加水分解して食べ，酸素によって体内燃焼を行い，炭酸ガス，水素，メタン，アンモニア，硝酸塩などにガス化，無機化，浄化する。トラップ，浄化槽の例を図5.9に示す。

5.4.3 衛生器具，機器

給排水は生活の衛生器具のためにあると言っても過言ではない。住宅のトイレは殆ど洋風便器が定着し，洗浄方式はトラップの流出断面をわざと縮小満流にしてサイホン排水を利かしたサイホン式，およびその改良式，節水式など，さらに自動暖房便座（温水洗浄乾燥，消音消臭機能等）が普及してきた。また，洗面器は，鉢を大形にしてハンドシャワーを付けた洗髪化粧台，超音波・ジェット・24時間バス，ボディシャワー，洗濯機用排水パン，多機能高度なシステムキッチンなどの高付加価値の器具がつぎつぎと商品化されている。これらは生活の面から十分検討し取捨選択したい。また最近目に付くものに洗面器のレバーコックがあり，メーカによってレバーの上げ止めと下げ止めがある。どちらが正しいというのではないが紛らわしい。トラップは衛生器具そのものになり，器具検収時重要な対象である。床排水金物もトラップをもつが

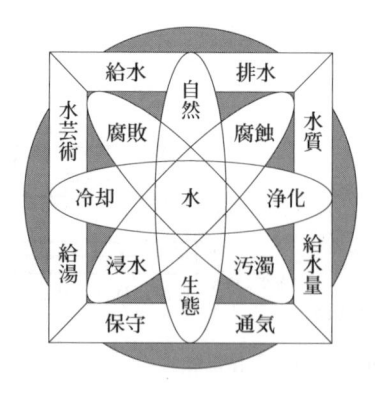

図5.10 水 環 境

時々水をやらないと封水が蒸発して臭気が上がる。外部の汚水会所枡(ます)はインバート会所として溝付底になった衛生器具の一つであり，合流と接続に使われる保守点検口である。ビニルの小口径枡やモルタル成型品などが製品化定着した。衛生は必ず洗浄水の給排水を伴う，すなわちそのいく末は環境である。水環境に関する事象のパターンを図 5.10 に示す。

5.5 配管とダクトの知識（水圧と気圧）

5.5.1 水圧と水槽

高層マンションでは屋上に高置水槽を設け（図 5.11 参照），これに適時ポンプで揚水して貯水し，水を落差（水頭）による圧力で水栓から噴出させる。圧力は $1\,\mathrm{kg/cm^2}$ ほどがよく，瞬間湯沸器などのためにも $1\,\mathrm{kg/cm^2}$ くらいが必

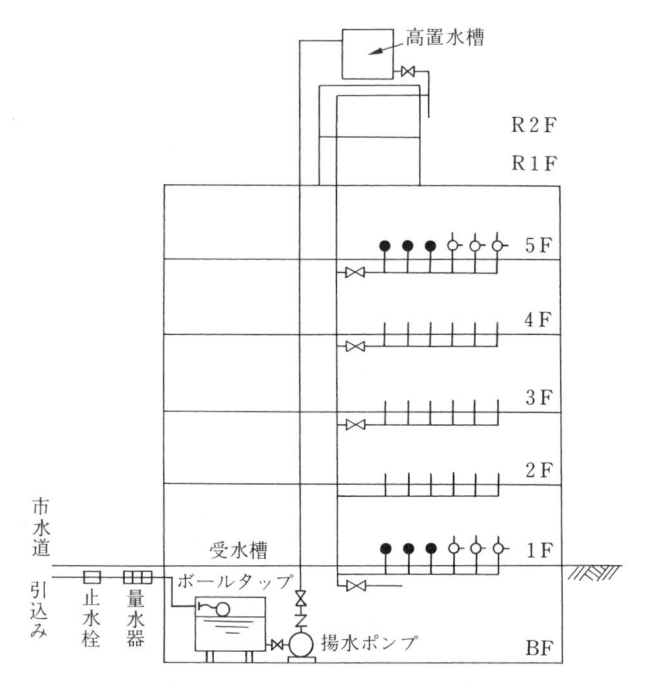

図 5.11 高層マンションの高置水槽方式

要で,最高の水栓から上方へ10m余の高さに設ければ,配管摩擦とも下階の圧力は確保される。

配管の太さは水流の摩擦抵抗を考えた適正な流速,1m/s前後で決める。当然,使用量の集まる根本の水槽出口が最も太くなるが,同時使用率などで専門的になる。最近は受水槽から直接,数台のポンプを圧力自動制御して水を配管へ直接圧送するシステムが主流である。

一方,受水槽は一日使用水量の半日分をためる。それ以上は腐敗菌により残留塩素がなくなる危険がある。さらに水槽内の清掃保守は重要で点検口,梯(はし)子(ご),保守空間などは建築基準法で規定されている。現在は,ほとんどFRP製の水槽である。

配管材料はほとんど水道用硬質塩化ビニル管で,$7.6 \mathrm{kg/cm^2}$ の水圧に耐える。有毒疑惑の給水鉛管使用部は撤去されつつある。

5.5.2 配管とポンプ

マンションなどの受水槽から各戸給水への圧送や高水槽への揚水用ポンプとして,メーカ標準品の遠心ポンプが常用されている。その性能は,揚水量〔m³/min〕×揚程〔m〕×電動機〔kW〕で表される。これは最も効率のよい運転点の性能で,揚程〔m〕とは圧力水頭に相当する。単に水を揚げる高さを示すのみではなく,高さとともに抵抗に打ち勝つ圧力をも含めた意味で表している。全水栓を閉じると水量0,揚程(縦軸)は最高点を示す。水栓を開放して抵抗を減らしていくと揚程は減り,水量(横軸)が増えて右下り曲線を描く。一方,配管系にも曲線があり,配管系の流量を逐次増やしていくと摩擦抵抗が増えて右上り曲線を描く。このポンプにこの配管をつなぐと両曲線の交点で動く。配管系の抵抗は水量によって大きく変わり,その圧力に打ち勝ってこの水量を送るという意味になる(**図5.12参照**)。よって,ポンプを必要とする配管系が必要とする送水量と抵抗を検討し,求めるポンプの特性曲線との交点がそのポンプの最も効率の良い運転点の付近にくるよう選定する。配管の流速は速いほど多量の水を運ぶが,速度の2乗に比例して摩擦抵抗が増え,また水栓の

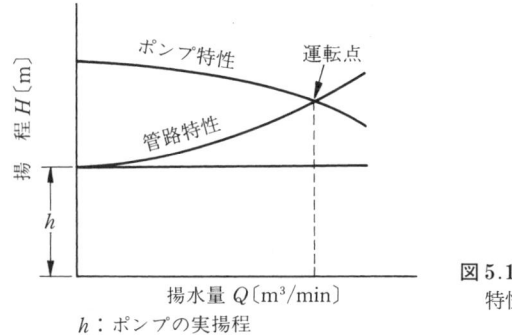

図5.12 ポンプ管路の特性曲線イメージ

h：ポンプの実揚程

急閉でウォータハンマを撃つ。速度は1.5 m/s以下がよい。

5.5.3 ダクトとファン

住宅の排気ファンはトイレ，洗面，洗濯，浴室，レンジフードなどに設けるが，ポンプの水が空気に変わった装置がファンと思えばよい。空気は軽いので圧力水頭が〔m〕から〔mm〕単位になり，大気中では浮力と重力が相殺し位置水頭がない。ファンの性能は，風量〔m³/h〕×静圧水柱〔mm〕×電動機〔W〕で表す。壁開口部に設けて直ぐ屋外に排気する換気扇（プロペラファン）には静圧がなく，ダクト（風導管）の摩擦抵抗に打ち勝つ圧力もなく，単に空気を排出する吐出圧しかもたない。よって呼称はプロペラの直径で言い，風量には規格がある（図5.13）。

（シロッコ内蔵）

図5.13 換　気　扇

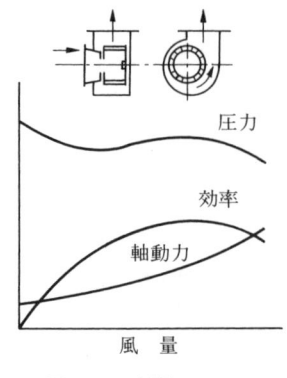

図 5.14 多翼ファンの特性曲線イメージ

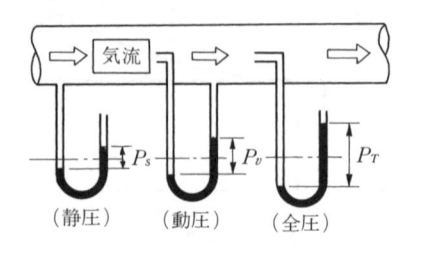

図 5.15 空気ダクトの圧力測定

一方，住宅でも天井裏，その他を通してダクトを使用して換気，エアコンがなされるときには，ダクト系の吸気，送風のファンはシロッコファンという圧力があり，ポンプに似た遠心ファンが使われる（図 5.14）。ダクトの太さ，内面摩擦，曲管，フィルタなどの参考損失水頭は文献に図表もあり，全水頭の考え方や風量抵抗曲線などは流体として水ポンプと同様である（図 5.15）。そのほかには，配管・ダクトの保温・保冷・防露・断熱・防火等々にも学会基準などがある。給排気関連の配管材料では給排水は塩化ビニル管，耐衝撃性のものや排気ダクトなどは亜鉛鉄板円筒ダクト，耐火モルタル二層ビニル管などがある。さらに実用技術的には他の専門書を参照されたい。

5.6 防災設備（火環境）

5.6.1 フラッシュオーバ

「火が燃える」とは可燃物の水素や炭素が空気中の酸素と激しく化合し，大量の熱と光を放出してCO_2や水を生成する化学変化である。密閉容器の中でこれが起きて破裂すれば爆発である。一方，フラッシュオーバは，小火により火災室に可燃ガスが充満し，その一部の高温部から連鎖的に火焔を伴い一挙に燃えあがる現象である。言い換えるとある程度開放された可燃ガス炎上である。

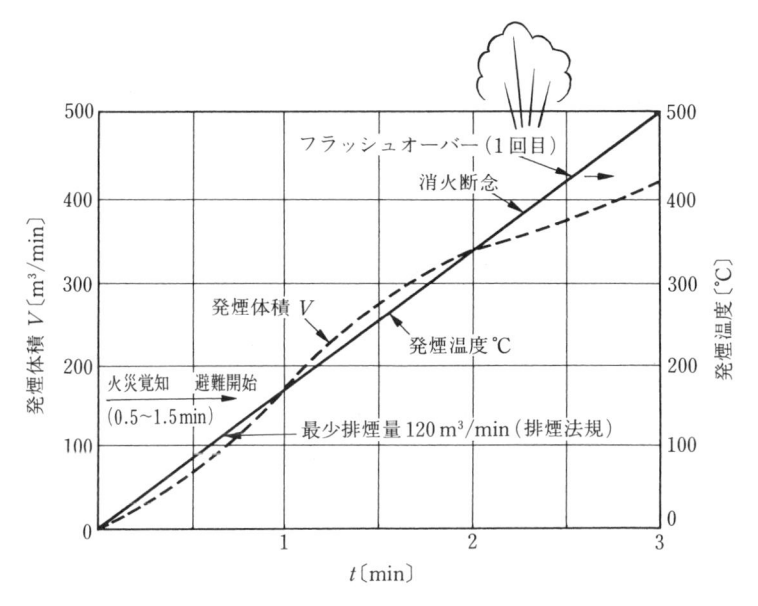

図 5.16 初期火災モデル（発煙体積・温度イメージ）

ここで火災は最盛期に入り，温度は 500 ℃ を突破する。これは小火から約 3～10 分内に起こるので，その前に初期消火を断念する。消火と避難は時間との戦いになる（図 5.16）。しかし，これに至る前に一酸化炭素や新建材燃焼等に伴う毒性の煙が大量発生拡散し，中毒，窒息死の危険があるので煙からの脱出が第一である。過去に，熊本の大洋デパート，大阪の千日前デパート，新宿の歌舞伎町雑居ビルなどの大量の煙死の例がある。防煙，避難路確保は住宅でも重要事項である。また，引火点とは火を近付けたら燃える温度で，木材では約 130 ℃ である。このような低温火災が発生しているという。ガスレンジに接する壁やダウンライトの木材下地は，低温発火の危険な例がある。

5.6.2 防災と消火システム

① 早く見付け　② 早く消し　③ 早く逃げ
④ 拡大を防ぎ　⑤ 消防隊に任す

以上は火災時の鉄則である。戸建住宅の防災設備は法的にはほとんど不要で

あるが，マンションではいろいろと有効な設備が要求され参考になる。いずれにせよ早期発見が大切で，各室天井に熱感知器，必要なら煙感知器を設け，ドアホンや通路でベルを鳴らして管理室に場所を通報する。早期消火にはまず消火器である。ABC火災に共通効果（A：普通，B：油，C：電気火災）のある粉末が主流である。放出粉末は火災熱で分解して炭酸ガスを発生し，抑制窒息消火する（日本消防検定協会）（図5.17）。避難面では1方向の出入口だけでは危険であり，必ず反対方向の避難口が必要である。さらに延焼拡大防止では建材およびカーテン・クロス貼なども難燃・不燃化が進み，延焼の危険性のあるところは扉・窓・界壁などに防火耐火構造を与えている。漏電・ガス漏れ防止などは技術法規（電気設備技術基準，ガス事業法など）に示されている。都市ガスは空気より軽いのでガス感知器は天井に設けるが，プロパンガスは重いので床近くに低く設ける。

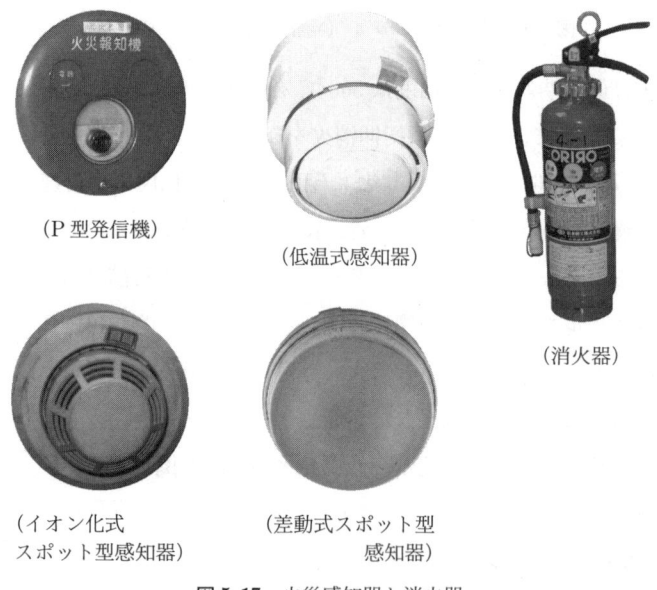

(P型発信機)

(低温式感知器)

(消火器)

(イオン化式スポット型感知器)

(差動式スポット型感知器)

図5.17 火災感知器と消火器

5.6.3 都市ガスについて

ガス事故の恐ろしさは言うまでもないが，まず配管が鉄管のため，強度は強いが大敵は錆腐食である。埋設部は強力な防食被覆をしている。コンクリートなどの異質の媒質にまたがるとき腐食電流を止める絶縁被覆・継手などを使う。そのほか，強化ガスホース，金属可撓管，カチットやヒューズコックなどが外れたら直ぐ自動的に閉じるホース接続口などが用いられ，また，ほとんどのガス器具はフレームロッド（炎センサ）による立消え安全遮断器がついている。さらにガスメータはマイコンを内蔵し，過大・長時間流量や地震感知セン

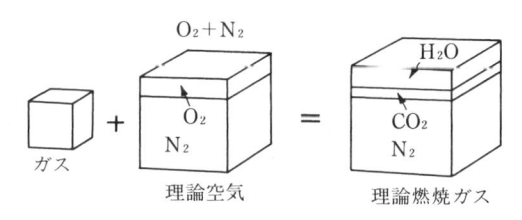

（a） 完全燃焼ガス

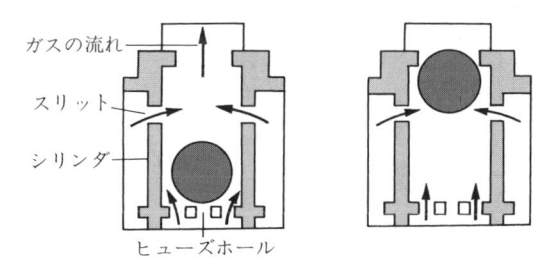

通常使用時：ガスはシリンダのスリットを通過する。
作動時：過大な流量のガスが流れると，ボールが浮き上がり，通過孔をふさぐ。

（b） ヒューズコックの仕組み

図 5.18 ガスに関して

表 5.1 理論燃焼ガス量の例

ガスの種類	発熱量	理論燃焼ガス量
都市ガス	—	$1.08 \, \text{m}^3/1\,000 \, \text{kcal}$
プロパンガス	$12\,000 \, \text{kcal/kg}$	$12.9 \, \text{m}^3/\text{kg}$

サでガス遮断器が働く（図5.18，表5.1）。ガスレンジやストーブのような室内露出燃焼器具には室内換気の促進が第一である。これは使用者が励行するしかない。燃焼廃ガスは都市ガス1 000 kcalに対して約1 m³が発生するが，換気扇でこの40倍の量を換気するように建築基準法で決められている。これらはガス事業法とともに厳格に監理されている。

ここで言及したいことは瞬間湯沸器の発達である。安全のためにほとんど屋外設置となったが，屋内の液晶パネルで出湯温度を設定し，湯栓を開くと湯沸器は安全論理起動し始め，燃焼給気ファン，ガス開栓，着火，給湯加熱，給水混合，設定温度出湯となる。すべて電子制御で安全運転されている。火環境に関する事象のパターンを図5.19に示す。

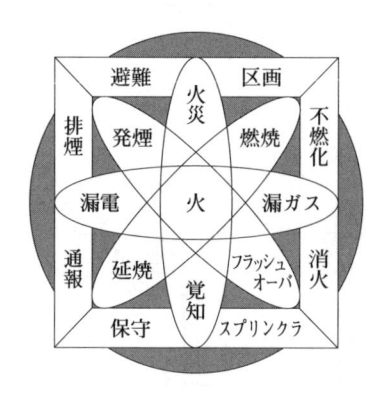

図5.19　火　環　境

5.7　照明設備（光環境）

5.7.1　光と単位

自然採光のとれないところや，読書その他の作業のスペースは明視照度が必要であるが，電灯の発達で照明はおもに事務所などの明るさ，明視の技術へと発展しつつ，現在はあらゆる所を照明で演出できる。照度の国際単位はルクス〔lx〕である。住宅環境の照度感覚は，大まかに，晴天の日向では1 00 000 lx，晴天日陰で10 000 lx，屋内北窓1 000 lx，屋内中央1 00 lx，屋内奥隅10

lx，晴天満月 1 lx 以下である。また，推奨照度は読書や事務の机上では 500～1 000 lx とする。点光源は，それを中心とする球面に一様に光源を放射するとし，半径 1 m の球面の光源側における照度が 1 lx であるとき，球面 1 m² に放射する視感度エネルギー光線の束を仮定して，この光束を 1 ルーメン〔lm〕といい，その光源の光度を 1 カンデラ〔cd〕という。そして半径が 2 倍になると光束は同じで延長線上に広がり，放射面積は 4 倍になるが，照度は 1/4 になる。つまり，照度は光源からの距離の 2 乗に反比例する（図 5.20）。60 W の白熱電球の光束は約 850 lm であり，電球の光束はカタログなどの技術資料を参照されたい。このほか，照明には眩しさ（グレア），輝度対比，演色性などが重要である。

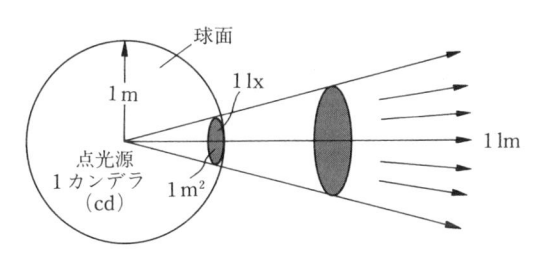

図 5.20 点光源と光束，照度（cd，lm，lx）

5.7.2 照度計算

広い室内の机上を適切に照明するには，一般につぎの計算法で平均照度を求める。計算の前提として天井の電灯の光束ができるだけ均等になるように配置する。事務所などの考え方であるが，住居でも集会室などには利用できる。照明器具には配光という光束の方向特性があり，また，机上面からの光源の高さ H による拡散特性もある。よって，器具モデルにより決まるが一般には，間隔 $S < 1.5 H$，壁際から $S/2$ として配置し，机上高さの平均照度 E は次式による。

$$E = FNUM\frac{1}{A} \quad [\text{lx}] \tag{5.3}$$

ここに F はランプ光束〔lm〕，N はランプ本数，U は照明率，M は保守

率，A は室面積〔m²〕である。

　照明率，保守率は照明器具メーカの技術カタログなどの技術資料に記載されているが，これを読み取るには室指数，室内仕上面の反射率などが必要である。室指数は床の 2 辺を X，Y，机上から器具までの高さを H として

$$室指数 = \frac{1}{H}\frac{XY}{X+Y} \tag{5.4}$$

である。これは床面積当りの壁面積が大きいと，光が吸収されて室指数が小さくなる。室内反射率と室指数がともに大きいと照明率も大きくなる。多用される各種電球を図 5.21 に示す。

形状・サイズ	直管・丸管蛍光ランプ（サークライン）線形または環形で大きい	電球形蛍光ランプ 筒形またはボール形でコンパクト・軽量	コンパクト形蛍光ランプ 各種形状があり，コンパクト

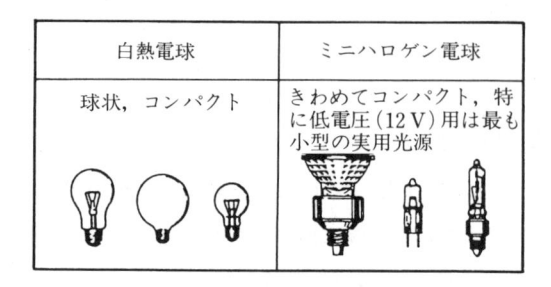

	白熱電球	ミニハロゲン電球
	球状，コンパクト	きわめてコンパクト，特に低電圧（12 V）用は最も小型の実用光源

図 5.21　多用される各種電球

5.7.3　照明方式・器具

　照度（物理量）と明るさ（反射感覚）とでは概念に大きな違いがある。さらに造形や空間を照らし，陰影と深みを与えて，居住空間の存在目的に従って，建材や色彩を鮮やかに，また，柔らかく照らしたい。照明は照明器具や照度だけにこだわらず，その空間に照明効果を与える工芸である。景観でも室空間で

5.7 照明設備（光環境）

も，人の目はランタンのような光源に引き付けられる。その全体の中で，このアクセント，重要な「輝き」を同一空間にいかに扱うかが，照明のデザインの最も重要な要素であり，逆に外部では陰を利用するのも重要である。住宅の照明は理屈とともに感性でもある。まずは電球のラインナップを知らなければならない。これは暖色と寒色，中間色などの使い分け，演色性に関係する。空間の創造性は視野の大部分を占める壁面の明るさによって得られ，壁は視覚的に最も重要な部分といえる。机上の光量のいかんにかかわらず壁が明るいと人は明るく感じる。建築が仕上材や色に取り組むのと同様に，照明は，真剣に取り組むべきもう一つの重大なマテリアルである。照明は，照明器具の意匠デザインの展覧会ではない。舞台は向こうである。いろいろな照明器具を図5.22に，光環境に関する事象のパターンを図5.23に示す。

図5.22 いろいろな照明器具

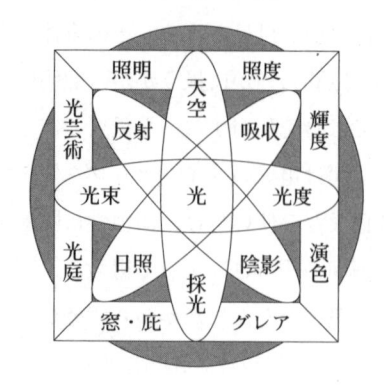

図 5.23 光環境

5.8 防音対策（音環境）

5.8.1 音と単位

音は空気を媒質とする音波で伝わる。音波の周波数は，低音 20 Hz〜高音 20 000 Hz で，この範囲以上は超音波，以下は体感振動で感じ，ともに耳では聞こえない。単位 Hz（ヘルツ）とは周波数（振動数/秒）の単位である。音の強さは面に直角に入る音圧のエネルギー〔W/m²〕で表す。それも可聴範囲は，10^{-12}〜1 W/m²である。人間の聴感度は音圧の変化比の常用対数値に比例するので，最小可聴音 10^{-12} W/m²を基準にし，その 2 倍の $\log 2 = 0.3$ B（ベル）とし，小数点が煩わしいので 10 倍して $10 \log 2 = 3$ dB（デシベル）とし，音の強さのレベルという。ゆえに最小可聴音の 10 倍の音は $10 \log 10 = 10$ dB，100 倍で 20 dB，10^{12}倍を 120 dB（1 W/m²）などと呼ぶ。勿論，音圧が 2 倍になることは 3 dB 上がることであり，音の強さの表現としてはただの 3 dB である。10 倍でやっと 10 dB，10 000 倍で 40 dB 上がる。一方，同じ音の強さでも高音は大きく，低音は小さく聞こえる。また，強さは違うが，同じ大きさに聞こえる各周波数の強さの点をつなげた，dB-Hz 曲線を音の等感度曲線と言う。その曲線上の 1 000 Hz の音の強さの dB 数で呼んで，その曲線上の点をどれも phon（フォン）と言う。dB は物理量であるが phon は聴感（大

5.8 防音対策（音環境）

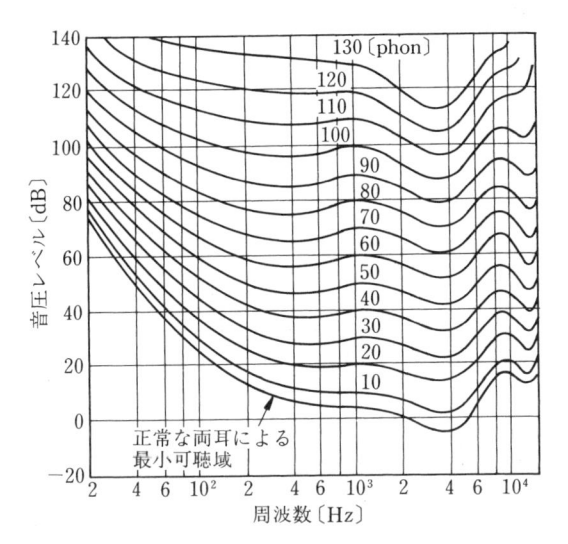

図5.24 純音の等ラウドネス曲線（等感度曲線）

きさ）の単位である。これも dB 尺度からの化身である。等感度曲線（等ラウドネス曲線）を図 5.24 に示す。

5.8.2 騒音と評価

　生活や作業を妨害する大きい音，一般に不快な音のように好ましくない音も騒音という。指示騒音計の電気回路はマイクの音圧を周波数別の〔phon〕に分析できる。40 phon に近い等感度曲線（A カーブ）で変換した騒音の大きさをホン（A）または dB（A）と呼び，その周波数の騒音値とする。通常はオクターブ全周波数の合計値 OA（オーバオール）で何ホンの騒音と称する。dB の加算は 30 dB＋40 dB＝70 dB ではなく，この加算は $10^3+10^4=11\,000$ である。すなわち $10 \log 11\,000 - 40.41$ dB である。10 dB 以上離れた dB 和は強い方の dB に吸収されほとんどそれと等値となる。騒音感覚の概略は

　　10 ホン…やっと聞える
　　30 ホン…囁き
　　60 ホン…やや騒々しい事務室

90 ホン…地下鉄

100 ホン…高架鉄道ガード下

等である。騒音評価は NC 曲線（ベラネック提案）で表している。標準騒音の周波数分析曲線が，NC 15〜70 の各曲線で表され，近似的に NC 値＋10＝ホン（A）で，住宅の NC 許容推奨値は NC 25〜30，つまり 35〜40 ホン（A）である。NC 曲線を図 5.25 に示す。

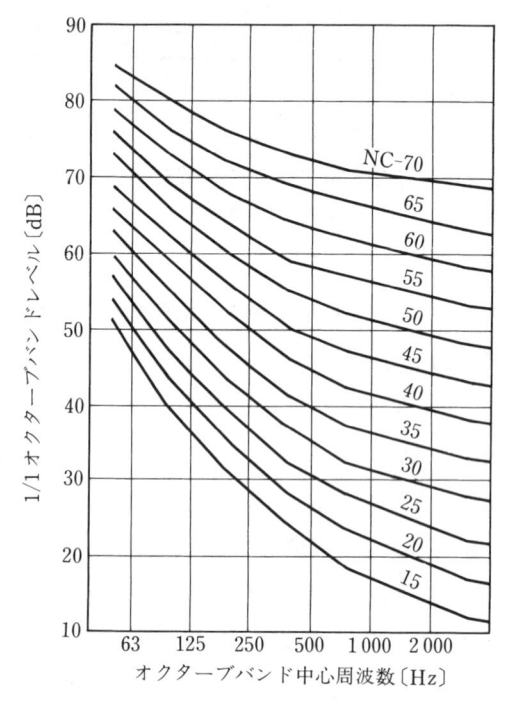

図 5.25　NC（Noise Criterion）曲線（Beranek）

5.8.3　設備騒音対策

外部騒音の防止には均質な質量の大きい壁で部屋を囲む。入射音の透過を 1/1 000 に減ずる壁を透過損失 30 dB の遮音壁という。外部音場に接する壁面に 1/100 の隙間があると，ここを素通りする音は損失が 0 であるから，全体の 1/100 が優先して透過損失 20 dB の壁になってしまう。隙間や孔は遮音の大敵

5.8 防音対策（音環境）

である。また，遮音のために壁厚を2倍にしても，それは遮音が3 dB増えるだけで，10 dB増やすには8倍くらいにしなければならない。室内の騒音はグラスウールのような吸音材を壁に貼ると，やや抑えることができる。これには材料，厚み，空気層などにより，実験値の吸音率がある。吸音率 α（0.5など）の吸音材を S〔m²〕貼ると，吸音力も αS〔m²〕となり，室内音場から $10 \log \alpha S$〔dB〕を吸収する（図5.26参照）。よって，貼る面積に比例するので狭い部屋はリブや激しい凹凸で面積を稼がなければならない。住宅ではエアコンの屋外機の騒音が問題になる。問題になってからの対策は手遅れである。初めに静音機器の選択，設置場所が第一である。さらにはしっかりした基礎と防振，遮音塀，吸音小屋，音の距離減衰等々，合理的に検討して対処してお

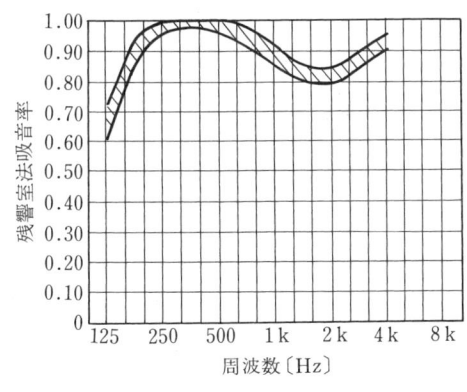

グラスウール吸音フェルト
密度：6, 20, 24 kg/m³
厚さ：100 mm
背後空気層：なし

図5.26　グラスウールの吸音特性

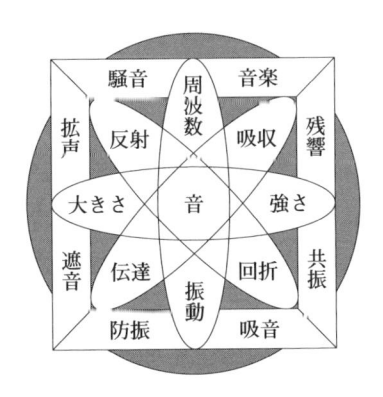

図5.27　音　環　境

く。後から闇雲（やみくも）な遮音，吸音では効果がない。音環境に関する事象のパターンを図5.27に示す。

5.9 電気設備（電気環境）

5.9.1 電気と単位

住宅で電気の身近な単位とは，電圧〔V〕（ボルト），電流〔A〕（アンペア），電力〔W〕（ワット），電力量〔W・h〕（ワットアワー）などである。コンセントなどに125 V，15 Aなどと刻印してあるのは，それ以下の電圧，電流用であることの表示である。住宅の引込線は100 Vであるからこれは安全である（図5.28）。

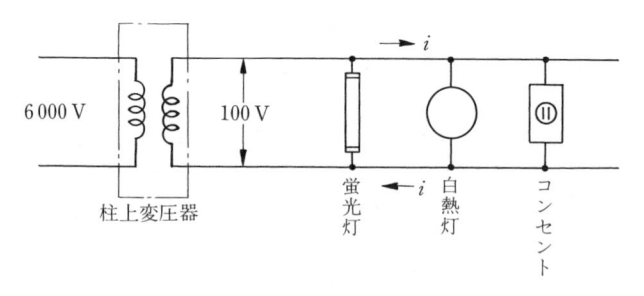

図5.28 100 V単相2線式引込み線のイメージ

しかし，コンセント1個に差し込める家電機器の合計は15 A以下でなければならない。電力〔W〕は電圧〔V〕と電流〔A〕の積であるから100 V×10 A＝1 000 W，合計約1 kW前後で使えばよい。W（ワット）は電力だけではなく，力の動力の単位にも使われており，仕事率（J/s）のW（ワット）でもある。1999年，わが国のSI単位導入完了で電力，動力，熱などの単位となった。一方，家庭の電気代はkW・hで支払う。照明，家電機器などに計2 kWの電力を10時間使用すると，電力量計（メータ）は20 kW・hになる。これが積算されてつねに表示されていく。Wとは1 s当りの仕事率であり，つまり能力，電力である。W・hは使用する，または消費した量であり，つまり消費量，

5.9 電気設備（電気環境） 99

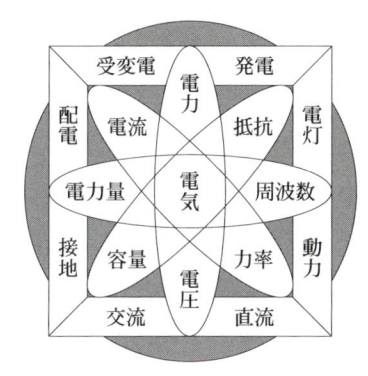

図 5.29 電気環境

使用量である。電力と電力量の単位を単なる W 呼称で混用してはならない。電気環境に関する事象のパターンを図 5.29 に示す。

5.9.2 家 電 機 器

住宅には，必要なコンセントが多くの家電機器のために各所に設けられる。まず各部屋の入り口近くの足許には掃除用のコンセント，後は思い浮かぶ家電機器の羅列になるが，どこにどう付けようかが問題である。最近は必要便利のため最低 1 部屋に 4〜6 個は必要であろう。テレビ，パソコン，電話，エアコン，扇風機，ストーブ，電気毛布，電気カーペット，電気スタンド，ゲーム機，換気扇，電子レンジ，レンジフード，冷蔵庫，炊飯器，ジュースミキサ，オーブントースタ，食器洗い機，ディスポーザ，洗濯機，ヘアドライヤー，テレビブースタ，その他，居住者自身に必要なもの。それらが必要な，場所のイメージは，居間，キッチン，ダイニング，トイレ，書斎，学習室，玄関，廊下，外部，庭園，屋根等々（図 5.30）。もう一つ大切なことは電灯スイッチの位置である。原則は入口ドアの取手側の外か内かである。玄関，廊下，階段などは遠近離れたどちらからでも点滅できる 3 路スイッチがある。上記などの電気機器，機材は安全のため，すべて電気用品取締法によって製造管理されている。ネームプレートや取扱説明書は熟読しておきたい。コンセントに絡んで最近，電気火災が報道されている。トラッキング現象というもので，コンセン

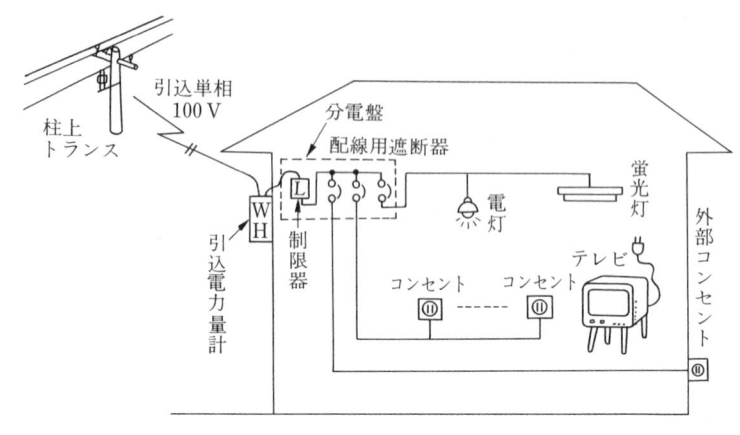

図 5.30　住宅の電力利用

ト，および差込みプラグ周りに埃が滞積して漏電するものである．家具の裏などに入って長年放置されているこれらは危険である．

5.9.3　電　気　設　備

　住宅は電力会社と料金体系で契約し，省令[†]による電気設備基準に従って電源を引き込む．電力量計は門外から読めるように設けられる．引込スイッチは引込み点の屋根庇の下などに設けられ，屋内天井裏などに入る．引込みは単相交流 100 V，周波数は静岡以東は 50 Hz，以西は 60 Hz である．負荷が 6 kW くらいになると引込線は 200 V 単相 3 線にする（**図 5.31**）．これは 3 本の線で 2 回線の役目をし，さらに単相 200 V が取れる．すなわち中性線 0 V を支点として左右の線が±100 V の交流で，中性線と左右 2 線を選ぶと二つの 100 V が取れ，左右間のみで単相 200 V が取れて，200 V 機器に使用できる．対地電圧は 3 線とも住宅用の 150 V 以下である．引込みスイッチから電線は幹線となって分電盤のメインブレーカに入り，通常 20 A のブレーカで数回路に分けて，各部屋へ配線する（**図 5.32**）．負荷の多いキッチンなどは同時使用率を考え 2 回路に分け，エアコンなどは単独回路がよい．これでブレーカがとんだと

　[†] 電気設備に関する技術基準を定める省令（経済産業省）．

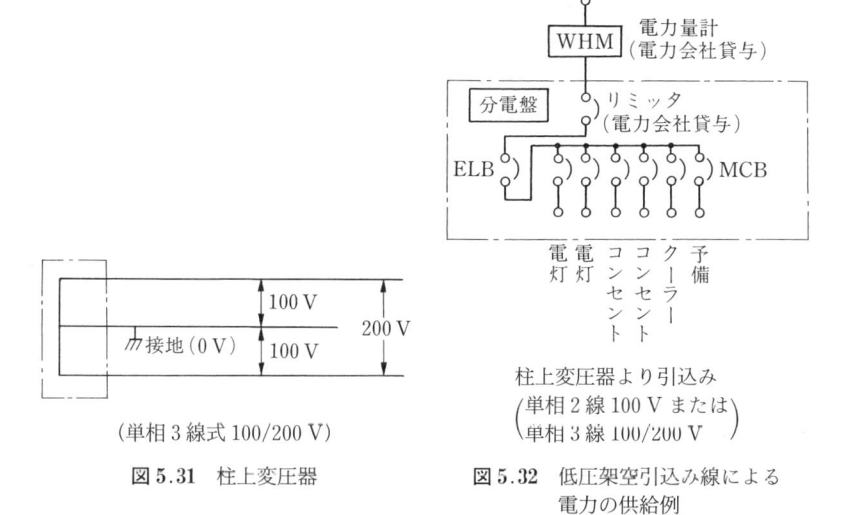

図 5.31　柱上変圧器　　　　図 5.32　低圧架空引込み線による
　　　　　　　　　　　　　　　　　　電力の供給例

きにどの部屋が原因かがよくわかる。屋内配線は通常，600 V ビニル絶縁電線 (VVF) が使われる。湿気の多い場所の回路には漏電遮断器を，金属製家電機器には感電防止のアースをとる。そのため，必要なコンセントにはアース端子を設ける。

5.10　情報設備（通信環境）

5.10.1　電波と受信

　電波は，送信アンテナの高周波電流による磁界，その磁界の変化による電界，またそれによる磁界，そのまた電界，磁界，電界，磁界，と連鎖し，光の速度で真空中も大気中もエネルギー放射していく電磁波を言う。また光も電磁波の仲間であることは周知である（図 5.33）。この放射してくる電界中に，受信希望の電波に近い周波数の半分の長さの導線を置き，その周波数の微弱電圧を誘導させるのが受信アンテナである。誘導電圧の大きさがそこの電波の強さで，遠くでは弱くなる。送信所の近くの電波の強い場所では，工事中のクレーンのロープに数百 V の電圧を誘導させることがある。電波の強度は〔dB〕で

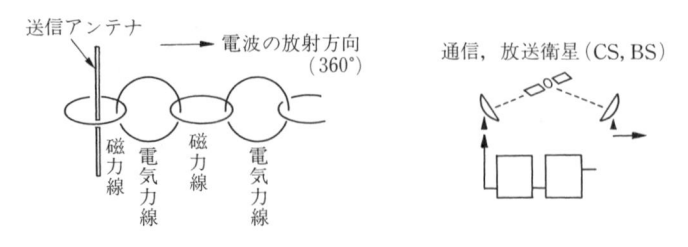

図5.33 電波のモデル

表し,テレビでは一般に約75 dB以上が必要とされるが,不足する場合は受信してブースタで増幅し,テレビまでアンテナケーブルを配線する(図5.34)。国内テレビ放送のVHF周波数は,第1チャネルの90 MHzから12チャネルの216 MHz(メガヘルツ)までである。一方,住居内の電話はコードレスホンが普及し,さらに各個人が携帯電話を持つ。NTTは光ファイバの大量ディジタルデータ伝送方式を具体化している。電話交換とデータ送信系および音楽は殆どディジタルになりつつあり,アナログ系は音声・映像で追撃している。

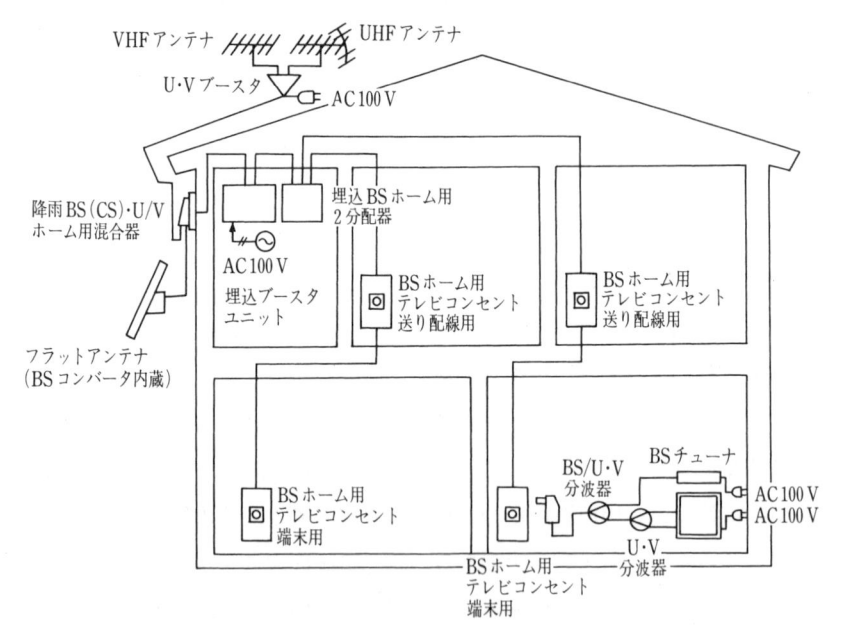

図5.34 テレビ放送受信の例

5.10 情報設備（通信環境）　*103*

5.10.2　通 信 事 業

電気通信事業法は 1985 年，旧電電公社が民営の NTT になったとき，旧公衆電気通信法が改廃されてできた法律で，概略をつぎに示す。

＊第一種電気通信事業（自ら通信回線を設置する事業）

〔例〕
1) NTT，NTT データ通信，国際 KDD
2) NCC（ニューコモンキャリア）…第二電電，日本テレコム，日本高速通信 ほか

＊第二種電気通信事業（自ら通信回線を設置していない通信サービス事業）

1) 一般第二種（右記以外）　　2) 特別第二種（電話 500 回線超過の外国通信）

〔その他，用語〕

ISDN（integrated service digital network）：総合ディジタル通信網
INS（information network system）：NTT による日本版 ISDN
ラジオ放送：通信，ラジオ放送電波…AM（中波），SW（短波），
　　　　　　FM（超短波）
テレビ放送：VHF（1～12 チャネル），UHF（13～62 チャネル），
　　　　　　SHF 衛星（1～15 チャネル）

通信環境に関する事象のパターンを図 5.35 に示す。

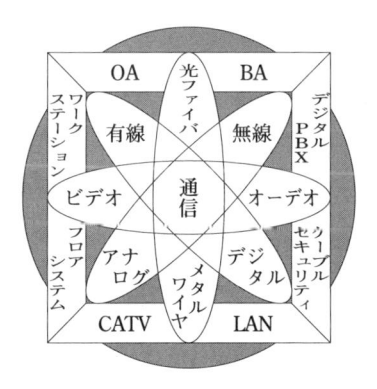

図 5.35　通 信 環 境

5.10.3 弱 電 設 備

NTT の電話は 48 V である。一般に電圧 60 V 以下の電気設備を弱電設備と言い，通信・警報・制御などに使われる。最近ではまず電話の多機能化から始まり，住宅のすべての増設電話機から受発信，相互転送や通話，留守録，さらにドアホンそのほかとも自由自在に話せるようになった。これがコードレス電話に発展し，一方，ドアホンは玄関テレビホンに進展し来訪者の受像確認とその留守録画もする。またセキュリティ面では火災・ガス漏れ・漏水・不法侵入・戸外監視などの感知器で自動警報通報機（ベル，ランプなど）の鳴動がなされる。これは警備保障会社との連動も可能である。また住宅設備の中央モニタコントロール（全照明・エアコン・換気扇・給湯器・浴槽給湯・電気錠・ビデオ予約等々），および就寝・起床時などに必要なパターンコントロールもできる。方式には同軸ケーブル・電灯線利用高周波搬送制御などがある。テレコントロールはプッシュホンで外出先からこれら家電機器を制御し，受信確認もできる。ファクシミリなどの OA 機器に接続できる電話はすでに住宅・ISDN・公衆電話でよく見受けられる。その他，有線ローカル民間音楽放送なども普及した。以上はホームオートメーション（HA）と言われる。パソコン通信などを含め住宅マルチメディアの一環である（図 5.36）。

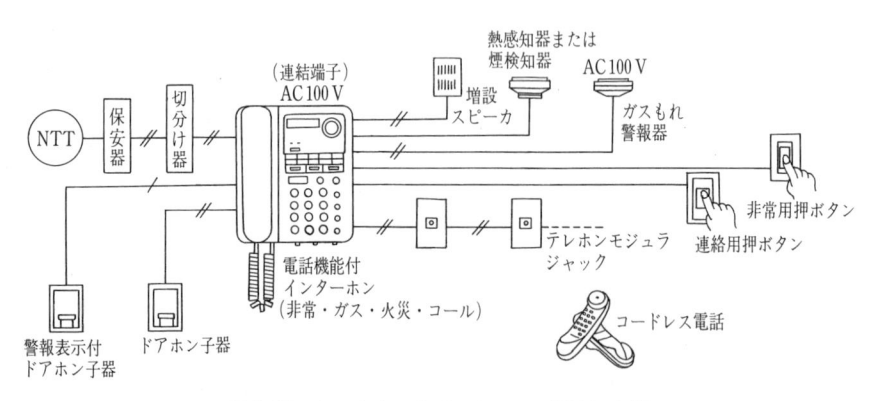

図 5.36　ホームオートメーション（HA）の例

5.11 おわりに

　住宅設備とは，従来，ほとんどサニタリ（衛生設備）のことと思われていた。住宅は近来，事務所ビル，その他の特種建築で発達した給排水，電力，空調，エレベータなどの技術的新知識を得て，住宅文化の質，空間，性格が現在のように大きく変わってきた。生活技術はビジネス生活面のみならず，個人の生活にも影響を与えずにおかない。住宅知識はきわめて拡大する。技術とは科学を人類の生活に役立てる技であり，それに尽きると言っても過言ではない。遅ればせながら住宅に全力投球するときがやってきている。住宅建築も住宅生活も環境の基本的原論を踏まえて間違いがないように生活技術を駆使すべきである。そう考えると住宅設備は千金の重みで迫ってくる。ここで重要なことは，技術を考える前に，技術について考えるべきで，技術のフィールドを認識しなければならない。冒頭に述べた建築環境とも言うべき8大要素である。下記に再度認識してみたい（図5.37）。

空間…建築は自由空間から必要空間を切り取る工芸である。内部空間は目的環境と感覚空間であり，同時に建築の存在を支える外部空間が生まれる。

動線…内部空間も外部も生活，用途，活動に対して適切なルートと広さが必要で，その人間動線を順次にたどる，明快な視覚の対象としても計画される。

構造…建築は重力，外力に対し安定した構造強度が必要である。骨格は自然の法則に従う荷重，形式，応力，強度，材質，部材，剛性，変形等々である。

造型…建築のいのちを訴える形であり，建築の本質が自然に表れる。それを積極的に引き出すのが意匠である。装飾ではない。それが本当の建築である。

内装…居住，生産，活動用途に対して合理的に整えられる。視覚的にはリズムとメロディが与えられ，感覚的には目的環境としての小宇宙を演出する。

外構…建築はその外装を主張する。しかし，単なる自己主張に陥らず，周辺環境との融合と緩衝を図るためにあえて外構の理念に外装を含めて演出する。

建材…内外造形の内装外装は建築材料により，人間の五感に訴えかける。自然の生

106　5．住宅設備と生活技術

図 5.37　生活環境の統合

　んだいろいろな物質を加工使用し，建物の造形を自然に表現し保全する。
色調…視覚に訴える造形は色調がまことに重要である。自然の色調を真似て再現し，その存在感の強弱を演出する。それはすべて光の反射である。

　住宅建築に携わるものは，これらの意匠環境要素と，設備の環境原論要素とを同格に論じて，その知識の中で住宅建築を実行していかなければならない。いずれにせよ人間は人工をも含めた自然の美しさ，人の心を打つ表現，に感動する。設備も含めた芸術であり，それは文化の代表である。

6 生活における造形と技術

本章では，生活の中に形造られる生活用具を中心としたモノや，それらで構成された空間や様式を広く「造形」の対象として扱うことにする。そして，こうした造形の手法や考え方を，技術を背景に紹介し，そのあり方や課題について述べていく。

6.1 生活用具が文化をつくる

われわれの身の周りを見渡すと，いかに多くの形あるものに囲まれているかを知ることができる。この瞬間，あなたが自宅の書斎か勉強部屋でこれを読んでいるならば，今腰掛けている椅子，目の前の机，そして机の上にはおそらく照明スタンドが置かれ，他の書籍や写真立てなどが整然と（？）並べられ，さらに横の壁には著名な画家の絵を挿入したカレンダーがかかっているかもしれない。これらはみな，ある意図をもって造られたモノや空間であり，その大部分は決して作者の趣味や感性だけででき上がっているわけではない。技術や生活習慣や経済性などもその形に反映され，これら形あるものの集合は一つの文化を形成している。そのあたりを，まず生活の中における「火」を事例としてとりあげてみよう。

6.1.1 暮らしの中の火

人間がほかの動物と比べて「人間」たり得た理由の一つ，それはだれでも知っているように，火を自由に操れることである。そもそも火というものは，

「採光」,「採暖」,「調理」,「生産」という四つの基本的機能を有したエネルギー源であるため,日常生活に直接結びついた必要不可欠なものであった。しかし,数万年以上にわたり火と人間とのかかわりが続いたなかで,(少なくとも日本社会においては) わずかここ数十年の間にその関係は急速に薄れてきた。炎ゆらめく「裸火」は,入れものに閉ざされた「囲われ火」と変わり,ついには電熱や電磁波などほかの発光・発熱方式に置き換わっていくのが,この四つの機能に見られる一般的な現象である。

以前,南アルプスの麓(ふもと),山梨県のとある奥深い山村を訪れたことがある。当時でこそ,すでに町とあまり変わらぬ生活スタイルに移行していたが,半世紀ほど前 (1950年代頃) までは,焼き畑を営む典型的な山村がそこにあった。

深い谷間で耕地が狭く地理的にも隔絶されていたため,山林を焼き,その灰を肥料として穀物を作る原始的農法がこの村を支えていた。わずか3年で地力が衰えてしまうと再び山林に戻され,別の山林を焼いて開墾しなければならない。そのローテーションは「火入れ」と呼ばれる山焼き作業から始まる。生産の火として,延焼を防ぎ効率良く行うための巧みな火のコントロールの知恵がそこにはあった。

家に入れば,炉が住居の中心的存在としてあった。「ひじろ」と呼ばれる囲炉裏が「いどこ」(居間) の真ん中に切ってある (図6.1)。約1m四方,深さ15cmほどの炉で,その真上には木の枠を組んだ火棚があり,その中央から自在かぎが下げてある。かまどは,土で塗り固められた円形をしており,土間の一隅に置かれていた (図6.2)。火種を得ることが容易でなかったため,火種はなるべく絶やさないように注意しなければならなかった。火を維持するのは一般に主婦の仕事といわれ,その火を絶やすことは恥とされてきたが,この村でもたきつけは主婦の仕事であり嫁はやらなかった。火種は木柱と呼ばれる大きな柱に灰をよせて保存した。木柱は重いので,動かしたり調整するのは主人の仕事である。普段の食生活にはひじろを用い,かまどは味噌(みそ),豆腐作り,あるいは村中で食事をするときのみ用いた。

ひじろは住まいの中心,生活の中心であり,煮炊き,暖房の機能を有してい

6.1 生活用具が文化をつくる

(本文で説明された囲炉裏とは異なる)

図 6.1 囲炉裏の例[1]

(本文で説明されたかまどとは異なる)

図 6.2 かまどの例[2]

た。それなりに炉を中心とした掟や禁忌も存在した。例えば，炉には火の神が存在する。ひじろやかまどのそばの柱には，荒神様の札が貼られた。また，火は清く，けがれやすいものとされ，炉でごみや木くずを燃やすことは禁じられ，不潔なものをそばに置くことさえ避けられた。死者が出たとき，出産のときは，家の火がけがれるとして，炉を別につくり，そこで煮炊きした。これを「別火」と呼んだ。

ひじろの座の位置は厳格に決まっていた。炉の西側を「おお座」と呼び，主人の座，その向かいが「ヨメ座」，北座は主婦，南座に老人や子供が座る。料理に用いる鍋や釜は，自在かぎにかけるか主婦とヨメの間に置かれた。たとえその座にだれもいなくとも別の者が座ることは許されなかった。ただし，目上の客人が来た場合に限り，主人は座を明け渡した。

食事をするため，暖をとるため，家族全員がひじろの周りへ集まった。食べるものは粗末だったが，一つ鍋を囲んで楽しかった。火がトロトロ燃える炉辺

のだんらんには味わいがあった。この村の人々からは，昔を回想しながらそんな言葉が返ってくる。いまは亡き生活の一風景である。

6.1.2 必要性が生活を変える

さて，ここで現在のわれわれの生活様式に目を向けてみよう。家の中にはもはや，囲炉裏もかまどもない。居間には炉の代わりにテーブルが置かれ，テレビやオーディオセットが一隅に配してある。台所の変化はさらに大きい。土間の形態はすでに消え，ダイニングキッチンなど部屋と同じ連続空間で構成されている。かまどはガスコンロ，さらには電子レンジや電磁ヒータに代わり，火がなくなりつつある。冷蔵庫の依存度も高まり，流しなどの水まわりも衛生的になった。

火のある暮らしから，火を用いなくてもよい暮らしへの変化。その根本には生活用具の技術的進歩があるからにほかならない。しかし，その技術の進歩も生活用具の必要性や波及効果に根ざしているのである。自然，社会，あるいは人的環境下で生じる問題解決の必要性に迫られることが技術の進歩を生み，それが生活の変化を促し，さらなる技術の進歩や新たな道具の必要性を生じさせてしまう。例えば，電気炊飯器などの電気調理器の登場は裸火によるコンロと鍋，釜による調理方法から，よりコントロールの簡単な方式へと変化させた。これは単に楽になったという結果だけでなく，「炉」というものを不要にして，どこでもいつでも煮炊きを可能にした。煮炊きの空間的時間的自由度が増すと，台所を中心とした部屋の形態が変わり，手間に費やされる時間を別の時間として利用することを可能にした。そのことがさらなる時間の獲得や労力減少の必要性に拍車をかけ，自動化を促した。やがてコンピュータも調理器に組み込まれ微妙なコントロールができるようになり，便利さだけでなく，もっとおいしく，という味の向上の欲求や必要性も満たすようになった。電気調理器用のインスタント食材や料理そのものも製品として供給されるようになった。そればかりではない。こうした変化は，親から子への料理に関する伝承も不要にさせる。

一つの道具の登場はこうした生活用具と技術の質の向上だけでなく，同時にこれまでに倍する量の道具や技術を増大させていく。例えば，文字を書く必要性のために鉛筆が登場したとしよう。それを削るナイフや鉛筆削り器，そして書いたものを消去するための消しゴムがさらに必要となろう。また材料となる木材や芯(しん)を大量に生産するための工作機械や加工装置，そしてそれらを組み立てるための道具も登場しなければならない。ねずみ算式に道具やそれを支える技術の階層構造が広がっていく。ドナルド A.ノーマンによれば，われわれが日々接している道具の数を実に 2 万点と見積もっている[3]。その数が妥当なものであるかどうかは別として，現在は質的な面のみならず，量的にもおびただしい種類のそれらに囲まれた生活になっていることは事実である。

　先ほどの囲炉裏とかまどの生活様式と，現在の電気調理器を中心とする生活様式をあらためて比較してみると，生活用具の質量とそれに基づく生活様式自体の違いは歴然としており，これはそれぞれが持っている生活文化そのものがすでに違っていることを物語っている。「文化」という意味を，それ独自に分化，熟成させた社会，技術，思想，道徳，慣習およびそれらを規範とする人間の営みの総体とみなすならば，上述した電気調理器という生活用具の出現とそれに派生する生活空間や様式の変化は明らかに文化を変化させると言っても過言ではない。このように，電気調理器の例に限らず生活用具や技術はそれ自身で完結することはまれで，その多くは社会や文化に影響を与えてしまうのである。

6.2　インダストリアル・デザインと造形

　技術と造形は表裏一体の関係にある。技術的な進歩は新たな造形を可能にし，造形的な必要性が新たな技術を進歩させる。この関係が最も強く作用しているのがインダストリアル・デザイン（工業デザイン）である。そういう意味では，生活における造形と技術の発展において，インダストリアル・デザインの役割は非常に大きいといえる。

6.2.1 インダストリアル・デザインとは

インダストリアル・デザインの具体的な例として，炊飯器やテレビなどの家電製品，オフィスの椅子や机，工業化住宅，自動車や電車，文房具など，かつて「口紅から機関車まで」といわれたように，あらゆる製品のデザインがその範疇に入る（**表6.1，図6.3〜6.5**）。つまり，工場などで生産される工業製品のデザインが主たるものである。しかし，現在ではその枠組みにとらわれず，科学的プロセスにそった造形行為や，コンピュータソフトのように形のないもの，あるいは製品の集合体の有機的結合であるシステムや地域のデザインもインダストリアル・デザインの対象に含まれている。

表6.1　インダストリアル・デザインの対象

領　域	具体例
家電製品	炊飯器，電子レンジ，冷蔵庫，洗濯機，テレビ，音響機器，電話，掃除機，パソコン，エアコン，ビデオ　など
車　輌	乗用車，トラック，バス，電車，船舶　などの外装および内装，オートバイ，自転車　など
光学機器	カメラ，双眼鏡，めがね　など
時　計	腕時計，置き時計　など
住　宅	プレハブ住宅の外装および内装
家　具	イス，机，テーブル，収納庫，ベッド，システムキッチン　など
照　明	室内照明，デスクスタンド　など
生活雑貨	食器，洗濯ばさみ，ブラインド，おもちゃ　など
文房具	筆記具，ノート，はさみ，クリップ　など
パッケージ	化粧品容器，包装紙，収納箱　など
スポーツ	スポーツウェア，テニスラケット，スキー，シューズ　など
公共設備	案内板，標識，自動券売機，エレベータ　など
医療機器	心電計，CTスキャン，注射器　など
地　域	町づくり，都市計画　など
その他	コンピュータソフト，取扱説明書　など

6.2 インダストリアル・デザインと造形

キッチン空間はインダストリアル・デザインの宝庫である。システムキッチン，テーブル，椅子，食器，食材容器，レンジ，コンロ，冷蔵庫，照明，床や壁の意匠，そしてこれらを総合した空間構成……あらゆるものがデザインの対象となる。

図 6.3 現在のキッチン
（「大阪ガス」住宅設備カタログより）

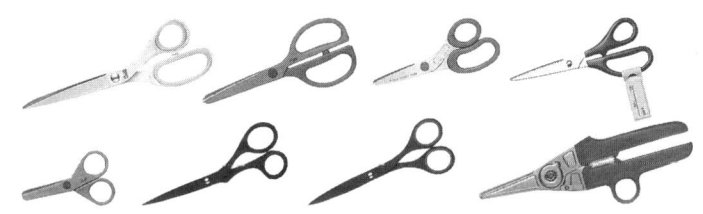

一口にハサミといっても，切るもの，材質，目的，ユーザなどによってさまざまな形態のバリエーションができる。

図 6.4 ハサミのデザイン（「プラス」カタログより。現在発売終了商品を含む）

不特定多数のユーザが利用する公共輸送機関もインダストリアル・デザインの対象である。これは京都・大阪―関西空港を結ぶ「はるか」（1994 通商産業省（現，経済産業省）選定グッドデザイン商品）である。全面の外装は，高速走行のための運転上視点高さの確保と地下区間走行を想定した前面貫通ドアを設けることを条件にデザイン展開されている。空港へアクセスする列車として，ボディーの白は大空に輝く真っ白い雲を，青は成層圏をイメージした配色が採用されている。内装は，快適でほっとするような雰囲気を大切にしたモダンでクリアなインテリアの演出をほどこしている。照明や電光表示，足元空間などさまざまなところにも工夫が凝らされている。

図 6.5 鉄道車輌の外装と内装のデザイン

6.2.2 デザイン・プロセス

デザイン行為はデザイナーがその感性と直感で物の形や色を決めていくことがすべてではない。むしろそれは全体からみれば一部のステップである。作業がスタートしてからデザインされたものが出来上がるまでのプロセスは，デザインする対象物や目的によって異なるが，一般に図 6.6 に示すようなプロセスにまとめることができる。これをデザイン・プロセスと呼ぶ。

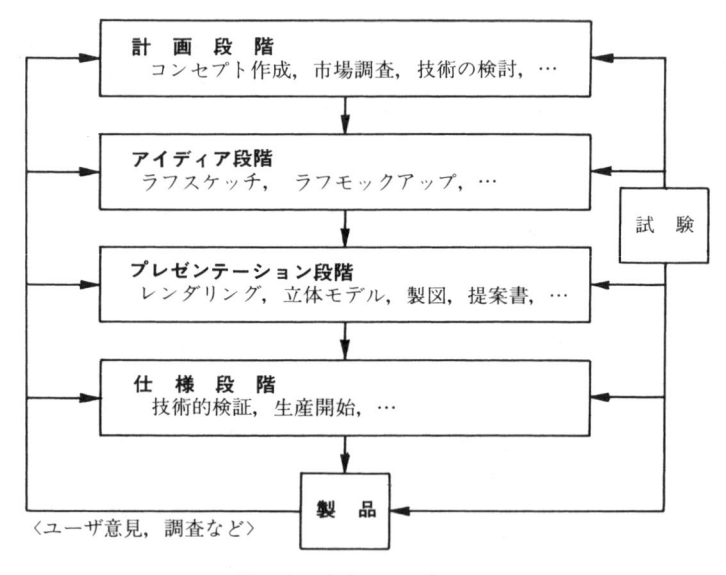

```
┌─────────────────────────┐
│  計 画 段 階              │
│    コンセプト作成，市場調査，技術の検討，… │
└─────────────────────────┘
            ↓
┌─────────────────────────┐
│  アイディア段階            │
│    ラフスケッチ，ラフモックアップ，… │
└─────────────────────────┘
            ↓                    試 験
┌─────────────────────────┐
│  プレゼンテーション段階    │
│    レンダリング，立体モデル，製図，提案書，… │
└─────────────────────────┘
            ↓
┌─────────────────────────┐
│  仕 様 段 階              │
│    技術的検証，生産開始，… │
└─────────────────────────┘
            ↓
          製 品
〈ユーザ意見，調査など〉
```

図 6.6　デザイン・プロセス

　まず，最初の計画段階ではデザインするものに関するコンセプト（概念）の作成，および市場調査や可能な技術の検討などがある。このうち前者は，デザイン・コンセプトと呼ばれ，その後のデザイン完成までの過程でつねにデザインを規定する事項である。これは「どんなユーザが使うのか」「どんな状況で使うのか」「どんな感覚で使うのか」「どんなイメージのものにするのか」など，デザインの趣旨，設定，ねらい，意図，あるいは思想といったデザインの根底をなす考え方である。したがって，その過程でコンセプト自体が変わってしまうことはない。例えば，オフィス勤めをしている 20 代の独り暮らしの女

性をターゲットにした新しい自動炊飯器をデザインするにあたってのコンセプトとして「1DKマンションの部屋にマッチし，翌朝タイマで炊き上がるよう気軽にセットでき，朝のさわやかさを伝えるような色や形をした……」などがそれにあたる．仮にこんなコンセプトが設定されたならば，あなたはどんな炊飯器をイメージしてデザインしますか？

　つぎのアイディア段階は，デザイナーの感性や資質が大きく貢献する段階である．この段階では，コンセプトに基づく可能性や課題解決を含むデザイン案をできるだけ広く案出し，それらを検討していくことになる．通常はラフスケッチやラフモックアップなどにより，デザイン・コンセプトに基づくイメージを目に見える形におこす拡張作業と，その検討や評価などによる絞り込み作業が繰り返され，徐々に実現可能な具体的な形態や様式が煮つまってくる．もちろん計画段階やアイディア段階では目指す製品に関する設計上の技術的裏付けや使いやすさなどの人間工学的課題のクリアも考慮に入れなければならない．例えば**表6.2**はカメラデザインにおける設計要求項目の一例である．デザイン関連の要求項目でもかなりの数にのぼる．

　続くプレゼンテーション段階では，デザイン案をまとめ，設計担当者や意思決定を行うマネジャーなどへの説明が必要となる．それによりデザイン案が最終的に評価され，製品化が決定される．プレゼンテーションは，一般に，より実際のイメージに近いレンダリング，立体モデル，製図，提案書などの手段で行われる．

　そして，仕様段階では実際に生産するために技術者との意思疎通を図りながら細かい仕様が決められ，デザインされた製品の生産が開始される．

　デザイン・プロセスとしては一般にここまでの段階だが，場合によっては材料試験，技術的試験，人間工学試験，安全試験などがデザイン・プロセスの途中あるいは生産実施以降の段階に行われる．また，ユーザや販売者からの意見収集や環境・社会への影響調査など，デザイナーへのフィードバックがより良い製品をデザインしていく上で必要であり，今後ますますその重要度が高まっている．

表 6.2 カメラデザインにおける設計要求項目の例[4]

1	ホールディングが容易である	19	意図が確実に表現できる
2	堅牢である	20	操作部材の配置が煩雑でない
3	保守清掃が容易である	21	付属品をつけたとき,ボディー各部と干渉しない
4	電池交換が容易である		
5	フィルム交換が容易である	22	露出設定をしなくてもよい
6	手にぴったりフィットする	23	ピント合わせが不要
7	カメラを構えていて疲労が少ない	24	巻き上げは自動である
8	構えた姿勢で必要な操作が無理なく行える	25	巻き戻しは自動である
		26	感度の設定は自動である
9	置いたときの安定性がよい	27	ストロボを内蔵している
10	操作が簡単である	28	誤操作に対する警告・防止が十分
11	片手操作ができる	29	ストロボの位置は適当である
12	カメラぶれが少ない	30	グリップの位置・大きさは適当である
13	不必要に当たったり擦れたりする箇所がない	31	ケースなしでも主要部は保護される
		32	関連のある操作部材の連係がよい
14	表示が適切	33	汗や脂で滑ったりしない
15	パララックスがない	34	操作時に表示を隠したりしない
16	接眼窓のガラスは汚れたり曇ったりしにくく拭きやすい	35	携帯性,収納性がよい
		36	左手の保持が容易である
17	視野がケラレたりしない	37	操作時に必要な部材の機能を妨げない
18	ファインダーは覗きやすい		

6.2.3 製品デザインの要素

インダストリアル・デザインでは,そのプロセスとともに製品が有する四つの検討すべき要素がつぎのように挙げられている[5]。

① **ビジョン**:製品と人間の精神的,非物質的つながりを表すものとしてとらえることができる。すなわち,効用にふさわしい形態をしているか,造形的基本がしっかりしているか,テーマ性が明確であるか,などである。

② **効 用**:製品の物質的働きを表すものである。これは,材料や部品相互の機能などモノとモノとの関係を表す構造的効用,操作方法や使いやすい寸法などモノとヒトとの関係を表す生理的効用,そして空間に配置されることによる機能などモノと環境との関係を表す空間的効用に大別されるとしている。

③ **技　術**：構造，材料，成形・加工法，組立方法，在庫管理などの考案や選択，合理化などを考慮しなければならない。また，新技術の結果から新しい製品のデザインがスタートするだけではなく，新製品の要求から技術推進を促すデザイン先取り型の方略もつねに考えておかなければならない。

④ **コスト**：いくら上の三つの点を満足していても，コストが高過ぎる場合には製品としての価値は同じように高いとはいえない。一般に製品の価値は，機能をコストで割ったものであり，機能は上記①，②，③の積で表されるとされている。

こうしたデザイン要素を初め，デザインされるモノの造形は，その技術に基づいた機能性や形の美しさのみならず，多くの考慮すべきステップとカバーすべき領域がある（**表6.3**）。それらの総合の結果として新たなデザインが生まれてくるのである。

表6.3　デザインを実施するために考慮すべき項目

造形面	美しい形か，美しい色や柄か，周囲と調和しているか，コンセプトが形に現れているか，シンボル性があるか　など
技術面	機能を十分発揮するか，構造や強度は大丈夫か，材料は適合するか，組立・加工は容易か，規格に合致しているか　など
社会面	社会や文化に適合するか，社会や文化にどのような影響を与えるか，環境に悪影響を与えないか　など
操作面	対象とするユーザが使いやすいか，過度な負担を与えないか，操作ミスをおこしにくいか　など
安全面	ユーザおよび周囲に危害を与えないか，健康を損ねることはないか，ミスなどによって大きな問題を引き起こさないか　など
精神面	所有や使用でユーザは満足感を得られるか，おもしろいか，愛着を持てるか　など
利益面	売れるか，コストは高くならないか，経済性はよいか　など

6.3　生活用具の進化

上述したように，インダストリアル・デザインにおける造形は，そのモノが有している機能性や技術レベルの向上によって変化する。生活用具の中で，そ

うした変化が顕著に現れてくる要因の一つが，自動化であろう。生活用具の自動化はわれわれの生活様式を変化に導き，その度合は IT の生活の中への浸透とともに近年ますます加速されている。

6.3.1　自動化によるヒトと生活用具との関係の変遷

　自動化とは，ヒトが本来持っている能力や働きを代行したり，それを超越した能力や働きを具現化する。最近の家電製品やクルマなどはその典型的な例である。クルマの普及は一つのクルマ文化をつくりだし，われわれの生活環境を大きく変えてしまった。そして今，IT が新たに生活様式を変革しようとしている。自動化によって，当然ヒトと生活用具との関係も変化してくる。特にヒトが直接手で扱うような道具との関係については，自動化に伴い一般につぎのような段階をたどる（図 6.7）。

第 1 段階：エキスパートユーザと道具との関係　これは道具の特性をより高度に発揮するために，ユーザによる操作の知識や巧みさが十分要求される自動化初期やそれ以前に見られる段階である。ここでいうエキスパートとは，いわゆる専門家の意味ではなく，タイプライタにしろ箸や茶わんにしろ，その使い方や仕組みを熟知して使いこなすことができるユーザを指す。

第 2 段階：両者の歩み寄りの関係　ヒューマンインタフェース（後述）が考慮され，人間工学的により使いやすく覚えやすいデザインが施されるようになる。操作のためのユーザ側の知識や習熟の必要性は低下し，操作の負担は軽減化されていく。

第 3 段階：赤ん坊ユーザと道具との関係　決してユーザを卑下した表現ではない。赤ん坊は欲求を満たすために泣き声で訴えればよい。あとは親が欲求を理解しすべてやってくれる。これと同じように，道具を使って目的を達するためには所定のボタンをポンと押すだけでよい。両者の歩み寄りの関係がさらに進んだ形だが，操作するユーザの手はもはやトリガ（引き金）の役目しか果たさなくなる。

第 4 段階：ユーザと道具との没交渉化　完全自動化の段階がそれである。

6.3 生活用具の進化　　*119*

〈第1段階：エキスパートユーザと道具との関係〉

〈第2段階：両者の歩み寄りの関係〉

タッチパネル
マウス
マルチスクリーン
アイコン
ポップアップメニュー
キーボード

〈第3段階：赤ん坊ユーザと道具との関係〉

OK

〈第4段階：ユーザと道具との没交渉化〉

図6.7　自動化によるヒトと生活用具との関係の変遷

ユーザはもはや道具に触れる必要がない．これは両者の究極の関係と言えるかもしれない．

6.3.2 ディジタル化とブラックボックス化

すべての生活用具はこのうちのどれかの段階に属し，多くのものが技術の進歩によってその段階が進む．特にコンピュータが入り込んでくることによる自動化に共通する現象として，生活用具のディジタル化とブラックボックス化が見られるようになる．このうち前者は，操作ボタンや表示部がON/OFFや数値切り替えのようにディジタル方式になっていくことであり，操作のための手の動きや情報の読み取りは単純化していく．後者は，目に見える機械的メカニズムではなく電気的メカニズムで作動が進行していくため，内部の状態がユーザには見えないということである（図6.8）．これらは一見負担の軽減に寄与するように思えるが，操作中に内部でなにが起こっているのかはユーザの理解の外におかれているため，操作イメージがつかみにくく，かえって覚えにくくわかりにくい生活用具になっている場合が多い．特に多機能化したこれらディジタル機器，例えばひと頃のビデオデッキでの番組予約操作や銀行での自動振込操作などは，その典型例として問題となった．

〈グラスボックスの機械〉
中味の様子がわかる

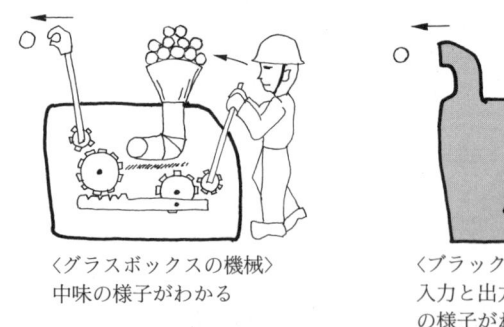

〈ブラックボックスの機械〉
入力と出力だけ見ていて中味の様子がわからない

図6.8 グラスボックスとブラックボックス

6.3.3 自動化に伴う造形の変化

こうした現象に伴って操作方法や機能が異なってくると，デザインの手法，造形方法も当然変わってくる．つまり，ユーザが手とり足とり働きかけて目的を達成させる道具と，ユーザがなにも考えなくても目的を達してくれる道具とでは，機構的な問題とともに造形的にもかなりの違いがある．例えば極端な例として，洗濯をする道具を考えてみよう．昔の「タライと洗濯板」と今の「全自動洗濯機」とでは形，様式，使用場所など根本的に異なる上，さらに自動化が進めばヒトが介在する部分がますます消えていくため，もっと変わった形態になろう．そして前述したデザイン要素のうちのビジョンの設定がより重要になってくるかもしれない．すなわち，効用や技術が高まりコストも改善されてくると，機構面が形を規定することがなくなってくるため，その製品に付与されるシンボル性や満足感といったもの，あるいは存在感のある（または存在感のない）造形がことさら強調されることになるからである．その典型的な例が，近年の時計デザインであろう．技術の進歩により，小型化，高精度化，低コスト化は著しく進んだ．その結果，時計の大きさや形，価格，造形面で，技術的な制約から解きはなたれてしまった．つまり時計本来の性能の違いで，高級品～普及品あるいは特殊用～一般用などの差別化や区分が困難になり，別の面でさまざまなバリエーションを考えなくてはならなくなった．

コンピュータが組み込まれ，ボタン一つでなんでもできてしまう炊飯器や電子レンジなどの調理機器，パソコンゲームができインターネットにも接続できるテレビ，温湿度や風量など好みの気候を演出してくれるエアコン，カード一枚で部屋のキーやキャッシュ代わりになるインテリジェント・ビルのカードシステムなど，家庭やオフィスにはどんどん自動化の波が押し寄せている．現在そして今後とも，こうした状況下での造形のあり方を新たに考えていく必要にせまられている．

6.4 ヒューマンインタフェース

こうした自動化によって生活が便利で豊かになる反面，新たな問題も生じている。その重要な点の一つが，ヒトの能力と生活用具の機能とのマッチングの問題である。つまり，生活用具の進化にヒトの能力が追いついていかない，あるいは適合しなくなっている状況が一部で現れているということである。

6.4.1 ヒューマンインタフェースとは

生活用具やそれによって構成される空間やシステムの使いやすさや快適性，安全性の重要性の認識がしだいに高まってきた。特に最近では，高齢社会を迎えるにあたってエイジレスデザイン（年齢に関係なく使える）やユニバーサルデザイン（できるだけ多くの人々が使える）[7]の考え方が普及してきた。では，「使いやすい」「快適である」「安全である」とは，どういうことを意味しているのだろうか。それは，ユーザと生活用具や空間との関係がうまくいっている状態である。その関係を表す概念がヒューマンインタフェースである。もともと「インタフェース」とは接触する二つの界面を表す言葉である。英語では"interface"であり，「顔と顔の間」の意味になる。すなわち，向かい合う二者間の物理的接合面あるいは情報通信の場である。このインタフェースの一方がヒト，もう一方が機械であれば「マンマシンインタフェース」，もう一方が環境であれば「マンエンバイロメンタルインタフェース」と呼ばれる。もっと一般的にモノや空間すべてに適用され，よりヒト中心に考えるならば，「ヒューマンインタフェース」である（図 6.9）。パーソナルコンピュータであればキーボードやディスプレイ，自動車であればハンドルやメータなどがその部分に相当する。

例えば，座りやすい椅子はその形やクッション性とヒトの形態が適合していることが必要である。心地よい空調環境はその温湿度とヒトの快適感や温熱生理特性に合致していることが前提となる。また，わかりやすいコンピュータソ

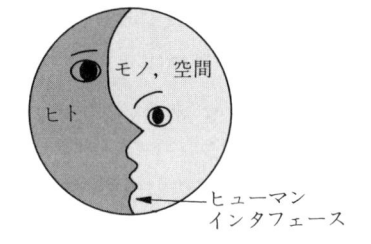

図 6.9 ヒューマンインタフェースの概念

フトはその画面表示とヒトの記憶や思考方法が合っていなければならない。これらはみな，優れたヒューマンインタフェースの条件である。

6.4.2 ヒューマンインタフェースとヒトの諸特性

こうした優れたヒューマンインタフェースの構築とは，今述べたようにヒトの種々の特性と生活用具や空間とがマッチすることであり，そのためにはまず関連する特性がいかなるものかを明らかにしておかなければならない。これは対象となる生活用具そのものや使用状況，ユーザの属性にもよるが，一般に大きく分けると四つの特性にまとめることができる（**表 6.4**）。

表 6.4　ヒューマンインタフェースにかかわるヒトの諸特性

心理的特性	感覚，感性，記憶，認知，判断　など
生理的特性	身体的疲労，精神的疲労，ストレス，生体リズム，適応　など
形態的特性	寸法，プロポーション，姿勢，体重　など
運動特性	筋力，スピード，巧みさ　など

まず，心理的特性とは対象とする生活用具や空間に接したときに，ヒトはどのような感じを抱くのか，好きか嫌いか，といった感覚や感性の性質，あるいはその生活用具を用いたり情報を受け取った際に，どのようにその状態を知ったり判断したりするのか，といった認知の性質などが含まれる。

つぎに生理的特性とは対象とする生活用具を用いたり空間の中に滞在しているときに，どのようなヒトの身体変化が起きるのか，どのようなストレスや疲労が生じるのか，といったことなどがそれである。

続く形態的特性は広義には生理的特性に含まれるが，生活用具や空間の形や

124   6. 生活における造形と技術

大きさがヒトのそれとマッチするかどうかを左右する性質である。

そして，運動特性は心理的特性，生理的特性とも一部重複するが，生活用具などを扱う場合にヒトはどれだけ力を発揮できるのか，あるいはどれだけうまく操れるのかなどに関する性質である。

これらの特性に合致するように，モノや環境をデザインしていくための方策が人間工学である。

6.4.3 ヒューマンインタフェースに基づいた設計指針

では，こうしたヒトの特性に基づいて，どのように生活用具や空間をデザインしていったらよいのか。そのガイドラインとなる設計指針が人間工学の分野ではいろいろと提案されている。ここではその考え方の例としてパーソナルコ

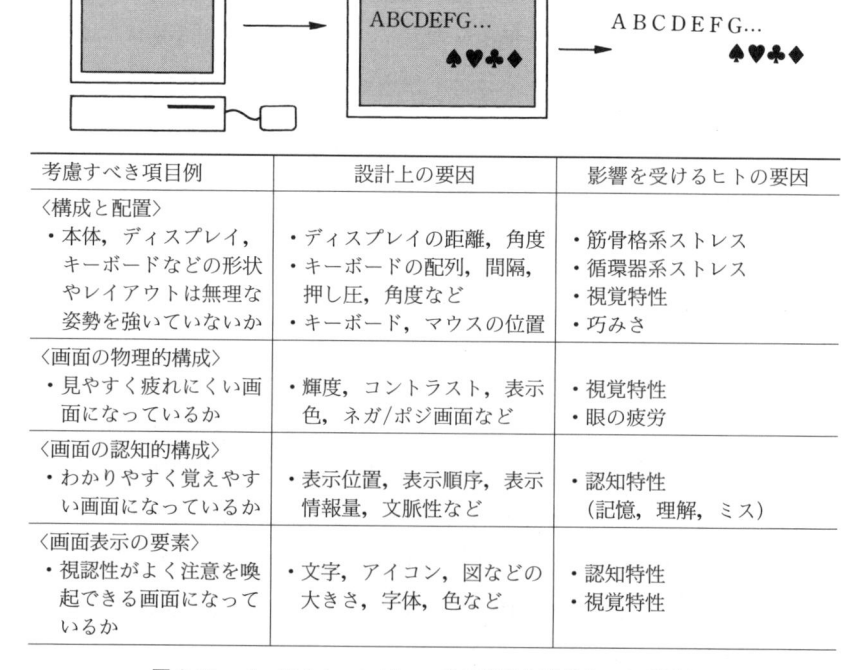

考慮すべき項目例	設計上の要因	影響を受けるヒトの要因
〈構成と配置〉 ・本体，ディスプレイ，キーボードなどの形状やレイアウトは無理な姿勢を強いていないか	・ディスプレイの距離，角度 ・キーボードの配列，間隔，押し圧，角度など ・キーボード，マウスの位置	・筋骨格系ストレス ・循環器系ストレス ・視覚特性 ・巧みさ
〈画面の物理的構成〉 ・見やすく疲れにくい画面になっているか	・輝度，コントラスト，表示色，ネガ/ポジ画面など	・視覚特性 ・眼の疲労
〈画面の認知的構成〉 ・わかりやすく覚えやすい画面になっているか	・表示位置，表示順序，表示情報量，文脈性など	・認知特性 （記憶，理解，ミス）
〈画面表示の要素〉 ・視認性がよく注意を喚起できる画面になっているか	・文字，アイコン，図などの大きさ，字体，色など	・認知特性 ・視覚特性

図 6.10　パーソナルコンピュータの設計上考慮すべき項目と，影響を受けるヒトの要因の例

ンピュータをとりあげよう。

　今，自宅の書斎に置いてあるパーソナルコンピュータのワープロソフトを使って文章を作成していると仮定すると，考慮すべき項目とそれに影響されるヒトの要因を図6.10のようにまとめることができる。これらはヒューマンインタフェース的に考慮すべき項目の一部を示しただけであるが，設計上の要因の条件しだいでヒト側の多くの特性が影響を受けることがわかる。

　このうち「画面の認知的構成」は，先ほどのディジタル化とブラックボックス化に伴い，近年特にデザイン的配慮が求められている項目である。これに関

表6.5　画面の認知的構成にかかわる設計指針（一部）[6]

レイアウト	・原則として，文章は左寄せ，数字は右寄せで表示するのがよい。 ・画面内では，同種の情報をできるだけ同じ場所に表示するよう配置を固定したほうが好ましい。 ・1画面での表示項目数は，縦横とも最大7±2までにとどめたほうがよい。 ・左上から右下へ読ませるのが自然である（ただし日本語縦書きでは右上から左下）。
メニュー，マルチウィンドウ	・一度に表示するメニュー項目数は最大6～8に抑えるのが望ましい。 ・選択される確率の高いメニュー項目をまとめたり指定しておくと，全体の選択時間が短くなる。 ・1画面に同時に表示するウィンドウをあまり重ねすぎないこと。
表示情報量	・画面サイズや文字サイズに応じて，読みやすい表示文字数を設定すること。 ・文字単位または行単位のスクロール表示は視認性を低下させ，疲労感を増加させるので，できるだけ使用は避けたほうがよい。
表　示　色	・色分け表示の場合，その色数は5±2に抑えるべきである。 ・色の意味は，分野や文化によって異なる場合があることを考慮すべきである。 ・図と地の輝度比，色度比が小さくなると，正しく認知するまでの時間が増加する可能性がある。
文　脈　性	・具体的で一貫性のある表示情報の流れであること。 ・表示する順序において，前後関係に不自然さや矛盾のないこと。 ・提示された画面情報を一時記憶しながら，つぎに切り替わる画面でそれを利用しなければならない状況はできるだけ避けること。

〔注〕　これらは1996年時点でのコンピュータ画面表示の技術やデザインに基づいたものである。また，ほかの設計指針やほかの要因（使用環境，ユーザの特性，コストなど）によって影響されるので，必ずしも絶対的なものではない。

する設計指針の例を**表6.5**にまとめた。

　ヒューマンインタフェースにかかわるパーソナルコンピュータの設計指針は，そのほかにも数多くの例を挙げることができる。しかもその対象物それ自身だけでなく，それが置かれる机やユーザが座る椅子の高さがユーザの身体寸法に合っているか，ヒトの姿勢・動作に十分な空間が確保されているか，作業に適した温湿度や照度に設定されているか，といったその場の環境も重要になってくる。それだけではない。どのようなユーザが使うのか，例えば学生が使うのか高齢者が使うのか，あるいはどのような目的で使うのか，例えば文書作成に使うのかゲームで使うのか，などによっても設計指針は異なってくる。

　個々の適正条件については具体的に数値データの出ているものや，いまだ研究途上のものもあるが，できる限りこれらのデータを取り入れながら総合的にデザインしていく必要がある。

6.5　これからの生活造形とその課題

　日本の伝統的生活用具や空間の話から始まり，造形手法としてインダストリアル・デザインをとりあげ，デザインされたモノが進化する話，そしてヒトとの円滑な関係をつくる一つの考え方としてのヒューマンインタフェース構築の話まで進めてきた。このあたりから本章のまとめに入っていこうと思う。

6.5.1　快適であるということ

　より快適な暮らしをしたい，と言うのはだれでも共通した願いである。生活における造形とはまさにそれを目指すことであり，そのために技術も発達してきた。では，その快適さとはどういうものなのであろうか。これは生活用具や空間の進化に伴って変わっていく。住まい空間を例に，一般に要求される快適さのレベルの変遷は，つぎの四つの段階を経ることになる。

① 雨風，寒さをしのげるレベル
② 健康面や衛生面が保証されるレベル

③ 不快を感じさせないレベル

④ 快楽を追及するレベル

少なくとも一般住居についていえば，このうちの第3段階まで達成されており，さらに第4段階，すなわち積極的に気分が良くなる住まいへの発展が模索されている。これらは建築技術や生活用具・設備の進歩が大きく貢献しているのは言うまでもない。

しかし，こうした快適レベルの進展は同時に新たな問題も提出した。例えば空調環境において，その発達は暑さ寒さによるストレスを生じさせる機会を減少させ，ヒトの身体的抵抗力の低下を促す。さらに精神的文化的な側面でも，肌を通じた季節感を生活に盛り込む機会を奪い，気候の移り変わりによって湧(わ)き出る情感を失わせる。ほかの生活用具や空間に関してもこれと同じようなことが言えそうである。快適さの追及の結果，もしヒト本来が有している身体的抵抗力や感性などの衰退を助長するとしたら，結局それは長い目で見れば快適さを失わせることになってしまう。そういう意味で，現在さまざま考えられているモノを用いるときの，あるいは空間に滞在するときの快適さの追及は，その瞬間が快適であればよいとする刹那(せつな)主義的快適性の追及にすぎないと言えないだろうか。その場その時だけでなく，もっと長期的なもっと総合的な立場から身体的精神的快適さや健康さを求める手だてを考えることが，これから特に重要になってくる。

6.5.2 本当に快適で健康的な生活環境の造形とは

では，どのようにすればよいのか。少なくとも造形的観点からは，つぎの三つのデザインがキーポイントになると思われる。

その1：使われ方のデザイン　快適さを追及したモノや空間そのものが問題なのではない。たしかに使っていて楽で気持ちの良いモノや空間があれば素晴しいことである。むしろそうしたところを目指すのは人間の本能でもある。問題なのは，その使われ方にある。可能な最新技術を積極的に取り込みながら，そしてヒューマンインタフェースを考慮しながらインダストリアル・デザ

インは生活を快適にするための造形物を提供してきた。しかし重要な点は，メーカや設計者がそこで役目の大半あるいは全部を終わらせていることである。正しく使われなければせっかくデザインしたものが快適さや健康さに貢献しない。例えば，ヒューマンインタフェースを十分研究して人間工学的につくられたOAチェアがオフィス機器メーカからいろいろ売り出されているが，これは「より疲れにくい」椅子なのであって，「疲れない」椅子ではない。ヒトの身体的構造から，椅子に腰掛ける姿勢は基本的に長続きできず，すぐに腰などに疲労が生じる。したがって，このような椅子に長時間座るよりも，途中で中座などして姿勢をどんどん変えることのほうが大切である。また，自動車の運転席デザインにしても，シートやハンドルなどが不快すぎると疲労を助長し危険を招くが，快適すぎても覚醒水準を低下させ眠気を促してしまう。

このように，目に見える形（ハード）だけでなく，その取り扱い方や時間的尺度の構成（ソフト）もデザインすることが特に重要になってくる。また設計者は製品をつくるだけでなく，その使い方の提案にも力を注ぐべきである。これまではハード面の向上にはかなり力が注がれてきたが，これからはソフト面の研究開発も重要である。

その2：情報のデザイン　　造形されたモノや空間が有している情報をいかにユーザに伝えるのか，あるいはモノや空間を介してヒトとヒトとのコミュニケーションをどのように円滑にするのか，そのためのデザインを図らなければならないということである。ここで言う情報やコミュニケーションとは言葉や文字で構成されたものだけを指すのではなく，それが有している意味や「感じ」も含んでいる。例えば，ドアに付いている丸いノブは，それを回せば開くことをユーザに暗黙のうちに伝えている。これはその形態自体がドアの開け方の情報を持っているからであり，こうしたことを「アフォーダンス」と呼んでいる。さらに，道具の自動化にともないディジタル化，ブラックボックス化が進み操作のやり方がかえってわかりにくくなった例を先に述べたが，これも一つには形（ハード）のデザインが先行し，そこに備えるべき意味内容を伝える情報（ソフト）のデザインがおろそかになった結果とも言える。また，本章の

6.5 これからの生活造形とその課題

　冒頭に囲炉裏を囲んだ家族だんらんの話をしたが，その状況での囲炉裏の機能は情報デザイン的にみてとても優れたものがある．すなわち，囲炉裏の炎ゆらめく裸火はどんな他の造形物よりも人々を1点に集め，情動をかきたてる作用があるからである．

　技術の進歩により，造形における技術上の制約が小さくなっていくなかで，造形されたモノや空間にどのような情報を持たせるか，どんな情報を形にするかの追及がますます意味を持ってくるのであり，それがより快適な生活環境を形づくる上で有効になってくるはずである．

　その3：すべてのヒトが共有できるデザイン　先述したユニバーサルデザイン思想のように，あらゆるヒトが使えるデザインを考えるということである．こうしたものは，これまでにも社会的弱者のためのデザインとして，介護機器や高齢者住宅の設計にもみられた．ただしここで特に強調したいのは，目的や手段にもよるが，特定のユーザ層向けのモノや空間を別々に提供するということではない．少なくともそれを用いることによってだれでも「同じ恩恵を被ることができる」という意識が持てるようなデザインにすべき，ということである．また，弱者側に基準を置いたデザインは，一般にすべてのヒトに受け入れられるデザインにもなり得る．

　今後も技術は進歩し，それに基づく生活用具や空間が提供されるだろう．さらにそれは新たな技術や生活用具を生み，その繰り返しが社会や文化を変えていくであろう．その時々で，より快適な生活環境が考えられることになる．これまで述べてきたように，生活における造形は形態だけでなく，その背後に存在するあらゆる事項を念頭に置きながらなされなければならない．そのことを設計者もユーザもよく認識しておく必要がある．

7 生活情報と技術

7.1 生活情報と生活様式

　生活情報とは，広義には生活に役立つ情報である。
　ではどんな情報が役立つか。それはその時々の生活様式によって変わる。同じ情報でも，ある時には役立つが，別の時には役立たない。筆者は阪神大震災を経験したが，その直後に新聞でもっとも目を引かれたのは「生活情報」欄であった。この欄は，その日にガス・水道・下水がどこまで復旧するかを報じていた。食器を洗う水がなく，トイレが使えない最低の生活にあっては，この生活情報欄ほど価値ある情報はなかった。ところがいま同じ欄を作っても誰も関心を払わないであろうし，現に新聞の生活関連の情報はグルメや旅行が中心である。
　このようにその時々の生活様式によって役立つ情報が変わる。その時々の情報の有用性を，生活からの情報ニーズと呼ぶ。ガス・水道が使えるという情報には，使えない人々がたくさんいる間は高い情報ニーズがある。しかし使えて当たり前の時代に戻ると，ガス・水道の情報ニーズは消滅する。また同じ時代でも，人によって情報ニーズは変わる。その個人差は後で考えることにして，しばらくは時代の平均的なニーズを取り上げることにする。それぞれの時代には多くの人々に共通した情報ニーズがあり，そのニーズはその時代の人々が生活に対して抱いた共通の関心の現れである。
　情報ニーズは，その時代の生活様式によって変わると述べたが，その例を産業革命前後の主婦について考えてみよう。産業革命では，生産が人手から機械

に変わった．この変化によって，産業が農業から工業に変わり，地方に分散した農地単位の生産が，都市に集中した工場単位の生産に変わった．それに伴い，家庭の役割が変わった．農業時代は生産の単位であったのに，工業化時代は生産から離れて休息の場に変わった．そこで生産に携わらない主婦（専業主婦）が生まれた．生産から離れた主婦が築き上げたのが，都市での家事・育児が中心の生活様式であった．

このように生活様式は，生産様式によって左右される．そこでつぎの二つの節で，産業革命から現在に至る200年間について，生活様式の変遷を生産様式との関連で取り上げ，この変遷の中で生活情報のニーズがどのように変化したか，また生活情報が生活にどのように役立ったかを考える．このような情報と生活のかかわりのなかで，生活と情報に影響を与える生活技術の役割を検討してみる．

このような時代の変遷を追う理由は，それによってくるべき新しい生活様式のなかで，情報と生活技術の重要性を描き出すのが目的である．

最後の節では，これらの変遷を通じて得られた生活情報と生活技術の関係を知り，さらに将来の姿を知ることにする．

生活情報では，これまで述べたように情報に対するニーズが先行し，つぎにそのニーズを満たす手法つまり情報の検索が必要になる．検索された情報の中から最適なものを選択し，それが生活行動の意志決定になる．この一連のプロセスにおいて，情報検索と生活行動に生活技術が必要となる．図7.1にその流れを示した．

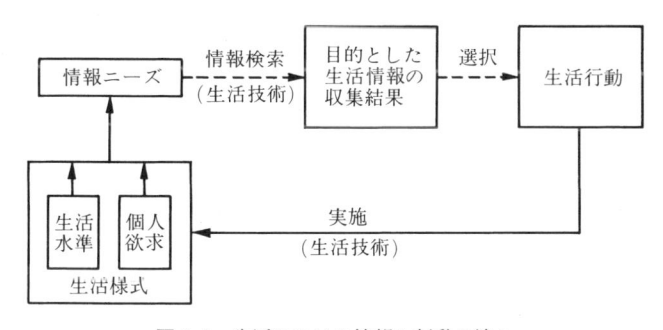

図7.1 生活における情報と行動の流れ

7.2 工業化社会の誕生から爛熟(らん)まで

7.2.1 産業革命のころ

産業革命によって農村から都会へ移住した人々が直面したのは生活苦であった。なんとか食べるものには困らなかった農村生活とは違い，都会の労働者は3度の食事にも差し支えた。このような生活を乗り越えるために，ロッチデールの生活協同組合が1844年に誕生した。この生協の元祖は，少しでも安い商品を組合員に販売することを任務とした。この時代，最も貴重な情報ニーズ，つまり耳寄りな情報は，「安い生活物資」にあった。また情報によって選ぶ生活行動は，生協へ買い物に行くことであった。生協こそ，この時代の生活技術が結晶した新製品なのであった。

7.2.2 20世紀前半—1900年から1950年まで—

家政学の研究テーマの変遷[1]を見ると，時々の生活の課題がよくわかる。大不況の1920～1930年代は，家計費の節約が中心的なテーマであった。このような時代には，主婦は安売りが情報ニーズであり，光熱の上手な使い方が生活技術であった。

やがて第二次世界大戦になると，わが国では生活物資がしだいに手に入りにくくなり，ラジオや回覧版を通じた配給の情報が最大関心事（ニーズ）となった。この時代の生産様式は戦争に都合がよいように構成されており，生活も衣服から行動まで厳しい統制下に置かれた[2]。戦後にかけては統制に頼るだけでは生活できなくなり，買い出しが生活行動の主体となり，都市生活者はわずかの縁（地縁，血縁）を求めて農村へ出かけ，買い付けと運搬行動を行った。この縁こそ情報なので，縁を求めることが当時の情報収集である。

7.2.3 生活水準の向上―1955年から1969年まで―

やがて1960年代になると，高度経済成長により，日本人の生活水準は急速に向上した．図7.2に見るように，1954年まではエンゲル係数50％（食べるのがやっとと言われる）を超えるレベルにとどまっていたが，以降エンゲル係数は低下を続け，1968年にはゆとりのある生活水準といわれる35％を切った．さらに減少を続けて，現在は25％前後の豊かな水準である．このような生活水準の向上に伴い，生活情報のニーズも変化してきた．

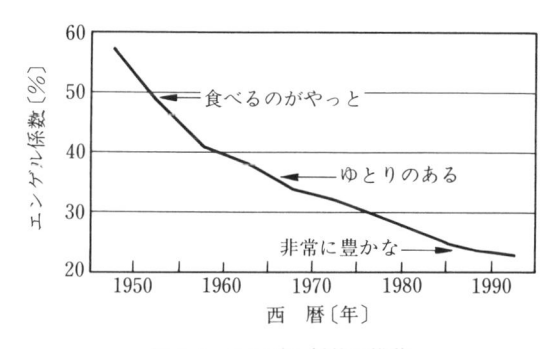

図7.2 エンゲル係数の推移

その変化をつぎに追ってみよう．これら生活水準の向上には，その時期に形成された新しい生産様式が色濃く反映されている．第一は，導入技術による大量生産・大量販売のシステムが整備されたことである．メーカはナショナルブランドを全国に展開し，小売店は店舗の全国チェーン，中央仕入れ，物流などの課題を解決していった．

第二は新技術の開発である．新製品がつぎつぎに登場し，それらの商品情報を伝達するため，1951年には民間放送が，1953年にはテレビ放送が開始された．これらの媒体を中心に，新聞，雑誌，折り込み広告，DMなど，広告ビジネスが確立された．大量消費時代の情報産業の誕生である．

この時期の生活者側の情報ニーズの変遷を以下に追ってみよう．

〔1〕 **新製品に対する情報ニーズ**　1950年代の半ば以降，生活に関する新製品がつぎつぎに登場した．ナイロンに初まる合成繊維は，既製服の安価な

提供を可能にするとともに，多くの新しい機能を提供した。これら機能は，従来の衣服の利用技術にはない世界である。例えば洗濯機で洗えるということは，生活技術の画期的な革新であった。また洗濯機や炊飯器は，家事の時間を大幅に減少し，さらに炊飯器は「初めちょろちょろ」という家事の口伝技術を過去のものとした。

このような驚くべき生活技術の変革によって，「家事は口伝」が「家事は新たな情報から得られるもの」に変わった。テレビや新聞・雑誌を通じて日々流される情報こそ，生活技術の伝達者であった。すなわち生活技術を革新する新製品が登場する時代には，新製品の情報が生活にとって最大のニーズになった。このような時代には，テレビなどの情報に敏感な子供の方が情報収集に優れる。したがって子供が生活の主導権を握り，親は生活技術の伝達者としての権威を失うことになった。つまり生活情報を制するものが家庭を制すると言える。

1950～1960年代の新製品は，衣服，食料品（インスタント食品），電化製品，日用品（洗剤）を問わず，いずれもメーカの社名またはブランド名を全国一斉に流すナショナルブランドであった。このような流通は，企業が大量生産品を大々的に広告して大量に売りさばく方法であった。

一方，消費者の側からすると，多くの国民が新製品を買える所得水準に達したが，まだ充足していない社会（大衆消費社会）では，消費者は他人と同じ物をそろえたい欲求が優先する。この欲求を満たすために新製品情報への情報ニーズが強かった。1960年代前半までは，ファッション情報さえ新製品情報の一部であった。ミニスカートの丈は一斉にピタッとそろえられた。つまりこの時代のファッションとは，他人と同じ服装をすることであった。

ただしこの時期は，情報ニーズに対し，消費者は目的に合った情報を探しまわるのではなく，企業によって提供された情報の中から最適なものを選択するといういわば受動的な情報検索であった。

〔2〕 **価格に対する情報ニーズ** 1960年代にスーパーマーケット（スーパー）が勃興し，大量生産品を少しでも安く売るという商法で消費者の心をつかんだ。スーパーは，折り込み広告の目玉商品で安売りを訴えた。

スーパーが大量販売を可能にするためには，消費者側にまとめ買いを可能にする自家用車や冷蔵庫の入手が必要であったが，これらも1960年代後半には大量生産による価格の低下と所得の上昇によって手が届くようになった。

休日に家族がいっしょに少しでも安いスーパーへ向かう姿が見られるようになり，行き先を選ぶために「今日はどこでなにが安い」という価格情報へのニーズが高まった。

〔3〕 テレビに対する情報ニーズ　わが国の高度成長には，日本人の勤勉，協調性が有効に作用し，また「夫は外で働き，妻は家庭を守る」[3]という男の「仕事第一」価値観が定着した。このため他国からは仕事中毒といわれるようになり，疲れ果てた男の休日の過ごし方は「テレビを見ながらごろごろと」が45.3％でトップであった。高度成長のピークを形成した1964年の東京オリンピックでは，テレビの普及率が一挙に85％を超えた。この時期，テレビは家庭生活の中心に位置したと言えよう。

7.2.4　生活の多様化と情報ニーズ―1970年代から1980年代まで―

高度成長もやがて1970年代に入ると陰りを見せる。日本の人件費が値上がりし，資源や公害対策のコストも上昇し，安い価格で輸出できなくなった。輸出先の輸入制限や，為替の円高もあって，高度成長を支えた要因がつぎつぎに消え去っていった。その結果，国際競争力を失い，わが国の生産は海外生産や輸入に置き換えられ，生産の空洞化が進んだ。生産の空洞化とは，国内から製造業が姿を消し，これまで外貨を稼いでいた工業製品が輸入に頼るようになることを言う。

製造業に自信を失ったわが国の産業界は，1980年代，有り余る資金を不動産や株などに投資して，実体のないバブル景気を招いた。逆に1970年代までの国際競争に敗れたアメリカは，この1980年代に新しい分野である情報産業に国をあげて投資した。この投資対象の差が，やがて1990年代に入ると，両国に景気の差，つまり世界で唯一の好況を誇るアメリカと，不況のどん底の日本という差を招くことになる。

7. 生活情報と技術

このような生産のかたちの変化は，生活にも種々の影響を与えた．高度成長期にすでにモノの充足を終えた消費者は，1970年代以降，商品選択の基準を情報性に求めた．衣服を例に取ると，寒いから，暑いからという機能性でそろえる衣服から，色やデザインという情報性で購入するようになった．食事は栄養よりも，材料・調理・見た目の話題性が基準になり，グルメ時代を築いた．さらに自動車や携帯電話でも，走りや音質よりスタイリングや軽さで選ばれるようになった．

機能が数字で表された物性的な評価であるのに対し，情報は消費者の感性的な評価を含む．したがって情報ニーズも感性を要求する．また感性は個人差が大きいので要求が分かれ，商品は多様化する．以上の時代背景に基づき，この時期の生活情報ニーズの特色をつぎに挙げる．

なお1980年代に至る生活情報の変化を**表7.1**に示す．

表7.1 1980年までの生活情報の変遷

年代	生産のかたち	生活のかたち	生活情報
1955 〜 1969	大量生産・大量販売のしくみ整備 メーカ：ナショナルブランドの展開 小売店：全国チェーンの展開	他人と同じものを 新生活技術 安値追求	テレビCM 新製品情報 安売り情報
1970 〜 1980	繊維製品は輸入へ 多品種少量生産 女性の社会進出	感性重視 多様化 家事の外部化	感性に適した情報 多様化に対応した情報 検索情報

〔1〕 **感性に対する情報ニーズ**　消費者が購入に際して役立つ情報も大きく変わり，安売りよりも新製品の感性に関心を払うようになってきた．価格をいくら下げても，感性に合わない商品は見向きもされなくなった．

女性向けファッション誌は，印刷の美しさが勝負になった．そこで情報ニーズが満たされるからである．またファミコンでも映像の美しさ，迫力が競われた．これらは若い世代の感性に対するニーズの強さを示すものである．

さらに感性に対する情報ニーズが爆発した例として，1980年代のD＆Cブーム[†]を避けてとおることはできない．これはバブルの最盛期に，ブランド衣料に消費者が殺到した現象である．ブランドに大枚をはたいたのは，情報の価値

を評価したことであるし，情報の虚構性(バーチャル性)を楽しんだとも言える。

〔2〕 **細分化された情報ニーズ**　同じく雑誌の例を取ると，生活に関する雑誌は多くの分野に細分化され，各分野の中でまた多くの雑誌が特徴を競っている。つまり対象とする読者が細分化され，その分けられた読者が満足するような編集になっている。これまで性別・年齢で分けれられたジャンルが消滅し，図 7.3 に見るように分け方が多様化している。これらの読者対象は，ライフスタイル別・感性別に分かれ，年齢にこだわらず自分に適した感性の雑誌を選んで読む。逆に広い層を対象とした雑誌，例えば総合雑誌や婦人雑誌はいずれも苦戦に陥った。

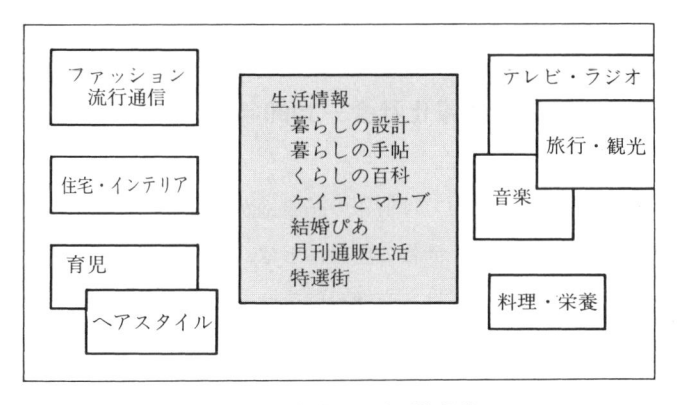

```
┌─────────────┬─────────────────┬─────────────┐
│ ファッション │ 生活情報        │ テレビ・ラジオ│
│ 流行通信    │  暮らしの設計   │              │
│             │  暮らしの手帖   ├──────────────┤
├─────────────┤  くらしの百科   │ 旅行・観光   │
│ 住宅・インテリア│ ケイコとマナブ │              │
│             │  結婚ぴあ      ├──────────────┤
│             │  月刊通販生活   │ 音楽         │
├─────────────┤  特選街        │              │
│ 育児        │                │              │
│             │                ├──────────────┤
├─────────────┤                │ 料理・栄養   │
│ ヘアスタイル│                │              │
└─────────────┴─────────────────┴─────────────┘
```

図 7.3　多様化した生活情報誌

また情報誌がつぎつぎに創刊されたのもこの時代の特徴で，観光・食事・娯楽から就職情報まで各誌が特色を打ち出して競った。別の見方をすると，これまで無料と考えられていた情報に金を払う，つまり情報は有料という意識変化がこの時期に起こった。

〔3〕 **家事の外部化に対する情報ニーズ**　女性の社会進出やアウトソーシング（企業の内部で実施していた業務を専門家に依頼すること：警備，掃除か

---

† （前ページ）D & Jブーム：デザイナー・キャラクターブランドの略で，ブランド名を店名にした店舗を百貨店のインショップや専門店街に一斉に出店した。デザイナーにこだわる固定客が，ブームを支えた。

らパーソナルコンピュータ（パソコン）のオペレータまで）という社会背景によって，家事を専門家に依頼することが多くなった。これを家事の外部化と呼ぶ。食事は外食や惣菜を買い，洗濯はクリーニング店に，自家用車よりはタクシーをという指向である。最近はカーペットのクリーニングや家の掃除を請け負う会社，さらにはペットの世話，ベビーシッターなどの人材派遣会社まで利用されている。これらサービス業を利用することによって，消費者は家事労働を店舗選択という企画労働に変わることになるので，店舗に関する情報ニーズが発生する。特に利用回数の少ない業種の選択に当たっては，職業別電話帳（タウンページ）やちらし（投げ込み）広告さらには前述の情報誌などで，ニーズに合った業者を探すことが多かった。

7.3　情報化社会—1990年代から—

　情報化社会とは，ハード面では情報の諸設備が整備され，ソフト面では情報利用が進展する社会をいう。情報の諸設備とは，情報を運ぶグラスファイバなどの架線，情報を受信先に届ける交換設備やサーバー，利用者が持つパソコンなどの情報端末を指す。特に前2者をインフラ（社会基盤）と呼び，政府や公共性のある機関が整備に当たる。情報利用の進展とは，これらの諸設備を利用した情報の検索，加工，発信が数多くしかも容易に行われる状態を言う。

　産業革命が蒸気機関の完成と機械の周辺技術の発展によって支えられたように，情報化社会はコンピュータの高度化と情報通信の周辺技術の発展によって支えられるであろう。例えばパソコンの最近20年間の技術進歩は目まぐるしいばかりである。1985年にCPUのデータ処理量8ビット，ハードディスクなしのパソコンが100万円近くしたのが，15年間に64ビット，6ギガバイトハードディスクのパソコンが10万円に下がっている。これは産業革命期の紡織機械の急速な発展を思い起こさせ，これら機械と同じくパソコンに技術的な可能性が大きいこと，社会の期待が大きいこと，新製品の魅力が大きいことを意味し，さらに将来を期待させる。

7.3 情報化社会―1990年代から―

　情報は容易に国境を越えて流通するので，情報化社会では生活のグローバル化[†]が進む。また情報化社会では，生活の選択肢が増えるので，情報の検索や処理の技術の優劣が生活の欲求充足や環境適応に大きく影響する。

　情報化社会は21世紀半ばに開花すると考えられている。しかしその萌芽は1990年代にもいくつかを見ることができる。本節はこれら萌芽を手がかりに，21世紀の生活を考えてみたい。情報化社会の生活情報は，それまでとは異なる様相を見せるからである。この大きな変革は，生産や生活の上に数多くの変化をもたらす。つぎにそのいくつかを取り上げてみる。

7.3.1 仕事のかたち

　工業化社会の仕事の特徴は，工場やオフィスなどに従業員が集まって働いたことにあった。これは工場では大規模な生産設備を使う必要があったこと，オフィスでは命令・報告に対面コミュニケーションが必要とされたことが原因である。情報化社会では，モノの工場生産は少数の人が担当し，多くの人は情報を扱う仕事に携わることになる。これはコンピュータ端末が手元にあれば，電話線を通じてどこでも連絡できるので，一か所に集まる必要がなくなる。したがって在宅勤務というかたちが予想される。このかたちの仕事は，すでにパソコン入力を仕事にする学生アルバイトに見ることができる。すなわち学生は与えられた仕事を自宅や学校のパソコンに入力し，それをバイト先にメールで送付する。バイト先から仕事も送信してもらえれば，学生は一度もバイト先へ出かける必要がない。これが在宅勤務の原形である。

　在宅勤務は，工場やオフィスの勤務と比べて，仕事のかたちがつぎのように変わる。

　① 上司との命令・報告は，対面ではなくメールおよびデータ通信によって行われる。したがって一か所に集まる必要がないから，オフィスが不要になり，通勤地獄やラッシュアワーが解消される。

[†] 生活のグローバル化：生活の習慣や商品の購入に対して，国の違いを意識しなくなること。

② 工場生産や対面コミュニケーションでは，協調性や従順が重要視された。チームワークで仕事をしたからである。在宅勤務になると，他人との協調は重要性が低下し，個人の能力によって評価される。この能力には，独創性の高さや感性の鋭さが含まれる。これらの新しい評価基準は，日本人の最も不得意とするところである。

③ コミュニケーションの範囲が広がり，社内の上下という狭い社会にとらわれない。愛社精神や終身雇用という工業化社会の忠実な会社観は希薄になる。

ここまでに述べた内容を**表7.2**にまとめた。

表7.2 1980年以降の生活情報の変遷

年代	生産のかたち	生活のかたち	生活情報
1980〜	情報インフラの整備 情報端末機器の普及 工場・オフィスから在宅勤務へ 労働時間の減少 テレビの多チャネル化 販売のネット化 社会-家庭のシステム化	生活のグローバル化 生活の選択肢増加 会社中心より個人 余暇生活の充実 多様化 購買の情報化 家庭の情報化	情報検索と発信の必要性 ネットの利用 余暇情報の検索 適合した情報の検索 商品の検索 家庭情報の検索と発信

7.3.2 情報化社会の生活と生活情報

前項に述べた仕事のかたちの変化は，生活の上にも種々の影響を与える。それら生活への影響を順次取り上げてみよう。

〔1〕 **インターネットによる情報検索** 今の学生は図書館へ行かない。レポートの宿題を出して，「図書館でこんな本を調べろ」と指示しても行かない。学生は私に「とりあえずインターネットで調べます」と宣言する。するとまたその資料が見事に出てくるのである（内容の正確性が疑われるものも一部にはあるが…）。インターネットに基づいたレポートは，しばしば教師が期待した以上の内容になる。インターネットのデータは本より新しいし，取り上げている視点も生々しいからである。レポートばかりでなく，学生は就職でも映画でもまずネットで調べる。就職をネットに依存し出したのは，企業も学生も

7.3 情報化社会―1990年代から―

1999年からで，それまではネットを利用した求職は特殊なケースであったが，この年からは当たり前のことになった。

　このような情報ニーズを検索するシステムが一人ひとりの手元にあって，それが世界に直接つながるというのはすごいことだし，それが情報化社会なのだといえる。ここへきて人々は，自分の目的に従って情報を追い求めるという積極的検索に到達したと言えよう。

　〔2〕 **携帯電話が築く人間関係**　大学生について携帯電話の所持率を調べると，1年の夏休み前にすでに70％に達する。所持者の半数は1日に6回以上かけ，携帯電話がない生活はもはや考えられないと思っている。普及率は1995年にPHSを持ち始めて以降に急増し，1997年には携帯とPHSの加入者は3 000万件を超える。さらに1999年には，携帯電話のメール利用が急増する。1995年はPHS機が値下がりした年，1999年は携帯電話にメール機能が付き，しかも安価なメールサービスが発足した年である。これらの経過から，情報機器の普及がいかに技術革新と価格低下に左右されるかがわかる。携帯電話からメールを送るのは手間を要する作業だが，学生はそれを技術力で克服し，新しいコミュニケーションの世界を展開している。例えば友人の動静を時々刻々に知ることで親しさを表現しているが，これが携帯電話の世界である。また「おはよう」，「お休み」の挨拶(あいさつ)を送る習慣は，メールの世界である。今後の携帯電話は，インターネットやデータ通信など，パソコンの機能の一部も担うことになろう。

　〔3〕 **情報化と家庭生活**　主要な生産のかたちを思い浮かべると，工業化社会は工場，情報化社会はパソコンになる。前者が男性のイメージとすれば，後者は女性のイメージである。したがって情報化は，女性の就労を促進する。女性が仕事に就けば，家事は育児も含めて主人と分担することになる。かつて工業化社会で「女は家庭」と考えたのとは，まったく様変わりをするであろう。しかも在宅勤務で在宅時間は増える。仕事の仕方も会社べったりではなく，夫妻ともに会社人間である必要がなくなる。家庭は再び生産の場に戻ると同時に，生活の中心になろう。

また生活廃棄物の情報にもニーズが高まり，再利用や資源問題への対応が進むであろう．

〔4〕 **余暇生活の充実と情報検索**　かつて日本人が仕事中毒と言われた時代は過ぎ，労働時間は西欧並みになり，アメリカより10％程度減少した（1995年：製造業）．これは不況の影響もあるが，日本人が余暇時間の過ごし方を本気で考え出したためともいわれる．実際，生活時間の中で余暇時間は着実に増え続けている．また余暇の中身も，かつてのテレビ・ゴロゴロを脱しつつある．例えば海外旅行の件数は，不況にもかかわらず増加している．旅行の仕方もツアー参加型から自己企画型に移行しつつあり，企画に当たっては旅行先やホテルをインターネットで調べるようになり，積極的な情報検索の姿勢がうかがわれる．

〔5〕 **テレビの多チャネル化と生活の多様化**　1990年代の半ばから各地のCATV局が加入者数を伸ばし始めた．また1998年にはCS放送にスカイパーフェクTVが参入し，本格的な多チャネル時代を迎えた．これらのテレビでは，専門チャネル，つまりニュース，スポーツ，映画，お稽古事，天気予報など，朝から晩までそればかりを放映しているチャネルが用意されている．かつてラジオがパーソナル化したように，テレビも個人がチャネルの選択によって自己の世界を構築する時代になった．一方，従来のテレビ局はすべての分野を用意した総合番組であった．これは選別されたメディアが生き残り，総合メディアが苦戦をするという先に雑誌について述べたのと同じ現象といえる．

CSが多チャネルを可能にするのはディジタル化†のためだが，2005年には表7.3に示すように，多くの方式がディジタルに変わる予定である．

---

† **ディジタル化**：ディジタルはアナログと対比して説明される．アナログ信号は，波形やその強弱を変化させて作られる．ディジタル信号は，1と0を組み合わせることで作られる．アナログの波形やその強弱は信号の伝送中に変化しやすいので，画像や音声が歪みがちである．それに対してディジタルの1と0は変化せず，手荒に扱っても画像や音声はきれいなので，信号を圧縮して送る，あるいは圧縮して記憶させることができる．したがって，ディジタルテレビでは衛星の多チャネル利用が可能になり，DVDでは大容量を扱うことができる．これらの特性は，信号としてディジタルのほうが優れていることを示すものである．

7.3 情報化社会—1990年代から—

表 7.3 テレビのディジタル化

放送方式	原　理	現　状	将　来
地上波	アナログ波	1～12チャネルを占める	2003～06年からディジタルに転換
B S	アナログ波，放送衛星 ディジタル波，放送衛星	NHK衛星，WOWOW 同上およびほか5社	2007年頃に終了 新放送衛星打ち上げでディジタル化
C S	ディジタル波，通信衛星	スカイパーフェク	普及をはかる

　また将来はCATVもCSTVも，専用機によって視聴者からテレビ局に発信することができる双方向通信（ビデオ・オン・デマンド）が可能になり，オーダメードの番組を注文できる。これは究極の多様化と言えるし，積極的な情報探索とも言えよう。

〔6〕 **購買行動の情報化**　すでに株式や自動車の販売に見られるように，インターネットを通じた売買は安価で早い。企業から見ると営業マンの人件費や店舗代が不要になるし，顧客は出向く手間が要らず価格の比較も容易である。ネット販売はほかにも書籍のように在庫なしで多くの書名を並べることが可能になるし，海外通販のようにグローバルな買い物にも便利である。ネット販売は，場所や時間から開放され，好きなときに好きな商品を調べ，注文できる。将来は参加する企業が増え，その分，既存の店舗は減少するであろう。未来型の店舗は買う楽しみを売る場としてわずかに生き残ると考えられており，楽しみを提供するのが店員の役割になる。

〔7〕 **情報の再生— CD-ROM と DVD —**　印刷物をCD-ROMに換える試みはすでに見られる。辞書や百科事典はCD-ROM版が発行されている。また出版社の書籍カタログや外国語会話もCD-ROMが普及してきた。冊子数冊分が1枚のCD-ROMに入るし，音声や動画も使える。希望のページの頭出しも可能だし，会話教材では双方向のやり取りまでできる。しかも印刷・製本の手間は要らないので，製作期間は短縮できるしコストも低い。情報の再生装置として，印刷物やテープをかなり駆逐するであろう。

　一方，DVDはビデオのディジタル化[†3]である。情報特性は，マルチ・スト

ーリー性，マルチ・アングル性にある。視聴者が自分の要求に適した見方ができるという多様化にそったメディアである。マルチストーリーとは，ところどころで自分の意志をインプットし，その方針にそって物語が展開されることを言う。マルチアングルとは，一つのこと（またはモノ）を前から見るか斜めから見るかの選択が許されることを言う。いずれも視聴者の意志が発信され受け入れられる仕組みである。これもディジタルの記憶容量が大きいので可能になった技術である。

〔8〕 **家庭と社会の情報システム**　ホームエレクトロニクスは，家庭の情報化の総合的な呼び方である。センサとマイコンにより家事を判断し，その結果を自動機械が実施するという仕組みである。例えば，家に帰着すると門前のキーボードに暗号を入力する。ホームセキュリティの防犯装置が解除され，シャッターが開く。部屋に入れば自動的に電灯がともり，空調が快い。空調は一時間前に，外から携帯電話でインプットした。パソコンには留守の妻からのメッセージがあり，食事や風呂がセットされていることを伝えているという具合である。

またマルチメディア住宅という概念もある。室外には電線，電話線(ISDN)，CATVケーブルの取り込みと，衛星アンテナの設置があり，これらは室内の集中分電盤を経て各部屋のコンセントにつながる。各部屋のコンセントには，これらの差し込みがそろっていて，パソコンでもファクシミリでも，またはCSテレビでも利用できる。高校生は子供部屋からパソコンを通じて補習授業を受け，老人は自室からパソコンを病院につないで医師の診断をあおぐ。もちろん夫妻の部屋はオフィス化していて，在宅勤務の職場でもある。

社会システムとは，家庭と公共的な機関が，情報をやり取りできる仕組みを言う。例えば家庭のセンサである火災報知器やガス漏れ検知機と消防署がつながる消火や救急のシステム，ホームセキュリティのセンサと警備機関がつながる防犯システムである。

電話相談では「いのちの電話」や，いじめ・セクハラ・各種トラブルなどの対応を各地方自治体が行っている。これらも生活の社会システムと言える。

7.4 生活情報と生活技術

　本節では，これまでの説明の中から生活情報と生活技術の関係を要約する。
　生活水準の低い段階では，生活の技術は口伝で親子代々継承され，家と結びついた伝統的な生活技術が中心であった。
　ところが1950年代から1960年代に至る高度成長の時期になると，生活水準が向上して新しい生活用具を購入できるようになり，新しい用具に対応した革新的な生活技術がつぎつぎに生まれる。このような新しい生活技術のもとでは，伝統的な技術はほとんど役に立たなくなる。この場合，新しい技術に対しては新しい世代のほうが情報量が多いので，若い世代が生活技術の指導的な立場に立つ。それによって若い世代が生活の主導権を握ることさえあり，年長者が権威を持った口伝時代と逆になる。これは生活技術のかたちが，家族関係まで変えるほどの重要性を持つことを示している。
　この時期の生活情報は，新しい用具や使い方の生活技術を家庭に導入するのが最大の役割であった。この情報ニーズを満たすために，生活者は絶えずテレビや新聞，雑誌などの新製品情報に検索の網を張って，新しい用具や使い方の情報を収集してきた。収集した情報の効果は著しく，生活技術の革新は目覚ましく進行した。ただしこの時代の情報検索は，「企業に与えられた範囲から選択する」という受動的な対応であった。
　つぎに高度成長を終えた1970年以降になると，消費者はモノの購入においても機能性より情報性を重視するようになる。情報性には，物性のほか感覚性・多様性も含まれる。したがってこの時期，消費者の感性は研ぎ澄まされ，感覚性をぴたりと表現できる媒体でないと情報ニーズは満たされない。また多様化した情報ニーズは，生活者のライフスタイルや感性ごとに細分された情報によって，初めて満たされるようになる。情報媒体のうち，読者を絞り込んで発行できる雑誌がまず細分化を実現した。今後はテレビが視聴者の細分化を実現していくと予測される。

つぎに家事に時間を費やすことが困難になった生活者は，家事を外部に委託することでサービス支出の比率を増やし始め，サービスを委託（アウトソーシング）する店舗や業者を選択する情報が必要になる。

情報の特性を比較し，**図7.4**に示した。第1型や第4型は，生活の目的を達成するために，広い範囲の情報検索を行うので，主体的な情報対応である。

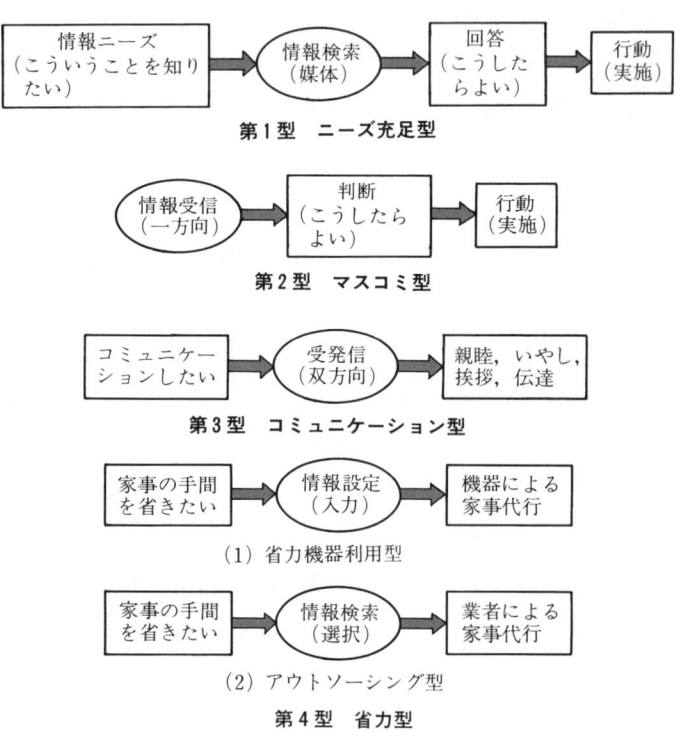

```
情報ニーズ          情報検索      回答          行動
(こういうことを知り  → (媒体)   → (こうした  → (実施)
 たい)                           らよい)
        第1型　ニーズ充足型

情報受信      判断          行動
(一方向)  → (こうしたら → (実施)
              よい)
        第2型　マスコミ型

コミュニケー     受発信       親睦，いやし，
ションしたい → (双方向) →  挨拶，伝達
        第3型　コミュニケーション型

家事の手間     情報設定     機器による
を省きたい  → (入力)   →  家事代行
        （1）省力機器利用型

家事の手間     情報検索     業者による
を省きたい  → (選択)   →  家事代行
        （2）アウトソーシング型
             第4型　省力型
```

図7.4 生活情報の4分類

1990年以降の情報化社会は，200年前の産業革命に比肩されるほどの変化を生産と生活のかたちに与える。そこでは仕事の多くは情報を扱うことになり，工業生産すらも情報利用の巧拙に支配される。情報を生産するには工場やオフィスに集まりチームで動くこともない。この生産のかたちが生活にも変革をもたらし，家族は再び生産と生活の単位になる。ライフスタイルは多様化するの

で，それに応じて行動の選択肢が増え，自己の目的に合った選択をするためには，積極的な情報検索技術が必須になる。検索技術が進歩すると検索対象が増え，選択肢が増える。増えると高度な検索技術が必要になり，再び検索技術が進歩する。このように情報ニーズと情報技術の間に，よい循環が生まれる。

情報化社会では，情報は理性的な判断のほか，情緒的な側面も発揮する。メールによる新しいコミュニケーションはメール恋愛を誕生させたし，「いのちの電話」などストレス解消に役立つ情報も多い。

以上，三つの時期を追って，生活情報のニーズとその生活に及ぼす効果，それらと生活技術のつながりを展望してきた。これらを表7.4にまとめた。この表から，1940年代の情報技術は口伝なので特別な学習は不要であったこと，しかしこの時代は生活技術が，炊飯のように，習得に苦しんだことがわかる。以降，生活技術はしだいに習得が容易になるが，情報収集のほうは逆に難しくなった。これらの関係を図7.5に示す。この図の縦軸の単位には意味がなく，単に上ほど習得に困難度が高いことを示している。

ではこれからの社会では，生活情報はどのようなニーズに変貌するのであろ

表7.4 生活情報と生活行動の関係

年代	生活の特徴	情報		生活	
		ニーズ	技術	生活行動	生活技術
1940	貧しい	生活に必要	口伝	人手，倹約	習得が困難
1960	高度成長	新製品を知る	テレビ	家事の電化	習得が容易
1980	モノの充足	優れた感性	雑誌，ショッピング	良品，ブランド	選択の感性
2000	情報，余暇	目的情報の収集	インターネット	余暇の充実	学習が必要

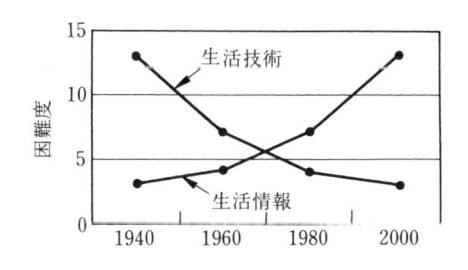

図7.5 生活情報と生活技術の難しさ

うか。それは社会が意図する豊かさの質による。ここでは二つの方向を例示するにとどめる。その一つはゆとり社会である。もう一つは多くの要因（People's Life Indicators：PLI）をできるだけ多く満たす社会である。

ゆとり社会とは，三つのゆとりを備えた社会である。第一は時間的ゆとりである。時間に追われるのではなく，時間を目的にそうように制御する生活である。第二は空間的ゆとりである。住居はもちろん，十分な公園や道路のスペースも欲しい。第三は経済的ゆとりである。趣味や余暇の支出に事欠かない程度の収入は必要である。

PLIは，経済企画庁国民生活局が公表する国民生活指標である。この指標は8分野の活動領域それぞれに4評価項目がある。これを**表7.5**に示す。表中の各項目は生活行動の目標となるもので，それぞれに情報ニーズが生じたとき，情報収集が行動の効率を決める。このように情報化社会では生活の選択肢が増えるから，情報利用技術の巧拙が情報化社会の環境適合や欲求充足の度合いを左右する。

表7.5 新国民生活指標（PLI）体系表

活動領域	安全・安心	公正	自由	快適
住む	出火，犯罪，交通事故が少ない	住宅の入手しやすさの平等	住宅の移動しやすさ	日照時間，畳数，水洗，道路舗装
費やす	家計収入，物価，貯蓄	生活保護，所得格差	小売店数，大型店数，信用残高	宅配便店数，自動支払機数
働く	賃金，失業率	男女賃金格差	有給休暇，転職	通勤時間，週休
育てる	保育所，学級生徒数，少年犯罪	児童福祉施設	入学しやすさ（定員，教育費）	生徒1人当り校地面積
癒す	平均余命，患者負担率，病院数	老人福祉制度，障害者施設	有料老人ホーム，差額ベッド	病院・ホームの従事者数
遊ぶ	海外事故数		教養娯楽費の支出，飲食店数	趣味娯楽の行動時間，公園面積
学ぶ	低い進学競争率	奨学金	進学率，書店数	図書館，成人学級
交わる	婚姻率，高齢者の交際率		離婚率，未婚率，交際費，クラブ	公民館数，ネット数，情報量

経済企画庁国民生活局（1997）

8 プラスチック材料と生活技術

8.1 プラスチックとは

　現在，日常生活のなかでプラスチックの恩恵に浴さない日はないといってよいほど，われわれの生活の中にプラスチック製品が大量に入り込んでいる。ところでプラスチックとはなんであろうか。プラスチックス（plastics）という名称が使われ始めたのは1920年代からで，「常温以上のある温度で可塑性（plasticity）をもつもの」という意味である。可塑性とは，粘土のように外からの力で自由に変形し，その形を維持する性質をいい，弾性（elasticity：力を加えれば変形するが，その力を取り除けばまた元の形に戻る性質）と対照的な性質である。1950年ころからアメリカなどで本来形容詞であるプラスチック（plastic）をそのまま名詞として使うようになり，日本でも日本工業規格（JIS）でプラスチックという名称が制定されるに至った。現在使われているプラスチックの多くは常温以上のある温度に加熱して可塑性をもたせ，加工（成形）し，常温に戻して使用する形態をとるため，熱可塑性プラスチック（thermoplastic plastic, thermo-plastics）または熱可塑性樹脂（thermo-plastic resin）と呼ばれている。この樹脂という言葉は，天然に産出する松ヤニなどのことで，樹脂様物質という意味でプラスチックに対してしばしば樹脂という言葉が使われ，合成樹脂（synthetic resin）という言葉も定着している。

　加熱成形時に分子が三次元網状構造となり，再び加熱しても軟化することの

ないものは熱硬化性樹脂（thermosetting resin）と呼ばれる。成形後はもはや熱可塑性を示さないのでプラスチックの範疇に属さないように思われるが，慣習上，熱硬化性プラスチック（thermosetting plastic）とも呼ばれ，したがってプラスチックを便宜上，熱可塑性と熱硬化性とに区別することが多い。

ところで人造プラスチックの誕生は1870年のセルロイド（celluloid）がアメリカで工業生産が開始された年に遡る。当時すでに綿や紙のようなセルロース繊維に硝酸と硫酸を加えると溶剤に溶けるようになることが知られていた。これは天然高分子であるセルロースの硝酸エステル（一般にニトロセルロースと呼ばれているが，厳密には硝酸セルロースが正しい）が形成されたことによるものである。1868年ハイアット兄弟はニトロセルロースに樟脳とアルコールを混ぜると成形加工のしやすい光沢のある物質が得られることを見い出し，これをセルロイドと名付け，玩具，日用成形品などの原料として大量に使われるようになった。わが国では1908年からセルロイドの生産が開始され（現，ダイセル化学工業），一時はその生産が世界第1位を占めるに至った。

ここで気をつけなければならないのは，当時はまだ高分子という概念がなかった時代であり，したがって先駆者達は高分子のなにかを知らないままセルロイドを開発していたことになる。セルロイドは引火性が高いことが致命的な欠点であり，現在は大部分が合成プラスチックに取って代わられている（卓球の球は現在でもセルロイドに代わるものはない）。セルロイドは天然に存在するセルロースに化学変化を与えてつくられたものでいわば半合成樹脂というべきものであるが，最初の純合成樹脂，すなわち化学物質の合成反応によってつくられた最初の合成プラスチックは，1907年ベークランド（L. H. Bakeland）によってつくりだされた熱硬化性フェノール樹脂（ベークライト）である。ベークランドは三官能性のフェノールと二官能性のホルムアルデヒドとの縮合反応を意識していたと思われるが，高分子の存在に気づいていたという証拠はない。わが国では1915年ベークランドと親交があった高峰譲吉を通じて三共（株）品川工場で初めてベークライトが生産された。

プラスチックが高分子量分子（高分子）からできていることは今や常識であ

るが，当時の化学者は分子は大きくなるほど不安定となり，高分子など有り得ないと信じていた。1920年，ドイツのシュタウディンガー（H. Staudinger）は初めていわゆる高分子説を唱えたが，すぐには当時の学界には受け入れられなかった。しかし，彼は研究成果をつぎつぎと発表していき，1920年代の終わりごろにはシュタウディンガーの言う高分子の存在を疑う者はいなくなった。ドイツでは1927年から当時世界最大の化学会社IG染料会社が高分子研究を進め，1929年にはポリスチレンの量産を始め，プラスチックスという言葉が一般的なものとなっていった。アメリカではデュポン社がカロザース（W. Carothers）を中心に組織的な高分子合成研究を行い，1934年に世界最初の合成繊維ナイロンの合成に成功した。ドイツでは1935年に合成ゴム，ブナS（Buna-S）の量産を始めた。これはブタジエン（Butadiene $CH_2=CH-CH=CH_2$）をナトリウム（Na）を開始剤としてスチレン（Styrene $C_6H_5CH=CH_2$）と共重合したものである。一方，アメリカも国策会社を設立して1942年から合成ゴムの大量生産を始めたが，これらの合成ゴムは戦争遂行に深くかかわっていた。こうして合成高分子材料（プラスチック，合成繊維，合成ゴム）の時代が始まり，その種類も増えていき，しだいに生活の中にも浸透していった。

8.2 石油化学とプラスチック

これらの合成高分子材料の大部分は石油を原料としている。したがって，われわれは石油に取り囲まれた生活をしていると言え，現在，石油なしの生活は考えられない。石油の起源については今なお明らかでないが，有機物起源説が有力であり，これは数千万年かけてプランクトンなどが海底に堆積し，地熱，地圧によって液状化したというものである。しかし，地下1万m以上で水素と炭素が地熱と地圧で直接石油ができるという無機物起源説も否定できない。いずれにしても，石油は長い年月を要して蓄積された産物であり，その資源は有限であることを認識しなければならない。現在の速度で石油を使い続けてい

くとあと70年で石油は枯渇するといわれている。われわれはこのような認識のもとで石油を使っていかなければならない。

石油（原油）はさまざまな沸点をもつ炭化水素が混合したものであり，蒸留により種々の沸点範囲の留分に分けて，さらに含まれる硫黄分を取り除き，大部分は燃料として利用している。例えば，沸点の低い順に，液化石油ガス，ガソリン，灯油，軽油，重油，潤滑油などに分類されている。このほか，原油を蒸留して得られる30～200℃の沸点範囲の留分をナフサ（粗製ガソリン）と呼び，日本ではこのナフサが石油化学製品の原料として使われる。

ナフサを0.5秒以下，800～850℃で熱分解（クラッキングと言う）してエチレン，プロピレン，ブチレン，ブタジエンなどの不飽和炭化水素を得，一方，触媒の存在下，高温高圧で処理（改質，リホーミングと言う）することにより，ベンゼン，トルエン，キシレンなどの芳香族炭化水素を得ている（図8.1）。現在われわれが使用するプラスチックの大部分はこれらの不飽和炭化水素，芳香族炭化水素を原料として作られている。

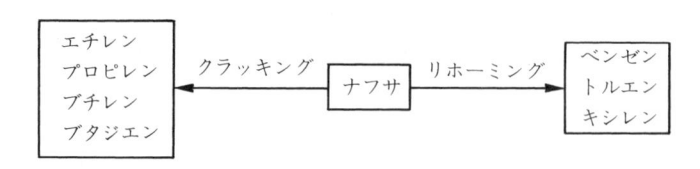

```
┌─────────┐              ┌─────┐              ┌─────────┐
│ エチレン │              │     │              │ ベンゼン │
│ プロピレン│ ←クラッキング│ナフサ│ リホーミング→│ トルエン │
│ ブチレン │              │     │              │ キシレン │
│ ブタジエン│              └─────┘              └─────────┘
└─────────┘
```

図8.1　クラッキングとリホーミング

8.3　生活の中のプラスチック材料

合成繊維や合成ゴムは天然繊維，天然ゴムを手本として生まれたものであり，その用途分野は明確であった。しかし，合成プラスチックはその優れた成形性により，それまでの木製，陶磁器，金属製品への代替材料としての利用から始まった。さらに，石油化学工業と結びついた工場大量生産が可能なため，安価で豊富に利用できるようになったことも重要な点である。こうしてプラス

チック製品を契機として生活用品の大量消費時代へと生活用式が変わっていき，20世紀はプラスチックの時代といわれるほど，プラスチックは生活に組み込まれた．

一方，プラスチックが大量に消費されるにつれ，廃棄の問題が深刻化し，プラスチックの見直しが迫られている．廃棄物の中でも特にプラスチック廃棄物は焼却すると高熱を発生し，埋め立てても分解せず，また自然環境に散乱したプラスチックは生物にも深刻な危害を与えている．このためプラスチックをできるだけ回収してリサイクル利用をしていこうという動きが世界各国で起こりつつある．現在使われているプラスチックの多くは熱可塑性プラスチックであるため，原理的には廃プラスチックを高温で溶融して成形し直せば，再び利用できるはずである．しかし，プラスチックは後で述べるように非常に種類が多い．種類の異なるプラスチックを混ぜて成形すると極端に性能が低下する．そこで種類ごとの分別が不可欠であり，アメリカやヨーロッパではすでにプラスチックの材質判別コードが実施されている．図8.2のコードはアメリカ・プラスチック工業会（SPI）が定めたもので，日本でもしだいに目に付くようになった．

図8.2　プラスチックの材質判別コードの例

プラスチックの使用量を減少させる努力は必要であるが，プラスチックのない世の中に戻すことはもはや不可能であり，われわれはプラスチックの長所を生かして上手に使っていかなければならない．そのためには，プラスチックに対する化学的理解を化学者，技術者のみにゆだねるのではなく，全生活者がその努力を払わなければならないであろう．

プラスチックの分類への理解の一助とするため，つぎに日常使われている代表的なプラスチックについて述べることにする[1〜4]．

8.3.1 ポリエチレン (PE)

ナフサを熱分解して得られる不飽和炭化水素の中でエチレン ($CH_2=CH_2$) は最も重要な原料といえる。そのエチレンの最大の用途はポリエチレンである。ポリエチレンはエチレンの重合により得られるが，製品の密度の違いから，低密度ポリエチレン (low density polyethylene：LDPE) と高密度ポリエチレン (high density polyethylene：HDPE) とに分けられる。

LDPE は重合開始剤を用いて高温高圧下で重合させて得るため高圧法ポリエチレンとも呼ばれている。

$$CH_2=CH_2 \xrightarrow{\text{重合開始剤}} -(CH_2CH_2)_n-$$

120～250 ℃，1500～250 気圧　　密度 0.91～0.93

すなわち，分子量 48 のエチレンの重合反応によって分子量数万のポリエチレンという高分子を得るのであるが，このポリエチレン分子が集まって作り上げたプラスチックもまたポリエチレンと呼んでいる。

HDPE はドイツのチーグラーによって開発された重合触媒を用いて比較的低温低圧下の重合反応（低圧法）により得られる。

$$CH_2=CH_2 \xrightarrow{\text{チーグラー触媒}} -(CH_2CH_2)_n-$$

20～100 ℃，1～10 気圧　　密度 0.95～0.98

また，アメリカで開発されたフィリップス法またはスタンダードオイル法は，中程度の圧力下で重合を行うため，得られるポリエチレンを中圧法ポリエチレンといっている。

$$CH_2=CH_2 \xrightarrow{\text{金属酸化物触媒}} -(CH_2CH_2)_n-$$

125～250 ℃，30～80 気圧　　密度 0.95

中圧法ポリエチレンは低圧法ポリエチレンと性質が似ているため，通常，高密度ポリエチレン (HDPE) に含まれる。

同じポリエチレンでもこのような密度の差が生じるのはなぜであろうか。

LDPE は高温，高圧で反応させるため，副反応を伴い，分子が枝をもつ不規則構造をとるのに対し，HDPE はほとんど枝分れのない規則的な構造をとるためである。一般に分子の集合体である物質は，分子間で引っ張り合う力が弱いと気体として存在し，分子間力（通常，ファンデルワールス力と呼ばれる力）が強くなるにつれ，液体，固体となっていく。ファンデルワールス力は分子の大きさにほぼ比例して大きくなるため，高分子は低分子に比べてたがいに強く引っ張り合い，丈夫な材料を形成することになる。ポリエチレンの場合，ポリエチレン分子がたがいに引っ張り合い，絡まりあって構造体を形成しているのであるが，枝分れ構造をもつ分子同士はあまり接近できないため，単位体積当りの分子数は大きくなれず，密度が小さいことになる。HDPE のような枝のない線状ポリマーではポリマー同士が十分に接近し合い，分子間の規則正しい構造（結晶構造）も作りやすくなる。このため，密度が高く，固いプラスチックを作ることになる。

このように，同じポリエチレンでも LDPE と HDPE とでは分子構造はかなり異なり，性質も違うため，分別回収のときにも異なるプラスチックとして回収することになっている。

ポリエチレンは一般家庭ではポリ袋やポリバケツなどの多くの日用品に使われ，その生産量は合成高分子の中で圧倒的に多い。LDPE の最大の特徴はその柔軟さにあり，引っ張れば簡単に伸びて引き千切ることができるフィルムとしてスーパーなどで重宝がられている。また，ガスバリヤー性（気体の透過を妨げる性質）が低いことが長所でもあり，短所ともなっている。LDPE を食品の包装に使用する際，ガスバリヤー性の低さが酸化による変色や腐敗の原因となる。青果類は包装しないと水分蒸発による目減りを起こし，密閉すると窒息して腐敗してしまう。LDPE フィルムを青果類の包装に用いると，目減りが防げ，酸素量も保たれる。食品包装に高いガスバリヤー性を要求する場合，ポリエチレンにエバールをラミネートしたフィルムが使われる。エバールはエチレンと酢酸ビニルの共重合体を加水分解したものである。

一方，HDPE もスーパーなどで包装用フィルムとして使われているが，

LDPEと違い不透明で，さわるとガサガサと音がして，引っ張ってもあまりのびず，きわめて丈夫である。LDPEより薄くて丈夫なフィルムができるため，資源の面で有利である。このため，低圧法によってLDPEに近い性質を持つフィルムの生産も行われている。これは，エチレンにブテン（$CH_2=CHCH_2CH_3$）を混ぜて共重合したもので，意図的に枝分れ構造にしたものである。これは線状低密度ポリエチレン（linear low density polyethylene：LLDPE）と呼ばれ，LDPEより強度の高いポリ袋の製造に使われている。

フィルムはチューブ状プラスチックを加熱して，まだ柔らかいうちに空気を吹き込んでふくらませるインフレーション法によってつくられる。一方，バケツなどは射出成形法でつくられるが，特にごみ集配用大型ポリバケツはHDPEの重要な用途となっている。

8.3.2　ポリプロピレン（PP）

チーグラーは自身が開発した重合触媒（チーグラー触媒）によって新しいポリエチレンの合成に成功したのであるが，この触媒をプロピレン（$CH_2=CHCH_3$）に応用したのがイタリアのナッタであった。

$$CH_2=CHCH_3 \xrightarrow{\text{チーグラー触媒}}$$

20〜100℃，1〜40気圧　　iso PP

それまでは，ナフサの分解によってエチレンとともに生成するプロピレンの重合反応は試みられていたのであるが，実用となるポリプロピレンは得られていなかった。ナッタが得たポリプロピレンはポリマー主鎖の炭素に一つおきに存在するメチル基が同一方向に向いているいわゆるアイソタクチック構造であった。通常の重合法（ラジカル重合法）で得られるポリプロピレンはメチル基がランダム方向に向いているアタクチック構造であり，このようなランダムな立体構造では，実用強度を示す材料を与えることができなかった。また，プロピレンのラジカル重合法では高分子量ポリマーが得られないことが通説であっ

た。天然では規則的な立体構造をもつ高分子は多く存在するが，ナッタによるプロピレンの重合は人間が初めて成功した立体規則性重合といえる。

台所で使うプラスチック製の容器の裏側には，**表8.1**あるいは**表8.2**に示すような表示が見られるが，プラスチックの容器の多くはポリエチレンまたはポリプロピレン製である。ポリプロピレン製の容器は電子レンジで使えるが，ポリエチレン製のものは軟化してしまうので表示に気をつけなければならない。

表8.1 家庭用品品質表示法による表示

原料樹脂	ポリプロピレン
耐熱温度	120 °C
耐冷温度	−20 °C
容　量	550 ml

表8.2 法定品質表示

原料樹脂	ふた	ポリエチレン
	本体	ポリプロピレン
使用区分	ふた	沸騰水を入れてはいけない
	本体	繰り返し沸騰に耐える
容　量	750 ml	

ポリプロピレンは密度0.91で，プラスチックの中で最も軽い。また，引張強度も高いのでビールや清涼飲料水用の運搬ケース，工業用コンテナに大量に使われている。

ポリプロピレンフィルムは透明で丈夫であるため，たばこの包装紙や粘着テープのように，かつてセロファンが使われていた分野に進出している。

1963年，ナッタはチーグラーとともにノーベル化学賞を同時に受賞した。われわれは日常生活で，ノーベル賞を受賞した技術の産物を何気なく利用しているのである。

8.3.3 ポリ塩化ビニル（PVC, V）

世界で最も多量に生産されているプラスチックは低密度ポリエチレンであるが，わが国に限ればポリ塩化ビニルの生産量が最大である。

PVCのモノマーである塩化ビニル（$CH_2=CHCl$）は現在では，エチレンに塩素を付加して得られるエチレンジクロリド（EDC, $ClCH_2CH_2Cl$）を原料として，これをアルカリで脱塩酸させて得ている。塩化ビニルは常温常圧で気体であり，これを水に懸濁させてやや加圧して重合させる。

$H_2C=CHCl \longrightarrow \left(\begin{array}{cc} H_2 & H \\ C-C \\ & Cl \end{array}\right)_n$

ラジカル重合

得られたポリ塩化ビニルは，密度1.4で，比較的重いプラスチックと言える。一般に「塩ビ」や「ビニル」の略称で呼ばれている。ほかの化合物との相溶性が高く，通常，添加物（可塑剤，安定剤，改質剤など）を加えて使う場合が多い。可塑剤の少ない硬質塩ビから可塑剤を多く加えた軟質塩ビまで広い範囲の性質をもつ材料を提供することができる。

硬質塩ビはパイプ，板，継手，電話機や建材などに，軟質塩ビはシート，床材，包装材やさまざまな日用品に大量に使われている。

8.3.4 ポリスチレン (PS)

ナフサのクラッキング（熱分解）により得られるエチレンと，ナフサのリフォーミング（改質）により得られるベンゼンからつぎの工程を経てスチレンモノマーを得ている。

ベンゼン $\xrightarrow[\text{酸性触媒}]{H_2C=CH_2}$ エチルベンゼン $\xrightarrow[\text{酸化鉄}]{600-650\,°C}$ スチレン

これをラジカル重合して得られるポリスチレン（PS）は一般用ポリスチレン（general purpose：GP）として用いられており，硬く，透明性は高いが，衝撃に弱い。イチゴや卵のケースなどの使い捨て包装材料，台所用品，文具，家具などの透明性を重視した日用品に広く用いられている。

スチレン $\longrightarrow$ ポリスチレン

8.3 生活の中のプラスチック材料

　ポリスチレンは耐衝撃性を改善するために他の高分子とのブレンド，または共重合体が用いられることが多い。ゴム成分であるポリブタジエンを含むポリスチレンはハイインパクトポリスチレン（high impact PSt：HIPSt）と呼ばれ，やや不透明となるが高い耐衝撃性を示す。使い捨て容器に広く利用されており，ヤクルト（商品名）の小型容器はHIPStである。

$$-(CH_2-CH=CH-CH_2)_n-$$
ポリブタジエン

　ポリスチレンはプロパン，ブタンのような低分子炭化水素と親和性があり，これらを発泡剤として含浸させたGPまたはHIポリスチレンを加熱することにより，発泡ポリスチレン（発泡スチロールとも言う）（foam styrene：FS）が得られる。発泡ポリエチレンは，魚箱，野菜箱などの容器，家電製品などの梱包材，断熱材，緩衝材，食品用使い捨てトレイやコップなど身の周りで広く使われている。

　スチレン共重合体には，また，アクリロニトリル（$CH_2=CHCN$）との共重合体であるAS樹脂があり，ポリスチレンより耐薬品性に優れ，計器類の透明部分に使われている。また，スチレン-アクリロニトリル共重合反応をポリブタジエンの存在のもとで行うことにより，AS樹脂に耐衝撃性が加わった樹脂が得られ，自動車用内装部品や，テレビ，ポータブルラジオ，カセットデッキ，洗濯機，掃除機などの家電製品，そしてヘルメット，ハイヒールまで多種多様な使われ方がなされている。これはモノマーの頭文字をとってABS樹脂と呼ばれている。

$$-(CH_2-CH)_m-(CH_2-CH)_n-$$
　　　　｜　　　　｜
　　　　C$_6$H$_5$　　CN

スチレン-アクリロニトリル共重合体

8.3.5 ポリエチレンテレフタレート樹脂（PET樹脂）

ポリエステルは分子内にエステル結合（—CO—O—結合）をもつ高分子化合物の総称であるが，通常，ポリエステルというとテレフタル酸とエチレングリコールから得られるポリエチレンテレフタレート（polyethylene terephthalate：PETとも呼ばれる）を指すことが多い。

$$HOOC-\langle\bigcirc\rangle-COOH + HO-CH_2CH_2-OH \xrightarrow{-H_2O} \left[CO-\langle\bigcirc\rangle-COO-CH_2CH_2\cdot O\right]_n$$

または

$$HOH_2CH_2COOC-\langle\bigcirc\rangle-COOCH_2CH_2OH \xrightarrow{-HOCH_2CH_2OH} \left[CO-\langle\bigcirc\rangle-COO-CH_2CH_2\cdot O\right]_n$$

PET

PETは合成繊維として開発されたポリマーであり，現在，合成繊維の中で第1位の生産高をあげているが，その後，フィルムや容器としても広く使われるようになった。PETフィルムは引張り強度が大きく，寸法安定性に優れているため，磁気テープ，ビデオテープ，写真用フィルム，食品包装用フィルムなど応用範囲が広い。PETボトルは1970年代後半から割れない容器として登場し，現在，その70％は清涼飲料水用として利用されているが，そのほか，醬油，調味料，アルコール飲料，洗剤用などに幅広く使われている。

8.3.6 ポリ塩化ビニリデン

塩化ビニリデンをラジカル重合して得られる高分子であり，難燃性，耐薬品性，耐候性に優れるため，繊維として防虫網，テント，自動車用シートなどに用いられるほか，ガスバリヤー性，密着性に優れた高分子であるため，食品包装用フィルムや家庭でのラップフィルム（商品名「サランラップ」「クレラップ」など）として用いられている。

塩化ビニリデンは塩化ビニルから合成される。純粋のポリ塩化ビニリデンは

固く，加工しにくいため，10％前後の塩化ビニルやアクリロニトリルとの共重合体が使われる。

$$\underset{\text{塩化ビニル}}{\underset{H}{\overset{H}{C}}=\underset{Cl}{\overset{H}{C}}} \xrightarrow{Cl_2} \underset{\text{1,1,2-トリクロロエタン}}{ClH_2C-CHCl_2} \xrightarrow{-HCl} \underset{\text{塩化ビニリデン}}{\underset{H}{\overset{H}{C}}=\underset{Cl}{\overset{Cl}{C}}} \longrightarrow \underset{\text{ポリ塩化ビニリデン}}{\left(\underset{\underset{H}{|}}{\overset{\overset{H}{|}}{C}}-\underset{\underset{Cl}{|}}{\overset{\overset{Cl}{|}}{C}}\right)_n}$$

8.3.7　ポリカーボネート（PC）

フェノールとアセトンから得られるビスフェノールAにホスゲンまたはジフェニルカーボネートを反応させ，低分子量のポリカーボネートをつくり，さらに重合を進めて，分子量2万〜10万の樹脂をつくる。透明で硬く，耐衝撃性に優れ，代表的なエンジニアリングプラスチック（エンプラ）としてレンズ，有機ガラス，光ディスク材料，ヘルメット，保護具，カバー類などに用いられる。また，耐熱性，電気特性がよく，成形品の寸法安定性がよいため，コネクタなどの電気部品に適している。また，音楽用やパソコン用コンパクト・ディスク（CD）にも使われている。

$$\underset{\text{ビスフェノールA}}{HO-\bigcirc-\underset{\underset{CH_3}{|}}{\overset{\overset{CH_3}{|}}{C}}-\bigcirc-OH} \;+\; \underset{\text{ホスゲン}}{Cl-\underset{\underset{O}{\|}}{C}-Cl} \;\text{または}\; \underset{\text{ジフェニルカーボネート}}{\bigcirc-O-\underset{\underset{O}{\|}}{C}-O-\bigcirc}$$

$$\longrightarrow \underset{\text{ポリカーボネート}}{\left[O-\bigcirc-\underset{\underset{CH_3}{|}}{\overset{\overset{CH_3}{|}}{C}}-\bigcirc-O-\underset{\underset{O}{\|}}{C}\right]_n}$$

8.3.8　ホルマリン樹脂

ホルマリン（メタノールの酸化により得られるホルムアルデヒド，メタノール，ギ酸を含む水溶液）の主成分であるホルムアルデヒドはフェノール，尿素，メラミンと反応し，それぞれフェノール樹脂，尿素樹脂，メラミン樹脂を与え，これらを総称してホルマリン樹脂という（**表**8.3）。

表 8.3 ホルマリン樹脂

ホルムアルデヒド	フェノール	尿素	メラミン
H–C–H ‖ O	OH（ベンゼン環、矢印3か所）	H_2N–C–NH_2 ‖ O（矢印4か所）	トリアジン環にNH_2が3か所（矢印6か所）

熱反応により，表中の矢印の位置（フェノールは3か所，尿素は4か所，メラミンは6か所）がホルムアルデヒド由来のメチレン基（CH_2）で結ばれるため，いずれも三次元的に成長し，不融不溶となる。したがってこれらは熱硬化性樹脂と呼ばれ，これまで述べてきた熱可塑性樹脂と区別される。ホルマリン樹脂は一般に強度，耐熱性に優れており，フェノール樹脂はさらに電気絶縁性もよいので，配電板などに使用されるほか，積層板として，プリント配線基板などの電気部品を中心に広く使われている。

尿素樹脂（ユリア樹脂ともいう）は安価であり，ホルマリン樹脂中で最も需要が高く，成形品としては食器やお盆のほか，電気部品や雑貨（ボタン，容器類のキャップ，文具，各種ケース類など）がおもな用途となっている。低重合体は木材との接着性がよく，かつ安価であるため，合板用の接着剤としても多量に消費されている。しかしいずれも微量に発生するホルムアルデヒドの毒性が問題となることがある。

メラミン樹脂は尿素樹脂に比べると高価であるが，樹脂成形品中では表面硬度が最も高く，美しい光沢をもつので，家具，机の天板などの化粧板の表面部分，食器，日用品などに用いられる。

8.4　使い終わったプラスチック材料

前節で見たとおり，われわれは生活の中でじつに多くの種類のプラスチック

8.4 使い終わったプラスチック材料

を使用している。また、プラスチックの使いみちは多岐にわたっており、家電製品、建築物、自動車部品、家庭用品、機械部品、農業用品、玩具などあらゆる場所に使われている。しかし、日本では包装材料として使う量が最も多く、全プラスチック消費量の30％を占めている。プラスチック製品は、多くの場合数年から10年以上は使用されたのちに廃棄物になるのに対し、包装用プラスチックは寿命が短いため、プラスチック廃棄物として大きな位置を占めている。現在、排出されたプラスチック全体の49％が焼却、41％が埋め立て、10％が再生利用されている（1994年の調査）が、経済産業省は21世紀初頭における最終目標として、再生利用を20％、ごみ発電、燃料化などによるエネルギー資源としての利用を70％とし、埋立て処分を10％以下にするとしている[5]。このうち、再生利用、エネルギー資源としての利用（再資源化）がリサイクルと呼ばれる。プラスチック排出量は産業系で337万1千トン、都市系で418万7千トン、合計755万8千トン（1993年、(社)プラスチック処理促進協会）といわれるが、その大部分はポリエチレン（PE）、ポリプロピレン（PP）、ポリスチレン（PS）、ポリ塩化ビニル（PVC）、ポリエチレンテレフタレート（PET）である。

廃棄物・リサイクル対策の優先順位はつぎのようになろう[6]。

① 使用量をできるだけ減らし（reduce）、廃棄物の発生を抑制する。
② 使用済製品はできるだけ再使用（リユース：reuse）する。
③ 回収したものを再生素材として利用するリサイクル（マテリアルリサイクル：material recycle）を行う。
④ 劣化などにより再生素材として利用できなくなったものは、化学的処理によりモノマーに戻す（ケミカルリサイクル：chemical recycle）。
⑤ それが技術的に困難な場合や、環境への負荷の程度などの観点から適切でない場合、環境保全対策に万全を期した上で廃棄物をエネルギーとして利用する（サーマルリサイクル：thermal recycle）。
⑥ 最終的に排出された廃棄物については環境に配慮した埋立てなどの適正な処理を行う。

164   8. プラスチック材料と生活技術

それぞれの項目について，特に生活に関連したプラスチック廃棄物対策について述べる。

8.4.1 使用量の削減

上記項目の中で，①の使用量の削減以外はすべて回収，資源化のためのエネルギーを要するのに対し，容器包装の使用量を減らすことができれば，その製造エネルギー，輸送エネルギー，廃棄に要するエネルギーをそれぞれ減らすことができる。リサイクルさえできればよいという考え方は間違いであり，リサイクルにはかなりのエネルギー消費と環境への付加を伴うことを念頭に置かなければならない。

洗剤など生活用品製造業のなかにはすでに容器包装使用量の削減に取り組んでいる企業がある。これまでプラスチック製ボトルを使用した製品の詰め替え用として，プラスチックフィルム製の簡易容器（パウチ）や紙製のパックの使用が広く知られているが，強度が小さいなどのパウチの欠点を改良した詰め替え用の薄肉ボトルがコンピュータシミュレーションによって設計されている。特殊形状とすることにより，パウチとほぼ同じ重量であるが，縦方向の圧縮強さが大きくなり，また，使い終われば簡単に押しつぶすことができ，捨てるときにかさばらないという長所がある。このような軽量で押しつぶしやすいという薄肉ボトルが日用品容器として注目されている。

8.4.2 使用済み製品の再使用（リユース）

1994年12月に策定された環境基本計画においては，使用済み製品の再使用は「廃棄物の発生抑制」についで採るべき対策として位置付けられている。また，1995年6月に公布され，1997年4月から本格的実施に入った「容器包装に係る分別収集及び再商品化の促進等に関する法律」（容器包装リサイクル法）においても，事業者および消費者の責務として，容器包装廃棄物の排出を抑制するため，繰り返して使用することが可能な容器包装の使用などについての努力義務が規定されている。

8.4 使い終わったプラスチック材料

ヨーロッパではドイツを中心にプラスチックのリユースに力を入れており，プラスチック容器を何回でも繰り返して使用する方向に動いている。ドイツでは1993年からガラスビンに代わってポリカーボネート製の牛乳ビンが採用されている。使い終わったビンは牛乳業者により回収され，工場で洗浄されて50回から100回の再利用がされている。ポリカーボネートビンはガラスビンに比べて約4分の1の重量であり，輸送費用の面でも大幅なコストダウンが達成されている。

環境省（旧環境庁）では1996年度から，プラスチック製のリターナブル容器の普及を図るためのモデル事業を実施してきた[7]。メーカ，流通事業者など広く参加事業者を募りつつ，モデル事業の設計に着手しており，設計に当たっては，リターナブル容器の素材（ポリカーボネート）および中身商品（ミネラルウォータ，ウーロン茶など）を決定した。その後，ドイツからポリカーボネート容器を輸入し，この樹脂の素材および再使用段階での安全性について研究を行ってきたが，熱湯，油，アルコール，酢による試験で，ポリカーボネートの原料であるビスフェノールAが微量ではあるが溶け出すことがわかった。ビスフェノールAは環境ホルモン物質とされ，微量でも生殖障害を引き起こす恐れがあるため，環境省はプラスチック容器の再使用モデル事業を中止することとなった。ここでも環境問題の難しさが浮き彫りにされた。

8.4.3 マテリアルリサイクル

廃プラスチックから再びプラスチック製品をつくることをマテリアルリサイクルと言っている。前節で見たように用途に応じて非常に多種類のプラスチックが使用されているが，技術的にはどのプラスチックもリサイクルは可能である。すなわち，熱可塑性樹脂である限り，加熱により溶融流動化させ，成形加工して新たなプラスチック製品とすることができる。しかし，一般に複数のプラスチックが混在したまま成形加工すると機械的強度が低下してほとんどの使用に耐えないことがわかっている。

プラスチックといっても，一方では冷蔵庫，テレビ，オーディオ機器，自動

車などに使われるプラスチックは場合によっては10年以上使用されるものがある。当面の問題は食品や日用品の容器や包装に使われる使用時間の短いプラスチックであり，これらの容器や包装材で，ごみのなかの廃プラスチックの88％を占めている。

容器包装材に使われるプラスチックの殆どは，ポリエチレン (HDPE, LDPEおよびLLDPE)，ポリプロピレン (PP)，ポリスチレン (PS)，ポリ塩化ビニル (PVC)，ポリエチレンテレフタレート (PET) の5種類であり，生活者はこの5種類に特に関心をもつ必要があろう。

「容器包装リサイクル法」は再生資源としての利用が可能な缶，びん，プラスチック容器などの容器包装廃棄物についてリサイクルを促進することを目的として制定されたものである。市町村が収集したごみのリサイクルはこれまで市町村の負担により行われてきたが，同法は，容器包装廃棄物について，消費者，市町村，事業者が責任を分担することにより，それぞれがごみの減量化，リサイクルの推進に積極的に取り組む社会システムの構築を目指すというものである。これまで市町村まかせだったごみ処理のうち容器包装廃棄物についてはリサイクルの責任を事業所や消費者にまで広げた画期的な法律といえる。したがって，容器包装リサイクル法の円滑な施行を図るためには，市町村，消費者，事業者の三者が協力して，それぞれの役割を果たすことが重要である。

同法では容器包装廃棄物を金属，ガラス，紙，プラスチックの4種類に分類しているが，プラスチックについては，ペットボトルとその他に分けられている。すでに1997年4月からガラスビンとペットボトルを対象に施行され，2000年4月にはその他のプラスチック製容器包装と紙製容器包装も対象となった。ここで消費者は市町村の指導により分別排出に協力する責任がある。まず，1997年4月からは，プラスチック廃棄物のうちペットボトルが対象となったが，飲料用，酒類用，醬油用の3種類に限られ，食用油用，ソース用，洗剤，シャンプー，化粧品，医薬品用は排出ペットボトルに入れることはできない。消費者はペットボトルからキャップをとり，中を水洗いし，足で踏みつぶして排出することになっている。市町村はこれを回収後，事業者が加熱溶融し

てペレットとし，再商品化を進めることとなる。再生品の用途は，シート，非食品ボトル，繊維製品の順に多く，その他，フィルム，射出成形品などにも使用されている。ポリエチレンテレフタレートはもともと繊維用高分子として開発されたものであり，ポリエステル繊維の原料に廃ペットボトルから得られるペレットを用いることは技術的に問題はない。繊維メーカはPET再生繊維利用の不織布，ワイシャツ，ユニホーム，作業着の生産を行っており，自動車用フロアマット，吸音材などへの用途拡大も図られている。

2000年4月からはその他のプラスチック製容器包装も対象となったが，発泡ポリスチレン（発泡スチロール）については，溶融してリサイクルビーズとしたり，再生ペレットにして玩具，植木鉢などの射出成形品に利用されている。発泡スチロールのリサイクル率は年々増加し，1996年のリサイクル率は28.7％に達している。最近では，みかんなどの柑橘類(かんきつ)の皮に含まれるd-リモネン（無色の液体で，比重0.84，沸点177℃前後，水に不溶，アルコールに可溶）がポリエチレン，ポリプロピレンなどを溶かさないで，ポリスチレンを速やかに溶かすことが見い出され，すでに発泡スチロールの再資源化の実験が始まっている。

8.4.4　ケミカルリサイクル

前節で述べたように，プラスチックや合成繊維を形作る分子（高分子，ポリマー）はすべてモノマーと呼ばれる低分子を線状につなぎ合わせる（重合させる）ことによりつくられ，この線状の高分子がたがいに絡み合うことにより，プラスチックや繊維という強い材料ができる。使用済みのプラスチックは再び加熱溶融し，成形加工し直すことにより原理的には何回も繰り返し使用することができる。これがマテリアルリサイクルである。しかし，プラスチックを使用しているうちに，また，加熱溶融を繰り返すうちに，分子は切断されしだいに分子量が低下していく。分子量が小さい高分子からなるプラスチックは強度が小さいため，マテリアルリサイクルを繰り返していくと，使用に耐えないプラスチックになっていく。このような高分子は化学処理してモノマーまで完全

に戻して再利用することが行われている。これがケミカルリサイクルである。しかし，回収システムが十分に確立していないことや技術的な問題もあり，本格的な実用化はまだ先のことである。

前節で述べた高分子の中ではポリエチレンテレフタレート（PET）のケミカルリサイクルがすでに行われており，アメリカでは年産7万トンのプラントが稼動している。

PETをモノマーに分解する反応を解重合というが，現在，工業的に行われている解重合はメタノール分解（メタノーリシス），グリコール分解（グリコーリシス），加水分解（ハイドロリシス）の3種類である。

$$\left[\text{CO}-\text{C}_6\text{H}_4-\text{COO}-\text{CH}_2\text{CH}_2\cdot\text{O}\right]_n$$

$$\begin{array}{c}1\\\nearrow\\2\\\rightarrow\\3\\\searrow\end{array}$$

$H_3COOC-C_6H_4-COOCH_3 + HO-CH_2CH_2-OH$

$HOH_2CH_2COOC-C_6H_4-COOCH_2CH_2OH + HO-CH_2CH_2-OH$

$HOOC-C_6H_4-COOH + HO-CH_2CH_2-OH$

1：メタノール分解　2：グリコール分解　3：加水分解

繊維製品のケミカルリサイクルとしては，PETのほかにナイロンのケミカルリサイクルが行われている。衣料用ナイロンの殆どがナイロン66とナイロン6であるが，日本ではナイロン6が多く使われている。

$H_2N-CH_2CH_2CH_2CH_2CH_2CH_2-NH_2 + HOOC-CH_2CH_2CH_2CH_2-COOH$

$\longrightarrow \left[HN-CH_2CH_2CH_2CH_2CH_2CH_2-NH-CO-CH_2CH_2CH_2CH_2-CO\right]_n$

nylon 66

ε-カプロラクタム $\longrightarrow \left[NH-CH_2CH_2CH_2CH_2CH_2-CO\right]_n$

nylon 6

8.4 使い終わったプラスチック材料

ケミカルリサイクルの対象としてナイロン6が選ばれているが，これは，ナイロン66が2成分系であるため，解重合後の分離が困難であるのに対し，ナイロン6は1成分系であるので，モノマー（ε-カプロラクタム）の回収がしやすいためである。また，ε-カプロラクタムは原料価格が高いので，回収する価値は大きいとされる。

$$[HN-CH_2CH_2CH_2CH_2CH_2-CO]_n \longrightarrow \underset{\varepsilon\text{-カプロラクタム}}{\begin{array}{c}NH\\CO\end{array}}$$

nylon 6

繰り返しケミカルリサイクルができる衣料とするためには，ファスナーやボタンなどの付属品もナイロン6で作られていなければならない。ナイロンはプラスチックとしても利用できるので，すでに100％ナイロン化した衣料が作られている。現在，上記ケミカルリサイクルを行っている繊維メーカは製品回収が容易な官公庁，学校，企業などのユニフォーム分野を対象とし，一定期間使用後に回収される循環システムが確立されている。

8.4.5 サーマルリサイクル

マテリアルリサイクルやケミカルリサイクルが技術的に困難な場合や環境への負荷などの観点から適切でない場合，環境保全対策に万全を期した上でプラスチック廃棄物をエネルギーとして利用する。このように，焼却処理の際に熱エネルギーを利用する場合も一種のリサイクルであり，これをサーマルリサイクルと呼ぶ。サーマルリサイクルには，直接燃焼させて発電などによりエネルギーを回収する場合と，油化，固形燃料化，液体燃料化またはガス化する場合とがある。

大きな燃焼熱をもつ廃プラスチックを石油や石炭に代わる燃料として火力発電することは技術的に可能である。都市ごみの中のプラスチックは約10重量％であるが，分別収集には費用がかかるため，現在はプラスチックが混入した都市ごみを燃料にしたごみ発電が行われている。しかし，廃プラスチックを分

別収集する市町村が増えている現在,廃プラスチックを燃料とする発電の計画もある。

ポリエチレン,ポリプロピレン,ポリスチレンのような高分子量炭化水素は,熱分解により低分子量の炭化水素であるガソリンや灯油とすることは可能であるが,ポリ塩化ビニル樹脂やPET樹脂は油化が困難である。これまでは,産業から排出される廃プラスチックに対しては異物の混入を避ける管理が容易であるため,熱分解による油化が行われ,燃料油として使われてきた。しかし,現在,家庭からの廃プラスチックの油化も行われている。この場合,ポリ塩化ビニルを除去する作業が必要であったが,最近,廃プラスチックにポリ塩化ビニルが混入したままで油化処理ができる熱分解油化プロセスが開発されている。ここでは,熱分解の第一段階で脱塩化水素処理を行うことができるため,油の中に塩素は含まれない。

また,廃プラスチックを含むごみを固形化して燃料とすることにより,ごみの輸送性,貯蔵性,燃焼性を高める方法が注目されている。このような固形燃料を一般にRFD (refuse derived fuel) と呼んでいる。アメリカではRFDを,燃料として使用する形態により,粒状,ペレット状,液状,ガス状などの7段階に分類しているが,日本ではペレット状の成形ごみ燃料のみを指している。おもな製造工程は,破砕,乾燥,選別,成形の4段階からなる。産業および事業所から発生する廃プラスチックは問題にならないが,家庭ごみの場合,ポリ塩化ビニルやポリ塩化ビニリデンのような含塩素プラスチックを除かなければならず,消費者による分別が必要である。固形燃料は学校などの公共施設やホテル,病院などの暖房に使われている。

廃プラスチックなどの廃棄物の焼却およびサーマルリサイクルにはつねにダイオキシン対策に留意しなければならない。ダイオキシンはポリクロロジベンゾダイオキシンの略称であり,塩素の数と置換位置によって異性体は70種以上あり,その多くは猛毒物質であるが,特に2,3,7,8-テトラクロロジベンゾダイオキシン (2,3,7,8-TCDD) は人工化合物の中で最強の毒物として知られている。いずれも非常に安定な物質で,毒性は半永久的に持続するといわれ

る。ダイオキシンは，塩素化合物の存在下で有機物が燃焼するときに生成するというメカニズムが提唱されているが詳細はまだ明らかにされていない。塩素系プラスチックの焼却とダイオキシン発生量との関係の解明を急がなければならないが，疑いがある限り，塩素系プラスチックは焼却しないで回収するシステムを早急に確立すべきである。

2,3,7,8-TCDD

8.5 おわりに

現在，われわれは過去に類を見ない豊かで便利な生活を享受している。そこには有機化学の発展の産物であるプラスチックなどの合成高分子材料が大きく貢献していることは明らかである。プラスチックが生活材料の中で主役の地位を獲得したのは1960年代以降であるから，まだ30年あまりが経ったにすぎない。現在，家の中で周りを見回してみて，あまりにも多種多様のプラスチックが使われていることにあらためて驚かされる。プラスチックが使われる以前はなにが使われていたか思い出すことも難しいし，また，もしプラスチックが使えなくなればわれわれの生活はどうなるだろうか考えるのも恐ろしい。美しく，軽くて丈夫，安価で成形容易という性質が木材，紙，金属，ガラス，せとものに急速に置き換わっていったのである。特に台所には，ラップ，食品トレー，買い物袋，ペットボトルなど使い捨て商品に満ち溢れている。寿命の長い製品を使っているうちは問題は少なかったが，プラスチックが台所に侵入した時点で急速に問題が表面化していった。魚市場で使われる発泡スチロール箱，スーパーマーケットで使われるようになったラップは流通革命を引き起こし，われわれは毎日新鮮な食品を安心して食べられるようになった。プラスチックのこの功績はきわめて大きい。しかし，1回だけの使用で廃棄となる製品が環

境に及ぼす影響はあまりにも大きい。人間は縄文の時代からなんの疑いもなく使い捨ての生活を送ってきた。あまりにも安定で生分解しないプラスチックを大量に使い捨てることができないのは当然である。もし，われわれがこれを循環して使うことができれば過去に例を見ない循環社会を構築することができるのである。有機化学の知識によって得ることができた便利なプラスチックをマテリアルリサイクルまたはケミカルリサイクルによって繰り返し使用する循環システムを，有機化学の知識によって作り上げなければならないし，また，プラスチックであるからこそ，それが可能なのである。

　理想的なシステムを作り出すには時間がかかるにしても，とりあえず，消費者は，プラスチックに対する化学的知識をもち，使い捨て製品はできるだけ使わず，分別排出に協力し，できるだけ再生製品を購入することが大切であろう。

⑨ 感覚性能の客観的評価とアパレル技術

9.1 感覚性能の客観的評価

9.1.1 人間と触れて使われる材料

われわれの身近には生活に関係する多くのものがある。これらの中で，衣服はつねに最も身体近辺で使われる。さらに室内装備，自動車，いろいろな道具類など，こうしたものに使われる材料はそれぞれの用途に適合した性能をもつことは言うまでもないが，これらの材料に共通する重要な性能がある。それは，それらの材料と，生活者である人間との，特に人間の感性との調和である。身の周りにある，人の手が触れる機会の多い材料には，必ずこうした人間の感性との調和が重要な性能としてかかわる。川端季雄[1]はこうした材料を感性材料（human interactive material）と定義している。このような人間との接触の機会の多い感性材料ほど，この調和が材料性能，または品質に占める重要性が高い。

感性材料では，用途からみた実用性能，例えば強度，耐久性などがある程度満たされていると，むしろ人間の感性との適合性能を重視し，その優れたものが求められるようになる。感性との適合とは，その材料が人間に好まれることであるが，その根源は，人間にとって精神的次元，身体的次元のいずれの快適性にもつながっているようである。触って柔らかな感触のものが一般に好まれ，英語でも soft "柔らかい" は快い感じで pleasant と同義語である。ただし，柔らかいという感覚内容は，材料の用途と関連して微妙に異なる感覚とし

て評価され，単純ではないが，共通にみられる基本感覚である。

　感性材料の典型例である被服材料は，絶え間なく手や身体と接触し，皮膚感触のみならず身体の動きに直接かかわる。これには，表面接触感覚に加えて，身体の動きに対する快適さ，動きやすさをもたらす柔らかさが要求され，それらの材料で作られた製品の総合的な快適性能が被服材料の性能として評価される。

　被服材料の大半は繊維でできた布で，それらの実用品についての感性性能はその使用経験がないと判断できない。その判断には経験が必要である。高熱物体に触って熱いと感じるのは本能的に人間に備わった経験であるが，被服材料の良さの判断にはさらに訓練による経験の集積が必要である。

　人間と触れて使われる材料の性能評価は，人間の五感，なかでも触覚・視覚によってなされる。特に人体を覆い包む布の性能評価は，いわゆる風合い評価で，人間との適合性が評価対象となる。すなわち，人体の動きとその適合性，皮膚接触時のなめらかさ，身体と布との間の空間形成能などの力学的適合性と，熱・水分の移動特性を通じての人体熱バランスとの生理的適合性である。

　このうちの力学的適合性については布を手で触って評価する。手で，物に触れることによって多くの情報を取り入れ，この感覚に基づいて脳が価値判断や分別など情報処理を同時に並行して行っている。また，布の力学的性質の一部分は布を重力場で釣り下げるときの曲面形成，いわゆるドレープに反映することから目視によっても推察できる。これは布と人間との力学的適合性についての人間側からの判断で，換言すれば布という材料と人間の機能とのかかわりに関する判断である。

　被服材料は，そのほとんどが有機高分子からなる繊維状の材料である。これは低い熱伝導率に，繊維集合体のもつ熱遮断性と通気性が人体の熱バランスにうまく利用され，軽くて強い繊維の特性と相まって人体の保護に有効に用いられてきた。そして，その歴史は数千年以上に及ぶとされている。繊維の細さゆえに，それを束ねた糸や，その糸で織った布がしなやかでたわみやすく，また適度の伸びやすさをもつので人体の運動を妨げない。また繊維の細さによる柔

軟性のために表面の触覚が柔らかく，なめらかで，これが人間に心地よい肌触りとして適合してきた。

9.1.2 感性性能としての風合い

布表面と皮膚の接触感覚は，布の風合い (hand, handle) の重要な一部分をなしていることは確かであるが，風合いは表面感だけでなくもっと広く，被服材料としての良さをもとらえている。すなわち，布の曲げ剛さ，弾力など多くの布の力学的性質が風合いに関係しており，これらはいずれも被服と人間との適合性にかかわっている布の物理的性質である。これをわれわれは布に触って，あるいは摑んで変形させながら感じ取り，被服材料としての人間への適合性を判断し，そうした性質から感じる布の性質を"布の風合い"と呼んできた。

産業革命後，繊維製品の製造が工業化され，その性能設計が検討され始め，1930 年，Pierce[2]は，布の風合い設計の重要性，風合いが布の力学的性質と関係することを指摘した。人類が経験をもたなかった合成繊維などの新しい繊維の出現に伴う布の風合いの変化，繊維製品製造工程の高速化による風合い変化などは，風合い設計研究の要請の高まりであり，繊維に関係する研究者のみならず生活者としてもその重要性を認識し，関心をもつ事柄となってきている。

こうした感性性能の重要性にもかかわらず，その評価は人間の感性が関与するだけに，温度や重量測定のように客観的な方法では評価できず，長い間，主観的な方法で評価されてきた。このため風合いの評価は曖昧なものとされ，このような感性がかかわる評価は科学的研究対象とみなされなかった。

今世紀，特に後半の技術の目標は高速生産，省力生産，均質製品の生産にあって，技術者は質，量ともそうした研究に集中したが，現在でもこうした状況は本質的に変わらない。しかし今日では，無駄な量産によるエネルギー消費を避け，本質的な性能が優れた製品のみを高度の技術で生産し，質的に高水準の消費時代に製品を合わせる時代に向かって変革しつつある。

これまで布の感性性能は強度や染色堅牢度のように客観的測定による評価が

されていないので，人々は布の手触りによって主観的につかむほかはなかった。すなわち，布と人間との適合性を手触りから受ける感触によって探った。その感触を布のいくつかの性質としてまとめ，さらにそれら諸性質を総合して良さが評価された。布のこのような性質を人々は布を触って感じ取ったのであるが，誰もが自分で感じ取るわけであるから当然ながら一人ひとりが風合いの判断の基準を自分なりにもっている。その各人の基準には人間としての共通的な快適性感覚からくる普遍性の存在することは考えられるが，布を見て，服を着用したときの快適性，美しさの予測は経験のもたない人の直感では不確かなものであり，ここで人による判断のばらつきが生まれ，風合いが不確かなもの，科学の対象とならないものとみなされてきた理由がある。

9.1.3 風合いの主観評価

風合いとはいかなる評価か，どのようなときに問題にされるかに対しては，使用に際して，①直接身につけるか，あるいは②手足に触れる機会の多い用途に用いられる材料において風合いが問題にされる。どのような性質が関係するのかに対しては，材料の力学的性質が判定の主たる対象である。だれが真に判定できるのかに対しては，その材料の力学的性質を使用時の性質との関連において熟知する人が風合いの真の判定者である。

以上から，風合いが議論されるすべての材料について共通の判定基準はなく，その材料の用途に応じて異なった力学的性質が風合い判定のうえでそれぞれ重く取り上げられている，または材料の用途に応じてそれぞれに適合した力学的性質を有するかどうかが風合いの良否を決める[3]。結論として，風合いとは，材料と人間との適合性についての材料性能評価であると考えられる。布の風合いというと，とらえどころのないもので情緒的にとらえる人が多い。また，「感性」という包括的な表現で意味不明の認識をしている人も多い。しかしこれは，上述の人間の機能とのかかわりをもつ，重要かつ基本的な材料性能評価である。以上の仮定が風合いの客観評価技術開発の背景となっている[4,5]。

9.1 感覚性能の客観的評価

1972年,日本繊維機械学会の研究委員会として,風合い計量と規格化研究委員会（Hand Evaluation and Standardization Committee：HESC）が組織され,風合い判断の熟練者の組織による風合いの標準化と並行して,上述の仮説を背景に布の基本的力学特性から風合いを客観的に評価する計画が進められた。風合いを比較的確実に判断できる人をまず見い出すことが客観的評価への第一歩で,製品性能を良く知る職業的な熟練者が選ばれている。

風合いには熟練者でも個人によって判断内容や風合い感覚の強さの度合いのとらえ方に差があることより,まず初めにその標準化がなされた。図9.1 は,熟練者の主観判断過程[6]を示す。手で布を触り,その感覚から布の性格を"こし","ぬめり"など,いくつかの表現によってとらえ,さらにこれらの総合によって品質の総合的判断を行う。場合によっては品質に代わって絹様,木綿様というような属性表現をする総合評価もある[7]。前者の布の性格を表す風合いを基本風合い（primary hand）と呼んで,その重要なものを選び,内容の定義と標準感覚強度の度合いを示す標準試料[8]が選定された。

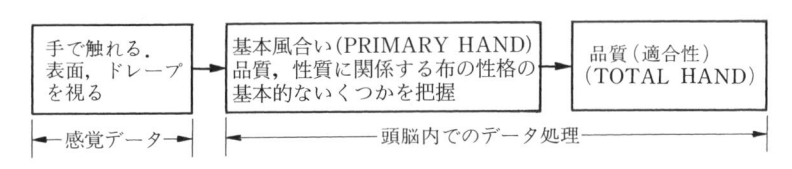

手で触れる.表面,ドレープを視る	基本風合い（PRIMARY HAND）品質,性質に関係する布の性格の基本的ないくつかを把握	品質（適合性）(TOTAL HAND)
├─感覚データ─┤	├─────頭脳内でのデータ処理─────┤	

図9.1　熟練者による布の風合いの主観的判断過程[6]

秋・冬用途の服地についてつぎの三つの基本風合いにしぼられた[5]。

こし：曲げ剛さと弾力感。衣服の形態と,衣服と身体の間隙を保つ

ぬめり：表面の柔らかさと,滑らかさ。カシミヤ繊維の布の感触

ふくらみ：布内部の空隙のある膨らみ感。内部の柔らかさと,滑らかさ

これらが総合されて風合いの良さが判断される。

夏用途の服地には"ぬめり"に代わって

しゃり：表面の粗面からくる涼感。粗面が汗で湿った肌と服地の密着を断つ

はり：張る性質。身体と衣服との間の間隙を大きくし,空気を通す

が加わり，四つとなる。

これら基本風合いは情緒的なものでなく，人間と布との間の適合性を判断するための評価手段，あるいは情報伝達の用語として用いられている。

9.1.4 風合いの数値化

各基本風合いについて，その感覚の強弱の度合いの基準を作る作業を図9.2のように3段階法の繰り返しで行われた。数百点の市販布を収集し，例えば，"こし"感覚について各熟練者がそれらを強いもの，弱いもの，そして中間の3群に主観判断し，さらに各群について同様に3群，合計9群に分ける。最高のランクの群から特に強いものを，また最低ランクから特に弱いものを分離し，先の9群と合わせて11群とする。隣り合う群間で若干の調整を行って，各熟練者がその結果を持ち寄り，各群から熟練者間の一致度の高い試料を選び出し，これらを主観判断基準試料としている。そして高いランクから群に10，9，8，…，1，0の数値をつけ，これを風合い値 (hand value：$H.V.$) としている。各基本風合いごとにこの作業を行い，その数値となる標準試料が抽出され，基本風合いの標準試料の複製[8]が刊行されている。

以後，この標準試料のもつ風合いを基準にして基本風合いの感覚を把握し，国内外においても，共通認識を多くの技術者で共有することができるようにな

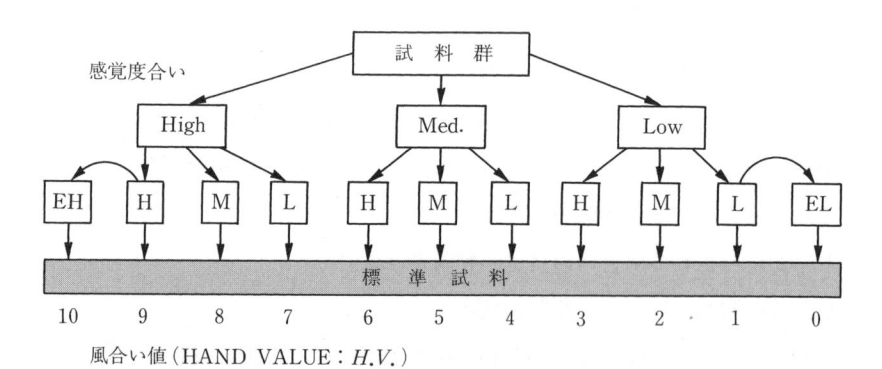

図9.2 基本風合いの標準化作業と数値化[6]

った。さらにこれら標準試料の風合いと新しい試料のそれを手触りで比較することで，新しい試料の風合いの強弱を数値化できるようになり，これが風合い客観測定実現の大きな原動力となった。

総合品質判断である，風合いの良さ，すなわち良い風合いの評価は，同一用途の母集団試料について図9.3のように基本風合いと同様に3段階法で良い，悪い，中間に分類，さらに良い群から特に良いもの，悪い群から特に悪いものを分離して合計5群に分離し，上位群から5（優秀），4（良い），3（平均），2（平均以下），1（悪い）の数値を付してこれを総合風合い値（total hand value：$T.H.V.$）と名付けられている。秋冬スーツ地に関する$T.H.V.$の標準試料集[9]はすでに刊行されており，世界各国で使用され，気候風土の異なる国においても人間の共通の感覚でとらえられることが判明している[10]。

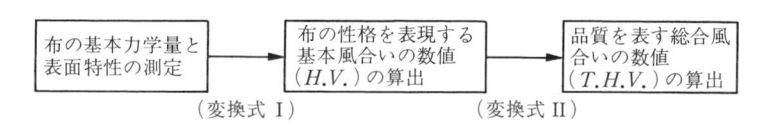

布の基本力学量と表面特性の測定	布の性格を表現する基本風合いの数値（$H.V.$）の算出	品質を表す総合風合いの数値（$T.H.V.$）の算出
	（変換式Ⅰ）	（変換式Ⅱ）

図9.3 布の風合いの客観的評価システム[6]

これらを基準にして感性性能としての品質の評価の準客観評価が可能になった。主観評価に経験がなくても，これら標準試料と比較してつぎのように一つの服地の風合いを評価できる。例えば，$KOSHI$：4.5，$NUMERI$：6.3，$FUKURAMI$：5.5，$T.H.V.$：3.5というように数値で表現できる。ここで，風合い表現をローマ字表現にしているのは標準化された基準[8]に基づく風合いであることを示す。小数点以下の数字は，直感的に比例配分した数字か，あるいは数人による評価の平均値を採用したときにも生じる。

以上のようにして，感覚を伝える標準試料と，数値による基本風合いの強弱の感覚表示が可能になり，さらに数値による総合風合い（品質風合い）の表示も実用化した。この数値化は風合いの客観的評価への発展に大きな威力を発揮してきた。

9.1.5 風合いの客観的評価法

図 9.4 に，図 9.1 に示した主観評価を客観的評価におきかえたシステムを表している。手触りに変えて基本的力学特性を計測し，変換式により $H.V.$ に変換し，さらに $T.H.V.$ に変換する。

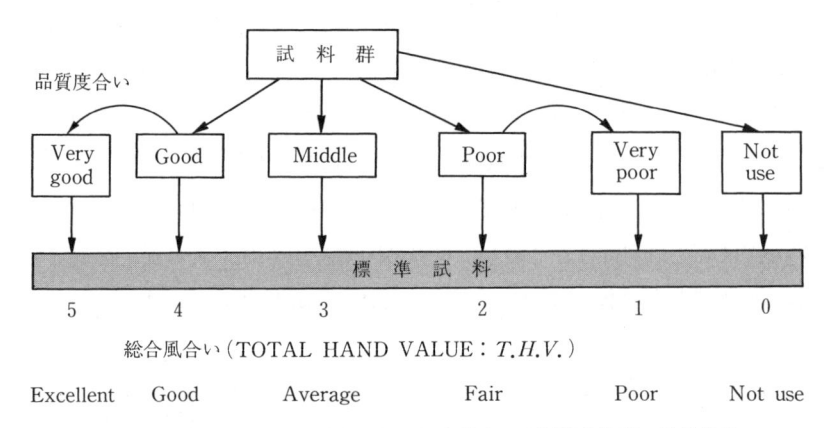

```
品質度合い        試料群
         ┌──┬──┬──┬──┬──┬──┐
      Very  Good  Middle  Poor  Very  Not
      good                       poor  use
         │   │    │    │    │    │
         ▼   ▼    ▼    ▼    ▼    ▼
    ━━━━━━━━━ 標 準 試 料 ━━━━━━━━━
      5    4    3    2    1    0
        総合風合い (TOTAL HAND VALUE : T.H.V.)
    Excellent  Good  Average  Fair  Poor  Not use
```

図 9.4 品質をみる風合いとしての総合風合いの標準化作業と数値化[6]

布風合いは，おもに手触りによって判断されるが，これは布に加えた力とそれによる布の変形との関係，すなわち力学的性質と，これも広義の力学的性質であるが，布表面の摩擦感をもたらす摩擦特性，幾何学的な粗さ特性などが関係する。したがって，客観的評価にはこうした性質を測定して前述の $H.V.$ さらに，$T.H.V.$ に変換する方法をとる。

力学量を風合い値に変換するのに，風合い値が人間の判断であるだけに人間と離れての純客観的方法は現状では不可能である。人間の判断の模擬しかない。それにはインプット（力学応答）とアウトプット（主観風合い判断結果）との関係を統計的方法によって結ぶ以外にない。多重回帰方式は，基本的には熟練者の判断法を重視し，さらに応用を考えて，例えば，三つの基本風合いから $T.H.V.$ を導くのに，基本風合い間には相関があり，統計的には一つの基本風合いを除去することも可能であるが，この三つを同じ重みで取り扱うことを原則とする。この理由は，この三つが相互に，たとえある程度高い相関があっ

ても，その三つはそれぞれが独立した意味をもち，布の性格をとらえるのに必要とされて使われてきたことによる。また，力学量から風合い値の導出についても，三つの基本風合いには重要度は違っても，布のすべての変形特性がかかわっている。一つの基本変形を無視することは前述の場合と同じように危険である。また変数相互間の相関関係が布設計に役立つ場合が多い。

力学量から風合い値への変換式 I を導く回帰方式はブロック残差回帰方式を採っている[5,11]。風合いにかかわる力学変数 $X_i (i = 1, 2, 3, \cdots, 16)$ は**表9.1** に示した六つの特性ブロックからなる。主観判断値 $Y_k (k = 1, 2, 3)$ を各ブロックごとにブロック内の力学量で別々に線形回帰し，最も回帰精度の高い

表9.1 風合いの客観的評価に使う布の力学特性とパラメータ[1,4,18]

特性値	内　容	単　位
引張り特性*		
LT	荷重-伸長特性の直線性	――
WT	引張りエネルギー	N/m (gf・cm/cm²)
RT	引張りレジリエンス（弾力性）	%
EM**	500 gf/cm 荷重での伸びひずみ	%
曲げ特性*		
B	曲げ剛性	$\times 10^{-4}$ N・m (gf・cm²/cm)
$2HB$	曲げヒステリシス（非弾力性）	$\times 10^{-2}$ N・m (gf・cm/cm)
せん断特性*		
G	せん断剛性	N・m・deg (gf/cm・deg)
$2HG$	せん断角0.5度での力のヒステリシス	N/m (gf/cm)
$2HG5$	せん断角5度での力のヒステリシス	N/m (gf/cm)
圧縮特性		
LC	荷重-圧縮特性の直線性	――
WC	圧縮エネルギー	N/m (gf・cm/cm²)
RC	圧縮レジリエンス	%
表面特性*		
MIU	平均摩擦係数	――
MMD	平均摩擦変動量（摩擦粗さ）	――
SMD	平均表面凹凸	μm
構　造		
T	布厚み	mm
W	布重量	$\times 10$ g/m² (mg/cm²)

〔注〕　*：経，緯　方向の平均値
　　　**：風合い計算には使用しないが，ほかでよく使用される特性値

ブロックを選び出す。その回帰値を $\tilde{Y}_k$ として，その誤差 $(Y_k - \tilde{Y}_k)$ を残りの各ブロックごとに再び同様に回帰し，回帰精度の最も高いブロックの回帰式を最初の回帰式に加算して新しい回帰式とする。このプロセスを順次繰返し最後のブロックに至る。このブロック順を保持しつつブロック内での変数について同様に残差回帰を上位ブロックから順に行い，式を完成させる。これは，各ブロックがブロック内のいくつかの力学量によって一つの力学特性を表しているので，これら変数グループを分離させずにまとめながら，また力学量間の相関の影響を除去しながら全力学量を使う方式である。結果としてつぎのような線形式を得る。

$$Y_k = C_{k0} + \sum_{i=1}^{16} C_{ki} x_i \tag{9.1}$$

$$x_i = \frac{X_i - m_i}{\sigma_i} \tag{9.2}$$

Y_k：k 番目の基本風合い値

X_i：i 番目の力学量

x_i：i 番目の力学量，母集団平均値，標準偏差で規格化したもの

m_i：i 番目の力学量の母集団平均値

σ_i：i 番目の力学量の母集団標準偏差

C_{k0}, C_{ki}：定数係数，各基本風合いで異なる

基本風合い値から $T.H.V.$ への変換式Ⅱは，前述のように各基本風合いは同じように重要であること，それらの間に相関はあっても基本風合いの数は冬服地で3であり，相互の相関の存在の下で熟練者が判断していることを考慮し単純多重回帰を行っている。ただし最適値の存在を考え，各風合い値の2乗値を新たに変数として加えている。

$$T.H.V. = C_0 + \sum_{k=1}^{n} Z_k \tag{9.3}$$

ただし，C_0 は定数，n は基本風合いの数，冬服地では3である。Z_k は k 番目の基本風合いの $T.H.V.$ への寄与を表し

9.1 感覚性能の客観的評価

表 9.2 布の基本力学特性から基本風合い値 $H.V.$ と総合風合い値 $T.H.V.$ への変換式の変換係数(紳士冬用スーツ地)[1,5]

(a) 基本風合い値 $H.V.$ 式 (KN 101-W)

Mechanical parameters	C_{ki} Smoothness (NUMERI) $C_{k0}=4.7533$	Stiffness (KOSHI) $C_{k0}=5.7093$	Fullness (FUKURAMI) $C_{k0}=4.9799$	紳士冬用スーツ地の母集団 ($N=214$) m_i	σ_i
Tenisle	(5)	(4)	(3)		
LT	-0.0686	-0.0317	-0.1558	0.6082	0.0611
$\log WT$	0.0735	-0.1345	0.2241	0.9621	0.1270
RT	-0.1619	0.0676	-0.0897	62.1894	4.4380
Bending	(4)	(1)	(6)		
$\log B$	0.1658	0.8459	-0.0337	-0.8673	0.1267
$\log 2HB$	0.1083	-0.2104	0.0848	-1.2065	0.1801
Shear	(3)	(2)	(4)		
$\log G$	-0.0263	0.4268	0.0960	-0.0143	0.1287
$\log 2HG$	0.0667	-0.0793	-0.0538	0.0807	0.1642
$\log 2HG5$	-0.3702	0.0625	-0.0657	0.4094	0.1441
Compression	(2)	(5)	(1)		
LC	-0.1703	0.0073	-0.2042	0.3703	0.0745
$\log WC$	0.5278	-0.0646	0.8845	-0.7080	0.1427
RC	0.0972	-0.0041	0.1879	56.2709	8.7927
Surface	(1)	(6)	(2)		
MIU	-0.1539	-0.0254	-0.0569	0.2085	0.0215
$\log MMD$	-0.9270	0.0307	-0.5964	-1.8105	0.1233
$\log SMD$	-0.3031	0.0009	-0.1702	0.6037	0.2063
Construction	(6)	(3)	(5)		
$\log T$	-0.1358	-0.1714	0.0837	-0.1272	0.0797
$\log W$	-0.0122	0.2232	-0.1810	1.4208	0.0591

(1)~(6)は, $H.V.$ への寄与度の高い順位

(b) 紳士冬用スーツ地としての総合風合い値 $T.H.V.$ 式 (KN 301-W)
$C_0 = 3.1466$

k	Y_k	C_{k1}	C_{k2}	M_{k1}	M_{k2}	σ_{k1}	σ_{k2}
1	Smoothness	0.1887	0.8041	4.7537	25.0295	1.5594	15.5621
2	Stiffness	0.6750	-0.5341	5.7093	33.9032	1.1434	12.1127
3	Fullness	0.9312	-0.7703	4.9798	26.9720	1.4741	15.2341

$$Z_k = \frac{C_{k1}}{\sigma_{k1}}(Y_k - M_{k1}) + \frac{C_{k2}}{\sigma_{k2}}(Y_k^2 - M_{k2}) \tag{9.4}$$

Y_k：k 番目の基本風合い　　M_{k1}：Y_k の母集団平均値

σ_{k1}：Y_k の母集団標準偏差　　M_{k2}：Y_k^2 の母集団平均値

σ_{k2}：Y_k^2 の母集団標準偏差　　C_0, C_{k1}, C_{k2}：定数係数

定数係数の C 値は前述のように熟練者の風合い判断を基にして導き出したもので，数値化された熟練者の経験値である。その具体的な数値を表9.2に示している。ここで，定数係数群を導いた方法の要点は，200〜400点の市販服地の風合いを熟練者によって再度主観判断し，かつ全試料の力学量を測定してこれらデータの上述の多変量解析によって導かれている。回帰式を作るにあたり，試料数は少ないほど式の回帰精度は高くなるが，その式を新しい試料に適用したときの風合い値の予測精度は図9.5のように悪くなる。このような新しい試料に対して予測精度の高いことをその式の実力と呼んでいるが，変量数の少なくとも10〜15倍，できれば20倍の試料数が実力をもつ回帰式を作るのに必要である。これらの式の評価実力は，熟練者の評価の個人ばらつきの範囲内，平均値に近い予測実力をもち，これら変換式は広く国内外で実用されている。

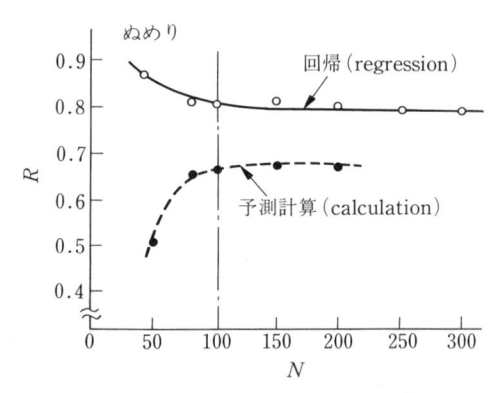

R：回帰値および予測計算値と主観評価値
　　との相関係数

図9.5　試料数 N の関数としての回帰
　　　および予測の精度[3]

9.1.6 基本力学量の測定

布の力学的性質は変形量と荷重が比例しない．すなわち，非線形の性質をもっている．したがって，衣服として着用するときの荷重や変形条件下で特性を測定しなければならない．その範囲は極低荷重範囲で，布の性質上測定の困難な領域である．また，できるだけ単純な基本力学量を選ばなければ，客観的評価の成果を布の設計につなぐことが難しくなる．どのような物理量を選ぶかは精度の高い客観的評価の実現にとって，もう一つの重要な要素である．各基本変形について，風合いと関連する低荷重域をこれまでの布の力学特性の基礎研究を基に表9.1のように選定している．すなわち，表面特性，摩擦特性も含んですべての基本変形を受けることから，すべての布の力学特性データは16個に及ぶ．

布の力学量の測定は，非線形性の顕著な低荷重領域での精密測定が必要で，多量の試料をなるべく短時間に再現性良く測定できることなどが重要となる．1972年，KES-F[12]（Kawabata evaluation system for fabric）が，研究用の装置として開発された．引張り特性と面内せん断特性を測定する装置，純曲げ測定装置，面内圧縮測定装置，表面摩擦と粗さ測定装置の4種類からなるシステムで，これによって風合い変換式の開発が進展した．近年はこうした測定が工場の製造管理のために製造ラインの近くで行われるようになり，測定のより高速，また操作の簡単さが要求されるようになって，最近では，完全自動測定システムが実用化され，測定操作誤差を伴わないきわめて高精度測定が可能となっている．この場合，測定力学量，測定の基本原理は変わっていない．また，布の力学量は，同システムで短時間に測定され，ただちにコンピュータで風合い値 $H.V.$ や $T.H.V.$ の解析結果が表示され，製品設計へ迅速な改良指示などができるようになっている[39]．

選ばれた表9.1に示す物理量[4,12,13]は，布の風合い設計や制御がしやすいように，すべて基本力学量が取り上げられている．これらの布の基本力学量は，繊維の力学特性，糸の同特性と，糸や布の繊維の集合構造を与えて誘導する理論的研究もすでに並行して進められてきている[14]．

手で触れるときの布の変形や布にかかる荷重，モーメントなどはきわめて小さく，しかも微小荷重域で変形しやすい非線形性をもち，さらに布の変形には繊維間摩擦に基づくヒステリシスを伴うが，これらが布の品質や性能と大きくかかわることが見い出されている。KES-Fシステムはこれらの特性を精密に，かつ簡単に計測できるように設計されているので，布の風合い評価以外にも次節9.2で述べるアパレル縫製工程設計や制御など広い範囲で，また皮革フィルム，紙などの測定にも応用されている。特に表面の性質は，指の指紋を模擬した接触子で布表面を走査し，平均摩擦係数と摩擦係数の変動を計測，その信号はフィルタを通して人間が手で布など物体の表面を触って擦るときの速度に換算され，さらに粗さや滑らかさに最も敏感な周波数帯域のみを取り上げて人間の感覚に接近させるよう配慮されている[12]。

力学量を風合い値へ変換する変換式は，衣服の用途別に多数の布がHESCによって収集され，熟練者による主観的風合い判断がなされ，一方ではこれら用途を異にする布に最適の基本物理量の計測条件が検討され，用途別の布集団の計測がなされ，これらの統計処理によって図9.4の変換式Ⅰおよび変換式Ⅱが導かれている[5]。

変換式Ⅰ，Ⅱは，現在用途別の布について導かれているが，風合い感覚への力学量の寄与は用途が異なっても共通性が見られることより，式の統一化が図られている。さらに，客観的評価法は風合いの詳細な内容を数値で示し，また力学量との関連も明確に示すことから，これらの力が新しい風合いをもつ布や，高品質の布の設計，開発に役立つ新しい技術として有用されている。

9.1.7 客観的評価法のほかの材料への応用

布に開発された上述の変換式は，手足に触れて用いられるソフトな材料，例えば，皮革類，自動車の内装材料，ティッシュペーパーなどすべて共通していることが最近わかってきている[15]。図9.6は快適な触感をもつと評価されたティッシュペーパーとそうでないものとが，紳士冬用スーツ地の$H.V.$および$T.H.V.$式を用いて，ティッシュペーパーの力学量から明確に判断される例を

9.1 感覚性能の客観的評価

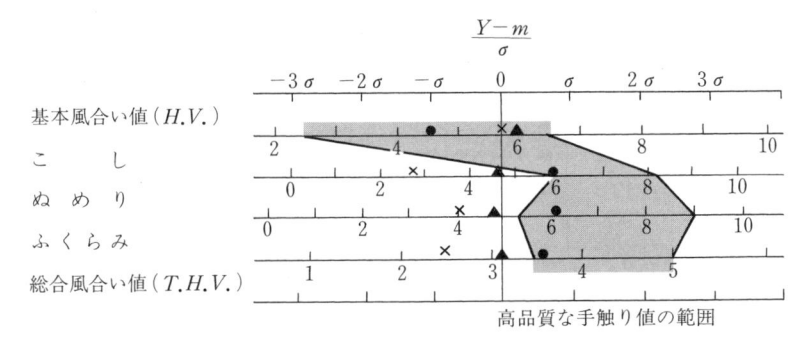

```
                          Y − m
                          ─────
                            σ
                 −3σ  −2σ  −σ   0    σ   2σ   3σ
基本風合い値(H.V.)  ├────┼────┼────┼────┼────┼────┤
                  2    4    ●  × ▲ 6    8   10
こ   し                 0    2  × 4  ▲ 6    8   10
ぬ め り                0    2    4 × ▲6 ●  8   10
ふ く ら み                           × ▲ 6●  8   10
総合風合い値(T.H.V.)      1    2    3    4    5
                                    高品質な手触り値の範囲
```

図9.6 消費者の評価によるティッシュペーパーの手触りの優秀（サンプル#10 ●），平均（サンプル#2 ▲），悪い（サンプル#8 ×）の詳細。アミで示した範囲は紳士冬用スーツ地の高品質ゾーンを示す[18]。

示している。この場合，式(9.2)に用いる m_i と σ_i はティッシュペーパーの試料集団の平均値と標準偏差値を用いる。これらの事実は人の手が触れて良否を判断するところには共通のものが存在することを示唆している[18]。

このように感性性能が客観的に評価でき，その数値的表現ができるようになった影響は大きい。布の風合い設計や開発に対し，風合いの客観的評価は実用化している。図9.7のように，優れた服地の風合いの範囲が影のつけた範囲にあることを多くの経験から明らかにしてきたが，この図に一つの試料の風合い値をプロットするとその試料が優れているときはその影の領域に入る。また，もし影の領域から外れている基本風合いがある場合はすぐに明示される。この種の手法の応用は，高品質の製品開発に役立っている[16,17]。

これまで主観評価で感性性能が判断されてきた感性材料は非常に多い。布の風合いについて開発してきた方法は，ほとんどそのままほかの感性材料の感性性能の客観的評価法の開発に応用できる[1,18]。最近明らかになってきた興味ある事実は，布に開発された品質評価式，すなわち $T.H.V.$ の変換式を少し変更するだけで，例えば，紙や皮革，パネルなどの布以外の感性材料の品質評価にも使えることがわかってきたことである。この変更とは，力学量の変数として，新しい対象材料の対応する変数母集団の平均値と標準偏差値で規格化した新変数を用い，変換係数 C は布の風合いのそれをそのまま使う。ただし，例

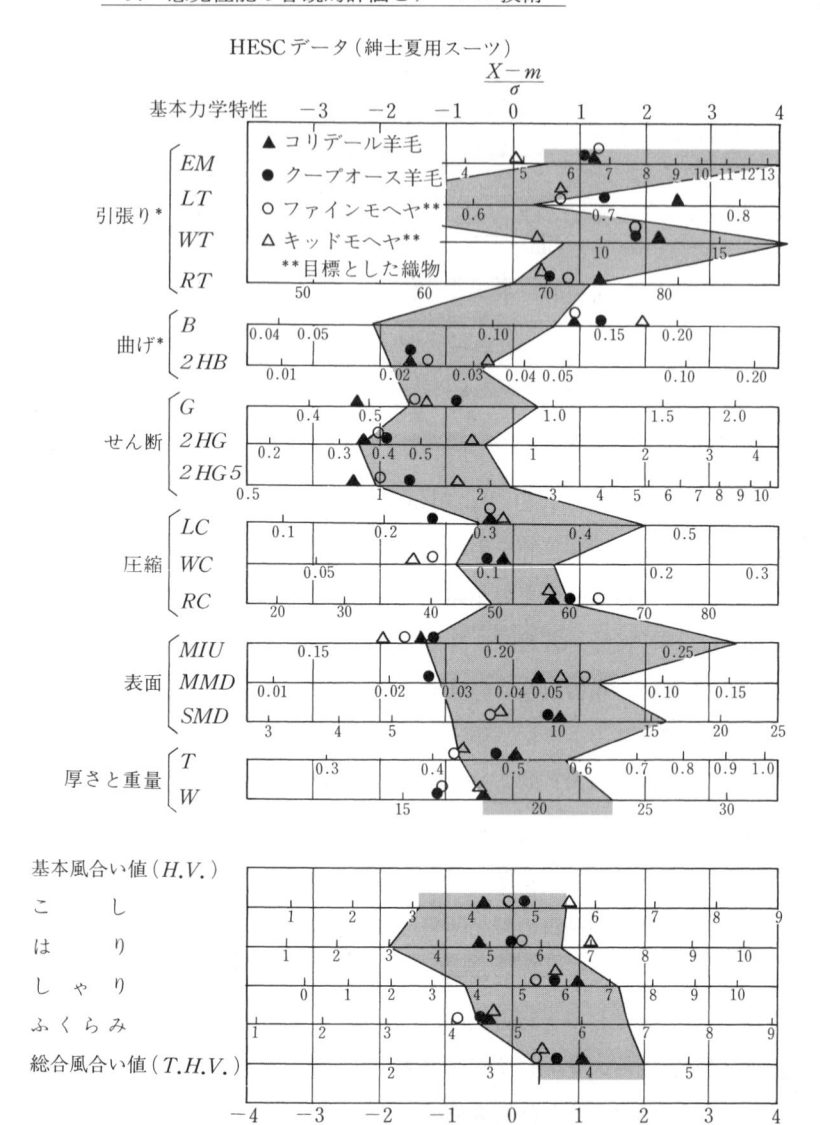

188　9. 感覚性能の客観的評価とアパレル技術

HESCデータ（紳士夏用スーツ）

$\frac{X-m}{\sigma}$

基本力学特性

凡例:
- ▲ コリデール羊毛
- ● クープオース羊毛
- ○ ファインモヘヤ**
- △ キッドモヘヤ**
- ** 目標とした織物

引張り*: EM, LT, WT, RT

曲げ*: B, 2HB

せん断: G, 2HG, 2HG5

圧縮: LC, WC, RC

表面: MIU, MMD, SMD

厚さと重量: T, W

基本風合い値 ($H.V.$)
- こし
- はり
- しゃり
- ふくらみ

総合風合い値 ($T.H.V.$)

アミで示した範囲は夏用スーツ地としての高品質布地の性質および風合い値の範囲
*: ヨコ糸方向にそった性質

図9.7 ニュージーランド羊毛を含むトロピカルスーツ地とモヘヤトロピカルスーツ地の比較[16]

えばパネル材のような場合，引張りや曲げ，せん断変形は通常の使用では生じないことから圧縮特性と表面特性の測定値のみで，$H.V.$ を算出する。これは力学量ブロックによる残差回帰方式で導いた変換式の場合，その式の適用が可能であって，用途の異なる材料についても $H.V.$，$T.H.V.$ の計算を進めることができる。この事実は，布で見い出された感性性能である品質にかかわる風合いがほぼ普遍的にほかの感性材料の品質にも同様にかかわっていることを示している。

風合いは布の世界にだけに存在するとは限らない。身につけるものはもちろん，手足に触れて使用される材料のすべてに風合いは存在するといっても過言ではない。したがって，材料と人間のインタフェースとして風合いが存在すると考えられる。

初めにも述べたように，20世紀は感性性能の検討を十分しないまま製品を大量生産し，生活者に必ずしも好まれて受け入れられるものであったかどうか反省の時代であった。しかし，21世紀は生活者の高い質の生活に適合する，良いもののみが効率良く作られ，そして，生活者もこの価値を十分認識しなければならないであろう。

9.2 アパレル技術

アパレルは人間と最も密接に関係する一つのアイテムで，より快適な環境を創出する機能，すなわち，精神的な快適さと生理的な快適さの両者を充足する機能をもっている。アパレル（apparel，現代フランス語で appareiller）の語源は，Oxford English Dictionary[19,20]によると，13世紀後半からその語法例がみられ，ある目的のために調えたり，備えたり，身支度したり，装備するという動詞，さらに，装飾したり，美しくするという意味も含まれている。名詞としては，装飾品全般を指し，服装，装具，あらゆる装備に至る広い意味を持つ。狭義には日本語の被服（JIS L 0212-1966）とほぼ同義語とみなすことができる。

元来，アパレルは人体を保護し，人間を美しく見せるために役立っている。

したがって，アパレルは人間の近傍環境を形成し，人間と直接あるいは間接に触れて使われることから，人間との調和，人間の感性との適合がおもな役割と考えられることについて，前節までに述べてきた。人類は数千年前から繊維を使い，手作りによるアパレルを使用してきた。この長年の経験を通じて，アパレルの美しさと快適さが高品質を保証する基本であること，そしてその品質が識別基準であることを学んだ。

近年の手工業から近代化された工業への移行は，高速の自動化された工業の発展と同様に，アパレルとテキスタイル工業を誕生させた。しかし，これらの製造工業技術における今日の急速な発展は，まず，効率的な製造工業技術に重点が置かれ，工業製品が人間とより適合するような品質の高さは要求しなかった。そのおもな原因は，アパレルの外観の美しさや快適さを経験に基づいて主観的に評価する方法から，客観的な評価の方法へと発展させることが遅れたことにあると考えられる。これらの工業は伝統的に熟練者の判断に依存してきた。しかし，人間の熟練性のみに頼っていると，進歩の状況を見たり，品質における標準化や品質改良が難しいことは，近年，欧米をはじめ各国とも認識するに至っている。しかし，1970年頃までは，テキスタイルやアパレルを客観的に測定することができなかった。アパレル製造の能率や，製品価格を見積もることはできたが，アパレルの品質とアパレルの製造プロセスとの関係について，迅速で意味のある情報を与えることができなかった。これからのアパレルにかかわる領域は，これまでの経験に基づいて人類が見い出した快適な衣生活の知恵に対する科学的な裏付けと，その根拠に基づく衣環境設計を可能にすることが強く要請される。ここでは，1960年後半からアパレルが工業生産されるようになって進められてきた，アパレルに要求される性能の客観的な評価法について述べる。これらは，アパレル産業の将来の予測に役立ち，他方で生活者の衣環境に関する教育を的確に行うためにも役立てる必要がある。

9.2.1 アパレル形成能と布の力学的性質

3次元形態の人体を2次元，平板状の布で被覆し，動作に適応するアパレル

を製造するために，いくつかの技術が用いられる。その一つに"オーバーフィード"（いせ込み）があり，これは立体曲面をもつ人体の体型に沿わせた衣服の仕立て（テーラーメイド）では典型的に活用されている。これは，2枚の布を縫合するとき，長さの異なる布にいせ込みを与えて縫合することにより，3次元曲面を形成させる技術である。この立体曲面形成には，その技術だけでなく，布の力学的性質が最も強く関与する。

1960年，Lindberg[21]らは，アパレルの曲面形成能"formability"と布の力学的性質との関係に注目し，formabilityをFとして次式で定義している。

$$F = C \cdot B \tag{9.5}$$

ここで，Cは布に面内圧縮を加えたときのコンプライアンス，Bは布の曲げ剛性である。この研究は，この分野の先駆的な研究であったが，当時の仕立ては専門熟練者の技術に委（ゆだ）ねられていたことと，布のきわめて低荷重域での力学的性質を精度良く簡便に計測できる測定機がなかったことが原因して，この斬（ざん）新なアイディアは，すぐには受け入れられなかった。

1972年に布の基本的な力学的性質の計測システム（KES-F）[12]が開発され，布の風合いの客観的評価に実用されるようになったが，一方で，この基本的な布の力学的性質が紳士スーツの仕立て映えの良否の予測や，縫製工程の制御などに直接使われるようになった。(9.5)式のF値は，布のヨコ糸方向の引張り，曲げ特性とせん断変形特性から次式で表され，**図9.8**のように，仕立て映えの良否をかなりの精度で判別できることが見い出されている[22]。

$$F = \frac{EM}{F_{\max} \cdot LT} \cdot B \cdot \frac{G}{2HG5} \tag{9.6}$$

ここで，EM，LT，B，$2HB$，G，$2HG$は表9.1に示している。$F_{\max} = 500$ gf/cmである。

また，こうした力学量は欠陥衣服の判断基準として使われ，さらに，仕立て映えする布の選別から縫製工程設計，工程管理にも使われるようになってきた[23～26]。

1985年，伊藤鬼歳らは，布の引張り，せん断変形特性に基づいて，縫製の

9. 感覚性能の客観的評価とアパレル技術

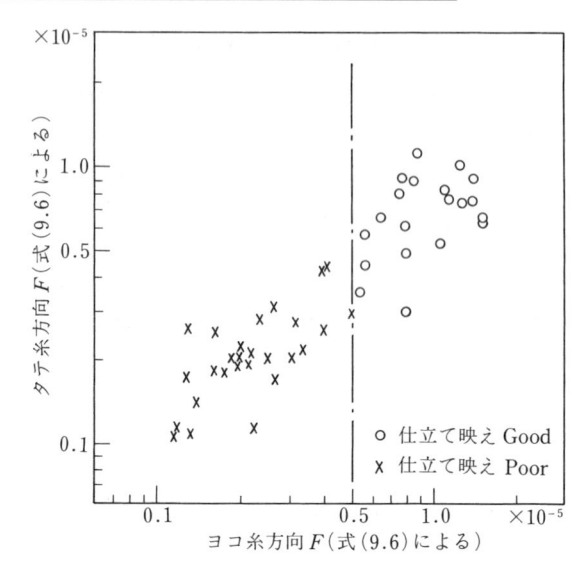

図9.8 タテ糸方向,ヨコ糸方向の性質を用いて式(9.6)で計算した F 値。仕立て映えの良否がヨコ糸方向の F 値で判別できる[22]。

コントロールの必要な範囲と,特別なコントロールを必要とせず,仕立ては容易で縫製工程における縫製や仕立てに特別の指示を必要としない範囲を図9.9のように提案している[25]。いくつかのパラメータが後者の範囲から外れる場合,オーバーフィードやスチームプレスなどの縫製工程に困難が生じ,特別の指示が必要となる。ここで重要なことは,生活者の望む高品質のスーツを定義する特性値は,必ずしも製造工程の容易なコントロールをしないでよい範囲内にあるとは限らないことである。図9.9に示されている"仕立て映え"が良く,かつ着やすい,いわゆる高品質衣服ゾーン(黒い影をつけた)では,縫製工程で制御が不必要な範囲から外れている特性値がいくつかある。これは,高品質衣服のための布の仕立ては容易ではなく,縫製工程で特別な配慮が必要であることを意味している。そして,特別な指示として,アパレル科学に基づく科学的根拠が要請される。この良いゾーンは,仕立て熟練者の見地からの良い布に関する重要な情報を与えており,この範囲は,テキスタイル関係者が関連

9.2 アパレル技術

SAMPLE：#1○，#2▲，#3■

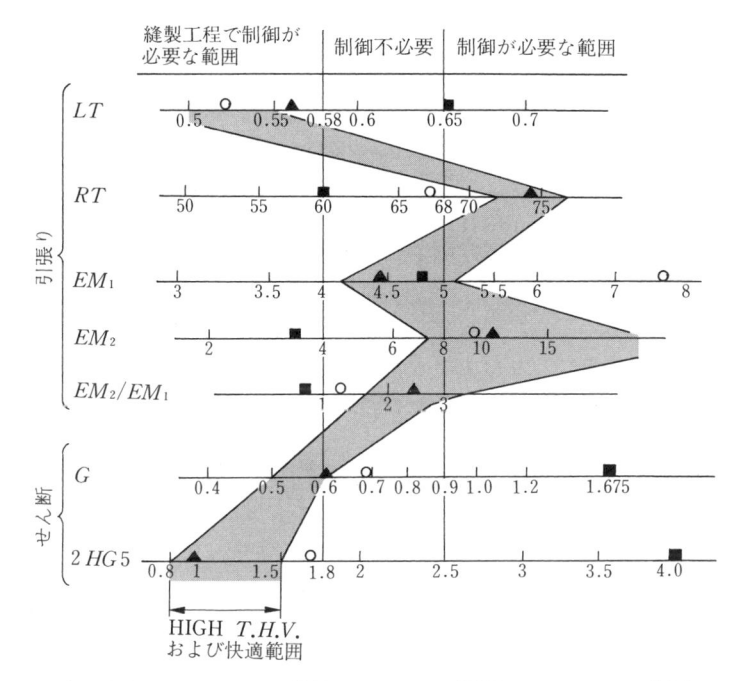

| | 縫製工程で制御が必要な範囲 | 制御不必要 | 制御が必要な範囲 |

```
LT      0.5   0.55 0.58 0.6    0.65   0.7
RT      50    55   60   65   68 70    75
EM₁     3     3.5  4   4.5   5  5.5  6       7    8
EM₂     2     4    6        8    10     15
EM₂/EM₁       1         2   3
G       0.4   0.5  0.6 0.7 0.8 0.9 1.0 1.2   1.675
2HG5    0.8 1  1.5  1.8  2    2.5   3    3.5    4.0
```

引張り：LT, RT, EM₁, EM₂, EM₂/EM₁
せん断：G, 2HG5

HIGH T.H.V. および快適範囲

布の力学量パラメータと縫製しやすさとの関係。アミで示した範囲は，手触りによる評価が高品位で，快適に着用できるスーツ地の性質の範囲[4,25]。試料#2▲着やすく，かつ仕立て映えするスーツ地の例。添字1はタテ糸方向，添字2はヨコ糸方向を示す。

図9.9　縫製工程のコントロールチャート

づけて考えなかったが，布の手触りに間接的に含めていた快適な着用感に関係している。すなわち，快適な着用感に加えて，この範囲は美しい衣服の外観とその形態保持と密接に関係していることを意味する。

アパレル生産が熟練技術者の手工業的システムから近代工業システムに移行しつつあるとき，仕立て映えするアパレル生産のために布の力学的性質は特に重要であり，1960年のLindbergの予測[21]が，今日では最も重要になってきている。衣服着用時の立体形状をコンピュータでシミュレーションし[27]，立体形状を予測してアパレルを設計するためにも布の力学的性質が必要であり，自動縫製システムの構築や，縫製の適正な操作条件や工程設計のためにも，こ

れらにかかわる布の力学的性質が不可欠の入力データとなってきている。

9.2.2 布の仕立て映えの客観的評価

同じ作業工程で，同じ型，そして同じサイズの二つのスーツをそれぞれ異なる布で，生産技術が安定しているラインで仕立てるとする。このとき，二つのスーツのうち一方は外観が優れ，他方は劣ることがある。これには二つの理由が考えられる。

一つは，布地がスーツの美しいシルエットやなめらかな曲面形成の状態からくる，優れた外観をつくりだすための性質を備えているかどうかである。もう一つは，布の曲げ剛さや伸びにくさというような，その力学的性質からくる仕立ての難しさである。この難しさが，たとえ縫製が入念になされたとしても優れたスーツの外観が得られない原因となる。そして，アパレル生産の高速度の流れ作業がこの難しさからくる問題を増大させる[26]。

縫製関係の専門技術者間で使われている"布の仕立て映え"とは，仕立て上がったアパレルの外観の美しさを表し，立派に見えるということで，これまで縫製の最終段階で主観的に評価され，アパレルの品質の重要な要素の一つとされている。

布の仕立て映え評価に，まず布の仕立てやすさ（tailorability）が関係する。すなわち，「布を美しい外観と優れた性能をもつ3次元のアパレルに仕立てる，あるいは形成するしやすさ」である。平面状の布から複雑な3次元の形態のアパレルをつくるためには，布を力学的に変形させる必要があり，一定水準以上の仕立て技術の条件下では，布の力学的性質がアパレルの仕立て映えを大きく左右する。スーツの衣服構造で代表されるテーラードなアパレルの仕立て映えは，布の基本的な力学的性質を用いて，高い予測精度の得られる仕立て映え予測式が，1988年に公表され[28]，国際的に認知されて，現在，実用化されている[4]。

仕立て映えの主観評価は，スーツの場合などは，布1反から生産される20数着の上着をハンガーに吊した状態で一覧し，20年以上の経験年数をもつ縫

9.2 アパレル技術

表 9.3 仕立て映え評価内容と仕立て映え評価値（TAV）[4,28]

	スーツの主観的仕立て映え評価項目	TAV	評価基準
1	シームパッカリングの有無	5	優秀（excellent）
2	なめらかな曲面形成がされているか	4	良い（good）
3	布の"はり"と"弾力"を感じられる服かどうか	3	普通（average）
		2	悪い（fair）
		1	劣悪（poor）

製技術者により，表 9.3 の仕立て映え基準に従って 5 段階に評価される．これを仕立て映え評価値 TAV (total appearance value)[4,28]とする．

主観評価値 TAV と最も基本的にかかわるとみなされる三つの力学特性値，Z_1, Z_2, Z_3 が，主観評価値 TAV との相関分析，縫製工程において布が受ける変形の解析による合理性に基づいて選ばれている．それぞれ三つの力学特性値 $Z_i(i=1, 2, 3)$ の決定に用いる力学的性質 $X_{ij}(j=1, \cdots, m)$ はつぎのように定義する[28]．

① **立体曲面形成能** (formability：Z_1)

$$X_{11} = \log_{10}(EL_2) \tag{9.7}$$

ただし，$EL_2 = EM_2/LT_2$（ヨコ糸方向の初期の伸びやすさ）

$$X_{12} = \log_{10}(BS_2) \tag{9.8}$$

ただし，$BS_2 = M_2(1) + HB_2$, $M_2(1) = B_2K(K=1)$（ヨコ糸方向の曲げ剛さ）　添字の 2 はヨコ糸方向を表す．

$$X_{13} = \log_{10}(SS) \tag{9.9}$$

ただし，$SS = FS(1) + HG5$, $FS(1) = G(\Phi=1)$（せん断剛さ）

② **弾性保有能** (elastic potential：Z_2)

$$X_{21} = \log_{10}(BP) \tag{9.10}$$

ただし，$BP = B(2.5 - HB/B)^2/2$（曲げ弾性ポテンシャル，布の単位面積当り）

$$X_{22} = \log_{10}(SP) \tag{9.11}$$

ただし，$SP = G'(8 - HG/G')^2/2$, $G' = G + (2HG - 2HG5)/5$（せん

断弾性ポテンシャル，布の単位面積当り）

③ **ドレープ形成能**（drape：Z_3）

$$X_{31} = \left(\frac{BS}{W}\right)^{1/3} \tag{9.12}$$

ただし，$BS = B \cdot K(K=1) + HB$

曲げ長さ（bending length）に影響する曲げ剛性に関する力学量

$$X_{32} = \left(\frac{SS}{W}\right)^{1/3} \tag{9.13}$$

同様に，曲げ長さに影響するせん断剛性に関する力学量，ただし，W の単位は g/cm^2 とする。

これらの力学特性はいずれも KES-F による標準計測条件下での表 9.1 に示す基本力学特性値を用いる。

9.2.3 仕立て映え予測式

アパレルの外観に関係する布の特性は，衣服構造が同じであれば，原則的に夏用スーツ地と冬用スーツ地で共通である。したがって，仕立て映えの予測式は一つの共通した式で，予測精度の高い，かつ，仕立てにかかわる布物性との整合性を考慮して誘導している。Z_i の決定は，上式のように，それぞれ関連力学特性値 X_{ij} を用いて主観評価値 TAV との多重回帰により，力学量から Z_i 値への変換式を導く。そして，さらに式(9.14)，(9.15)のように Z_i 値と主観評価値 TAV とを再度多重回帰することにより，各 Z_i 値の重み付けした TAV 値変換式を導く。

$$TAV = C_0 + \sum_{i=1}^{3}(C_{1i}Z_i + C_{2i}Z_i^2) \tag{9.14}$$

$$Z_i = C_{i0} + \sum_{j=1}^{m}(a_{ij}X_{ij} + b_{ij}X_{ij}^2) \tag{9.15}$$

ただし，C_0，C_{i0}：定数

C_{1i}，C_{2i}，a_{ij}，b_{ij}：定数（$i = 1 \sim 3$，$j = 1, \cdots, m$）

ここで，Z_1，Z_2，Z_3 の計算値は，式(9.16)〜(9.18)に布の力学量を代入し

て求められる。

$$Z_1 = 1.660 + 1.855 \log EL_2 - 3.838 \log BS_2 - 0.805 \log SS$$
$$+ 0.310(\log EL_2)^2 - 4.405(\log BS_2)^2 - 2.260(\log SS)^2 \quad (9.16)$$

ただし，$Z_1 < 1.754$ のとき $Z_1 = 1.754$ である。

$$Z_2 = 1.671 - 1.349 \log BP + 3.594 \log SP - 5.435(\log BP)^2$$
$$- 1.249(\log SP)^2 \quad (9.17)$$

ただし，$Z_2 < 0.916$ のとき $Z_2 = 0.916$ である。

$$Z_3 = -24.379 + 21.064\left(\frac{BS}{W}\right)^{1/3} + 2.497\left(\frac{SS}{W}\right)^{1/3} - 4.361\left\{\left(\frac{BS}{W}\right)^{1/3}\right\}^2$$
$$- 0.381\left\{\left(\frac{SS}{W}\right)^{1/3}\right\}^2 \quad (9.18)$$

式(9.16)，(9.17)，(9.18)を次式に代入して TAV が求められる。

$$TAV = 1.122 - 0.470Z_1 + 0.134Z_1^2 - 0.304Z_2 + 0.166Z_2^2$$
$$+ 0.345Z_3 + 0.019Z_3^2 \quad (9.19)$$

以上の TAV 予測値は，80％以上の予測的中率をもつことが，1 000 点以上の試料について確認されている。そして，仕立て映え予測式に用いる力学量が，縫製技術者の仕立て映え評価基準に照らしても妥当であることから，現在国内外で広く実用されている。

図9.10 は主観評価値 TAV が 5 で，予測値 $TAV > 4.5$ のスーツ地の力学特性値 X_{ij}，Z_i 値および予測値 TAV を，**表9.4** に示すそれぞれの平均値 m と標準偏差 σ で規格化した値でプロットし，仕立て映えの良い布のもつ値の範囲を示している。夏用と冬用では明らかに布の性格が異なるにもかかわらず，各特性値は同じ範囲にあり，衣服の構造が同じ構造のアパレル形成において，共通した力学特性値の存在が明確である。

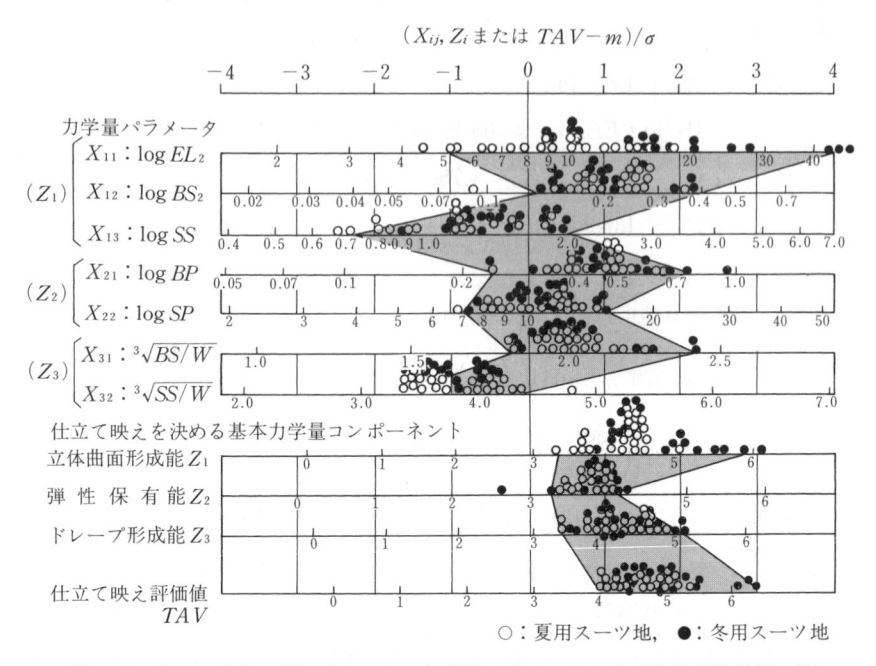

9. 感覚性能の客観的評価とアパレル技術

図 9.10 仕立て映えの優秀な布のもつ力学量パラメータおよび力学的特性値の範囲。アミで示した範囲は、主観評価値 $TAV = 5$, 客観評価値 $TAV > 4.5$ の布のデータを基にしており、冬用・夏用共通である。横軸は表 9.4 の平均値 m と標準偏差 σ で規格化し、おのおのの値も目盛っている[28]。

表 9.4 回帰分析に用いられた 194 点のスーツ地からなる試料集団の各力学特性値の平均と標準偏差[4,28]

variables		平均値 m	標準偏差 σ
X_{11}	$\log_{10} EL_2$	0.907	0.1856
X_{12}	$\log_{10} BS_2$	-0.898	0.2204
X_{13}	$\log_{10} SS$	0.218	0.1577
X_{21}	$\log_{10} BP$	-0.532	0.1963
X_{22}	$\log_{10} SP$	1.003	0.1810
X_{31}	$(BS/W)^{1/3}$	1.872	0.2480
X_{32}	$(SS/W)^{1/3}$	4.411	0.6547
Z_1		2.948	1.0326
Z_2		2.948	0.9799
Z_3		2.948	1.0689
TAV		2.948	1.1680

9.2.4 布の力学特性に基づく婦人服の最適シルエットデザイン

アパレルの構造が多種多様な婦人服の場合は，紳士スーツと共通する婦人中厚手のスーツを除いて，ほかの服種の仕立て映えの判断は難しい。しかしながら，基本的な縫い目の美しさにかかわるシームパッカーの発生の予測や美しいシルエット，特に動的なシルエットのために布の備えるべき性質として，スーツの仕立て映え予測に用いた力学量パラメータが有効であり，婦人服にもそのまま適用される。これらは，婦人服のシルエットの美しさを評価するのに有用なパラメータであることを，綾田雅子ら[29]はギャザースカートを例に示している。また，最近の研究で，シームパッカー発生のため縫製が困難とされる新合繊織物について，シームパッカーと形成能（formability：Z_1）と弾性保有能（elastic potential：Z_2）および単位面積当りの布重量によって，かなり精度良く予測できること[30]や，オーバーフィードの伴う縫い目，例えば袖の袖山部分などでのパッカーの予測式も，直線縫い目でのパッカーの予測と同様に，上述のパラメータを用いて導かれている[31]。

婦人服は紳士服のようにその構造は確定されていない。したがって，シルエットデザインは多種多様で，婦人服地の品質評価は衣服のシルエットタイプ別に行う必要がある。婦人服のシルエットは，図 9.11 のように大きく三つのタ

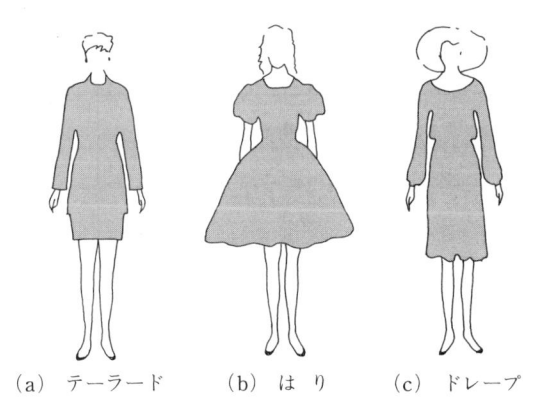

(a) テーラード　　(b) はり　　(c) ドレープ

図 9.11　婦人服の三つの基本的な
シルエットタイプ[32]

200　9. 感覚性能の客観的評価とアパレル技術

イプに分類される。その一つは，人体曲面に沿わせたシルエットの"テーラードタイプ"，これに対して，人体表面積よりはるかに大きい面積の布を使用し，人体表面から水平方向に張り出した"はりタイプ"，もう一つは，布の自重で垂直方向に垂れ下がったドレープを強調する"ドレープタイプ"である。これら三つのタイプのシルエット判別を，長年の経験をもつ婦人服デザイナーの判断に基づいて，布の基本的な力学的性質から客観的に判断する方法が，つぎのように導かれている[32]。

500種に及ぶ広範囲の力学的性質をもつ婦人服地の中から，アパレル設計の専門家8人がシルエットを分類し，各グループの中で判断の一致度の高い試料

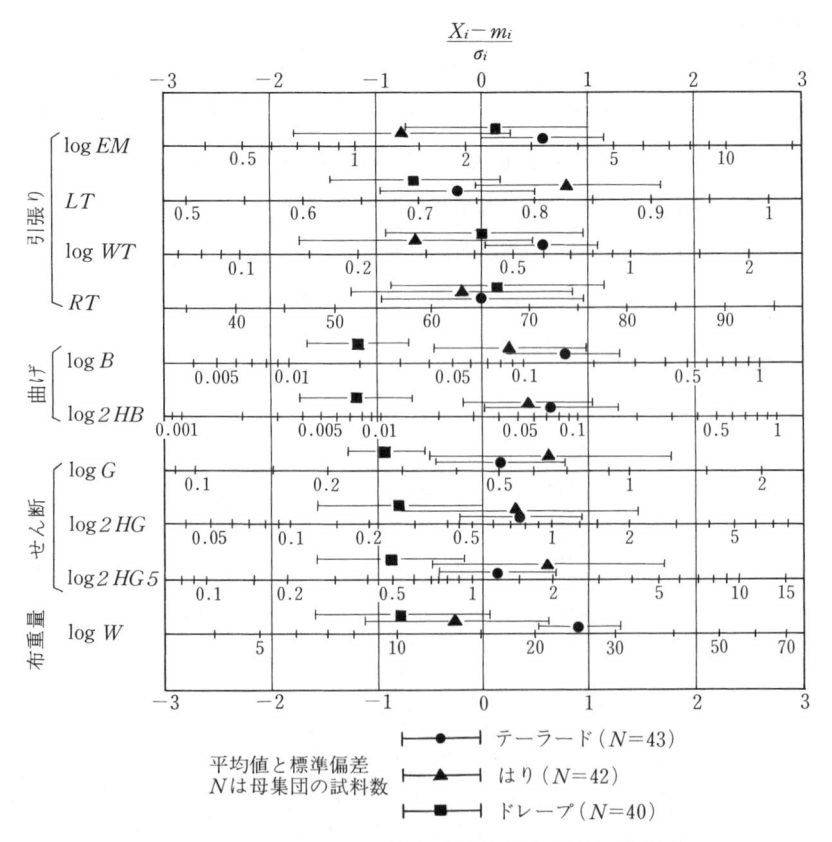

図 9.12　シルエットタイプ別の基本力学量の範囲と特徴[32]

を選別する．これらの布のシルエット形成にかかわる基本的な力学特性として，曲げ，せん断，引張り特性をKES-Fシステムにより高感度条件[33]で測定し，判別式を誘導している．

各シルエットタイプの力学的性質の特徴は，図9.12に3グループの全試料125種の平均値 m_i と標準偏差 σ_i で規格化した軸上に，各シルエットグループの平均値と標準偏差を示している．布の単位面積当りの重量 W や曲げ特性，せん断特性にそれぞれのシルエットタイプの特徴がみられる．

シルエットタイプ3群の判別は，Z_1, Z_2 座標で行い，正準判別分析を適用して次式の係数 C_{1i}, C_{2i} を求めている．

$$Z_1 = \sum_{i=1}^{8} C_{1i}x_i, \quad Z_2 = \sum_{i=1}^{8} C_{2i}x_i \tag{9.20}$$

ここで，$x_i = \dfrac{X_i - m_i}{\sigma_i}$

X_i は力学量データ，m_i は力学量を規格化するための全試料125種の平均値，σ_i は標準偏差で，C_{1i}, C_{2i} とともに表9.5に示している．力学量 X_i になにを使えば判別精度が向上するかを検討した結果，選ばれた数少ない基本力学量パラメータで，最も単純な線形式として導かれている．判別式の精度は，図9.13のように，かなりの判別的中が認められ，各シルエット群の重心の位置関係とともに Z_1, Z_2 の平面上に示している．

表9.5 シルエット判別値 Z_1, Z_2 を求める定数係数（$N=125$）[32]

i	力学量パラメータ	単位	m_i	σ_i	C_{1i}	C_{2i}
1	LT	none	0.7541	0.0916	0.514	-0.339
2	$\log EM$	%	0.3444	0.2858	0.466	0.212
3	$\log B$	gf·cm²/cm	-1.1779	0.4518	1.956	0.968
4	$\log 2HB$	gf·cm/cm	-1.4853	0.5368	0.193	-1.006
5	$\log G$	gf/cm·deg	-0.3417	0.2447	0.571	0.687
6	$\log 2HG$	gf/cm	-0.2679	0.4058	-0.340	1.940
7	$\log 2HG5$	gf/cm	0.0327	0.3993	0.626	-2.696
8	$\log W$	mg/cm²	1.1824	0.2311	-1.055	0.996

布の力学的性質に基づく婦人服のシルエットの判別は，婦人服の最適シルエットデザインの予測に適用できる．図9.14にシルエットに関係する各力学特

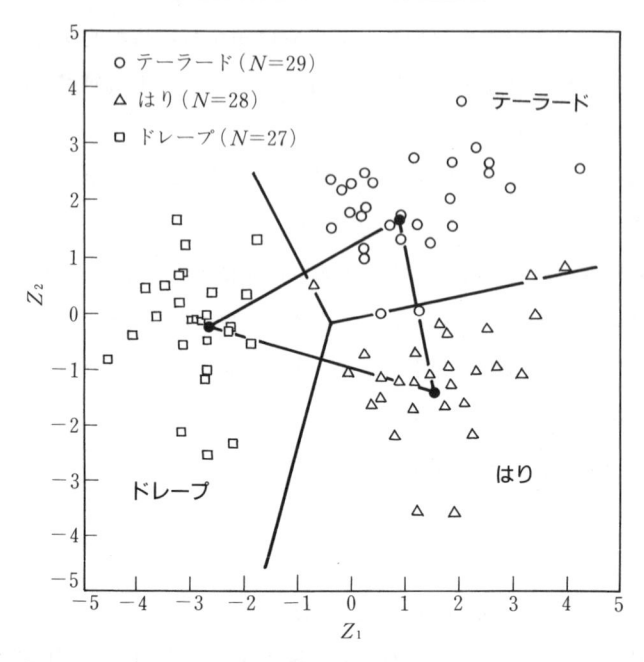

図9.13 シルエット判別式の精度。判別的中率はテーラードタイプ 97 %, はりタイプ 89 %, ドレープタイプ 100 %[32]。

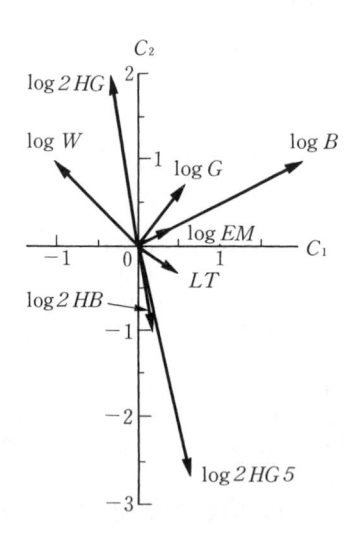

図9.14 シルエット判別式の各力学量パラメータの係数ベクトル ($C_1 + jC_2$) のプロット[32]

性の係数ベクトルを示している。曲げ剛性 B が大きくなると"テーラード"の方向に動き，せん断ヒステリシス $2HG5$ が大きいと"はり"タイプへ動くというように，各力学量パラメータの寄与を見ることができる。また，Z_1，Z_2 の最適シルエット範囲を変更したい場合，この図によって，どの力学量をどのように変えたらよいかを知ることができ，望ましいシルエットに適合する新しい布の設計に応用することができる[32]。

9.2.5 布の客観的データのアパレル生産への適用

縫製はアパレル生産における本質的な作業である。これまでの縫製機器の開発傾向は，縫製の質よりも縫製速度の高速化にあった。一方，縫われる布は，従来の性質の範囲から，縫製や裁断が困難な新合繊織物など，その種類が広がりつつある。さらに，小ロット生産で，布素材および衣服デザインが多様化してきている。また，クイックレスポンス体制の要請にこたえる必要があるなど，アパレル生産は深刻な技術的問題に直面している。

例えば，シームパッカーの問題もその一つである。多くの研究がパッカーを予測するためになされている[34~37]が，まだ明確な回答は得られていない。現段階では縫製技術者の経験に基づいて縫製されている。この問題解決の困難さは，縫製機器の性能，縫糸の性質，布の性質を含めたいくつかの要因間の複合した関係にある。この複雑な問題の解決のためには実験的研究が必要であるが，理論も必要である。たとえ理論が単純なものであっても，それは実験的研究を正しい方向に導き，複雑さをより単純にし，実験的研究のためのガイドラインを導くであろう。筆者らは，一次元のオイラーのバックリング理論を適用して，上述の三つの関係を説明する簡単な理論を導く試みを始めている[38]。シームパッカーに関係する縫い目の収縮率 ε_s は，縫い糸の弾性率 E_y，布の面内圧縮弾性率 E_f と縫い糸張力 F_0 の関係から次式で表される。

$$\varepsilon_s = \frac{F_0}{\alpha E_f + E_y} \tag{9.21}$$

ここで，a はシームパッカリングの及ぶ幅であり，縫糸幅より少し大きい範囲にある。

9.2.6 これからのアパレル技術

これからのアパレル技術として，つぎの二つの重要な点が挙げられる。

その一つは，高品質な布の選別を行う必要がある。そのために，布の風合いの客観的評価法と仕立て映えの客観的評価法の適用が有効である。そして，布の力学的性質のデータ蓄積と，その直接利用による縫製工程設計を可能にすることである。また，これによってテキスタイルの技術者とアパレル技術者との緊密な連携が得られる。

その二としては，アパレル生産のための CAD/CAM システムに布の客観的データの導入を図ることである。しかし，布特性の情報を受けて，最適な条件にミシンやプレス機を自動的に調節できるようなミシン，プレス機の近代化に遅れが見られる。この問題は，近い将来解決しなければならない重要な問題である。また，繊維，糸，布の力学特性，熱物性に関する基礎的な研究も必要である。

アパレルの生産が職人の技術に頼っていた方法から，工場での生産方法へと変化した結果として，アパレルの生産ライン上で，より美しい外観の仕立て技術を達成するための理想的なアパレル素材の明確化とその設計が一層重要になっている[38]。また，自動縫製システムの開発の基礎として，その必要性が認識されるようになった。しかしながら，現在でもアパレル設計過程は，おもに設計者の経験と勘に頼って行われている傾向がある。科学技術の発展に伴って，アパレル素材の種類は増え続け，天然・人造繊維からなる従来からの素材に加えて，繊維形態，繊維集合構造を制御する特別な技術や性能付加のための仕上げ加工技術を駆使して，今までのものと異なった性質をもつ，新しいアパレル素材がテキスタイルメーカーから供給されている。そのため，たとえ熟練したアパレル設計者であっても，このような新素材を扱った経験がなく，これらの素材に対する最適なアパレル設計には，設計者たちの勘も有効には働かな

くなる。

　現代のアパレル産業において高品質なアパレルを合理的に設計生産するためには，また短時間で納品するというクイックレスポンスの要請が強まりつつある現状を考えると，設計者の経験的な勘だけに頼ってアパレル設計を行うことは危険である。アパレルの大量生産は多くのエネルギーを消費する。それゆえ，品質の良いアパレルを生産することは，無駄を排除し，資源を保護するために重要である。高品質の布とアパレルの設計工学が本質的に重要で，客観的評価技術[39]はアパレル設計技術の強力なツールである。

10 アパレル産業とロボット技術

10.1 わが国の繊維産業

　わが国の繊維産業は，全製造業中の事業所数で約20％，従業員数で約12％を占めている。このことからもわかるように，日本の経済社会の中で重要な役割を担う基幹産業の一つである。

　繊維に始まって衣服という最終製品まで順次製造されていく繊維製品の流れを図10.1に示す。この製造過程は，ちょうど川が上流から下流へ向かって流れ落ちる様子に似ているところから，川の流れになぞらえて，繊維や糸などの線状（一次元）材料の分野を川上，織物などの平面（二次元）材料を川中，そして最終製品（三次元）に関する分野を川下と呼んでいる。通常，繊維から布までの製造業を繊維工業というが，衣服・その他の繊維製品製造業と化学繊維

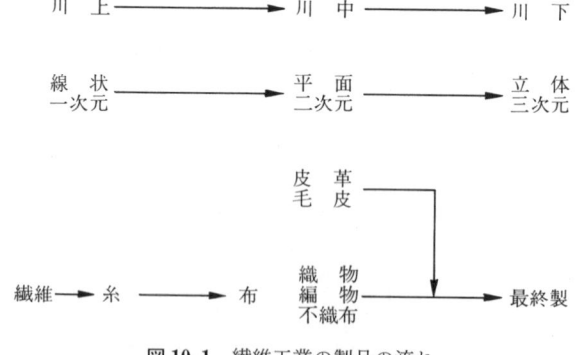

図10.1　繊維工業の製品の流れ

10.1 わが国の繊維産業

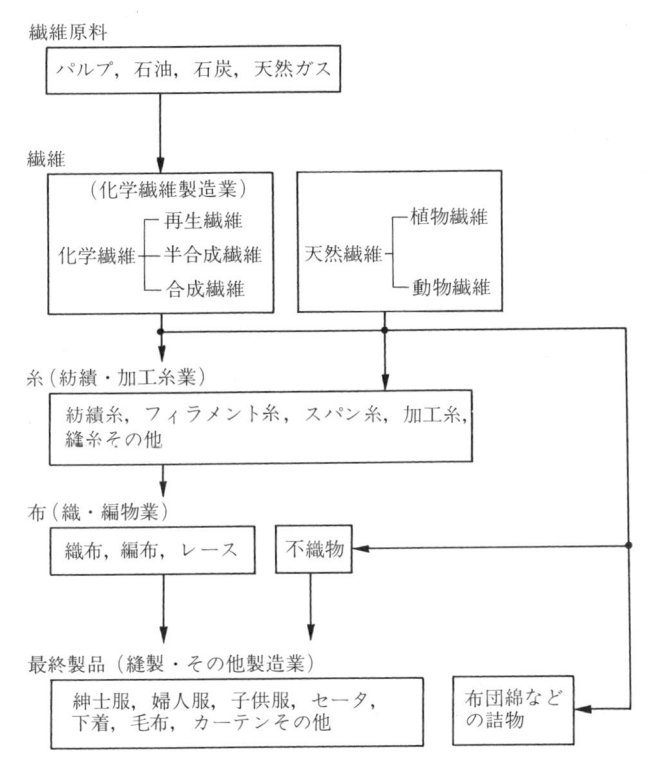

繊維原料
```
パルプ，石油，石炭，天然ガス
```

繊維
```
（化学繊維製造業）
化学繊維 ─ 再生繊維
        ─ 半合成繊維
        ─ 合成繊維

天然繊維 ─ 植物繊維
        ─ 動物繊維
```

糸（紡績・加工糸業）
```
紡績糸，フィラメント糸，スパン糸，加工糸，
縫糸その他
```

布（織・編物業）
```
織布，編布，レース        不織物
```

最終製品（縫製・その他製造業）
```
紳士服，婦人服，子供服，セータ，     布団綿など
下着，毛布，カーテンその他          の詰物
```

図 10.2 繊維工業の構造

製造業を加えた全体に対しても広義の意味で繊維工業と呼ばれる（**図 10.2**）。

広義の繊維工業はこのように一つの川の流れを形成しているが，おのおのの工程が横割りとなって分断されているため流れは必ずしもスムーズではない。その川の流れをスムーズにしているのが商社である。商社は個々の工程間の潤滑剤として，また，接着剤として存在している。繊維産業はこれらに最終製品の販売などの流通部門も含めた産業全体をイメージする産業である。繊維産業は川上から川下に行くに従って品種が多くなるという末広がりの構造をもっている。また，繊維産業の事業所の規模は，化学繊維製造業では大企業が関与する割合が高いが，糸の加工から最終製品へと流れるに従ってだんだんと中小企業の占める割合が多くなる。1994 年度の工業統計（**図 10.3**）を見ると，アパ

208　10. アパレル産業とロボット技術

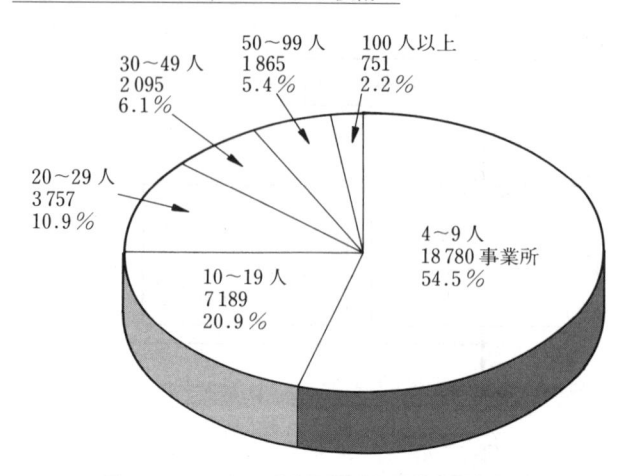

図10.3　わが国の衣服・その他の繊維製造業の従業員別割合（1994年工業統計速報）

レル製造業である「衣服・その他の繊維製品製造業」においていかに小企業が多いかがわかる．日本における繊維産業は，近年，発展途上国の追い上げ，消費者ニーズの多様化，短サイクル化などの要因により高付加価値商品，差別化商品への展開を余儀なくされ，大変厳しい時代を迎えている．

10.2　アパレル産業

10.2.1　アパレルとは

アパレル（apparel）とは"衣服"，"服装"，"着せる"，"着飾る"という意味の英語である．したがって，アパレル産業は衣服産業と呼ぶのが日本語として最も近い表現ではあるが，アパレル産業は衣服の生産のみならず流通販売やファッションも含んだかなり広い意味をもった用語であるので，"衣服産業"その他，日本語として適当な呼び方がない．それゆえ，用語として"アパレル"が用いられている．

10.2.2 アパレル産業の空洞化

　アパレル製造業は基本的に労働集約型産業である．したがって，製品コストに占める労働賃金の割合が大きい．日本の労働賃金は世界的に高い．例えばベトナムで作ると400円の工賃でできてしまう品物が日本ではおよそ8 000円もかかってしまうと言われる．そのため，国内で生産される製品はコスト高になり，近隣のアジア諸国にプライスで負けることになる．高付加価値や差別化することで対応しきれない場合，企業はより労働賃金の低い国へ，低い国へと生産の拠点を移さざるを得なくなる．いわゆる産業の空洞化が日本において急速に進みつつあるゆえんである．現在，中国は世界最大のアパレル生産国であり，ベトナム，ミャンマー，インド，バングラディシュなども急速な発展を示している．この日本の空洞化現象は，企業にとって生き残りのためにはやむを得ないことであるが，国内の技術力の低下にもつながることであるから，きわめて大きな問題である．したがって，どのようにすれば空洞化現象をくい止められ，先進国型のアパレル産業として生き残れるかが，現在，最大の関心事である．

10.2.3 QR（クイックレスポンス）

　QR（quick response）とは，生産と流通の全工程を通じて，取り引き当事者が協力して（パートナーシップを発揮して）消費者に対して適切な商品を適切な場所に適時に適量を適正な価格で提供するという戦略概念である．すなわち，消費者にとって意味のない，すなわち価値を生まないプロセスを排除し，時間の無駄を排除し，もって生産の高効率化をはかるという合理化策である．合理化策ではあるが，その根底に「消費者のため」のあることを忘れてはならない．

　このようなQRの考え方は，1980年代にアパレルの不況下にあった米国で開発されたものである．米国の調査では，糸から製品になって店頭に並ぶまでの期間は平均で66週間，このうちの生産に要する期間はわずかに11週にすぎない．すなわち，残る55週間は滞留期間として時間の無駄となっていること

が判明し，この時間の無駄をなくす QR システムを構築したのである。QR を構築するには，アパレルの川上から川下への流れの中でのサプライチェーンにおけるパートナーシップ（小売りとアパレル，テキスタイルとアパレル，縫製とアパレルなど）の確立と情報技術の標準化が欠かせないものであった。

　日本においても，バブル崩壊以降，生産者側が握っていた市場の主導権が現在では完全に消費者に移行しているから，時間とコストの無駄をなくして，消費者の求めるものを開発，生産するという構造が必要となり，QR の導入が求められた。すなわち，プロダクトアウトからマーケットインへの構造改革である。そのために共通商品コード（標準 JAN コード）を設定し，電子データ交換などの情報処理技術を活用し，生産・流通期間の短縮，在庫の削減，返品ロスの減少など，生産・流通の各段階での合理化を実現している。

10.2.4　SPA（アパレルの製造小売）

　SPA（speciality store retailer of private label apparel）とは，アパレルにおいて企画と生産を一貫して行う「製造小売」のことであり，衣料品のメーカが直営店で自社ブランド品を売ることである。もともとは米国の大手カジュアル衣料メーカ「GAP」のドナルド・フィッシャー会長が使った言葉である。SPA には 2 種類の形態がある。一つは，アパレルメーカが自社ブランドの直営店を出店する形態であり，店頭における消費者（顧客）の要望の収集とその情報をもとにした短期間の商品化を目的としている。二つは，量販店が自社ブランドを作り，企画から小売まで行う形態であり，低価格で商品を提供するところに特徴がある。低価格であると，「安かろう，悪かろう」ということになるが，低価格でありながら高品質，高感性を有する品を提供している。このようなことは，消費者の要望調査に基づく徹底した本部指導による企画・生産と，店作り・品揃えなどのコンビニエンス・ストア指向による画一化，さらには労働力の安い海外に生産基地を設け，要求品質・要求感性の管理の下に製造することなどによって可能となった。SPA の利点は，メーカ，問屋，小売店の役割を一つの企業が果たすので，中間マージンを少なくできることである。

また，天候や流行に支配されやすい衣料品の売れ筋情報や，人気商品，品切れなどがすぐにわかることである。この分野で特に著名な企業は，米国ではいち早く SPA を取り入れた企業として「GAP」が知られている。日本では，「ユニクロ」，「無印良品」に代表されよう。

10.2.5 ファッション・ファクトリー・ブティック

アパレルにおける 21 世紀の期待を想定した実験が少し古い話にはなるが，1991 年 11 月に横浜において開催された。これは，インターネットなどの利用によるノンストアの販売方式が日常化してきている現在では陳腐化していると思われるかもしれないが，おもしろい試みであるので取り上げる。

パリで開かれているファッションショーを衛星中継により横浜で見て，その中の衣服をユーザが希望すると，そのユーザの体型に合った，さらに，ユーザの色変更の希望や形の若干の変更を加味した衣服が数十分で作られ，ユーザに渡されるというものである。

アパレルにおいては，一般にファッションとブティックはユーザの身近にあるものの，ファクトリーは遠い所にあって見えないものという感覚があるが，将来はそれらが一つの土俵に載ると考えられる。このような試みは，ユーザの欲求（自分 1 人のもの，すぐに欲しいなど）を満足させる方法として考えられたもので，通信やコンピュータの発達が可能にしていることである。一方において，言うまでもないが例えば下着などの例に見られるような大量生産が適した製品の製造や，コストを考えた従来型の製造も当然行われていくであろうことも無視してはならない。

10.2.6 衣服の生産工程[†]

アパレルメーカの組織は，a.営業，b.企画・設計，c.生産，d.品質管理，e.その他の部門というような形態をとっている。企画・設計ではマーチャンダ

[†] 本項については，ビデオテープ，「アパレル―企画から販売まで―(社)日本衣料管理協会」を，多くの点で参考としている。

イザー，デザイナー，パタンナーの組織であるが，技術を含む場合もある．生産に関しては，自社工場を持つ場合は少なく協力工場に依存している．すなわち，アパレルメーカが頭で協力工場が手足といった構造である．品質管理は最終製品の検査のみならず企画その他の個々の段階で行われる．その他の部門というのは総務・経理・人事などである．

婦人服などを大量に生産する工程の例を図10.4に示す．その図の流れに沿って工業的な生産の流れを説明する．

〔1〕 商品企画

（1） **ファッションと素材の情報**　衣服はその時々の文化や生活様式を象徴し時代とともに大きく変わり，流行・個人の好み・新素材の開発などによっても変わるので，十分な市場調査を行い，消費者の要求を的確に把握して，どのような衣服を作るかを企画する．これが商品企画である．したがって，企画の第1はファッション情報と素材情報の収集である．まず，世界のファッション情報や消費者の要求などの市場状況を調査分析してファッショントレンドを予測する．その予測に基づいて商品のイメージテーマやカラー，価格帯を決める．商品はいかにすばらしいものであっても売れなければ価値がないわけであるから，これら三者による商品のコンセプトの決定は大切である．また，素材に関しても，定番の生地に対して新素材や前の年に流行の兆しをみせた素材の情報を基に，また被服としての利用目的，要求品質や機能性（衣服の美しさや着心地）をも考慮に入れて決定する．そのためには，素材の特性試験，例えば，曲げ特性・伸縮性などの風合い特性や地糸の滑脱や動き，色落ち，色むらなどの特性試験も十分に行い，設定している生地が所定の要求を満たしていることを確認する．

（2） **デザイン画の作成**　商品のコンセプトが決定したつぎは，その商品イメージを絵で表現することが必要である．すなわちデザイナーによってデザイン画が作成される．デザイナーはその商品の企画コンセプトの中でデザインする．したがって，デザイナーはシルエット（着装時の形）やカラー，素材特性との兼ね合いを考えながら，また，サンプルなども参考にしながらデザイン

10.2 アパレル産業

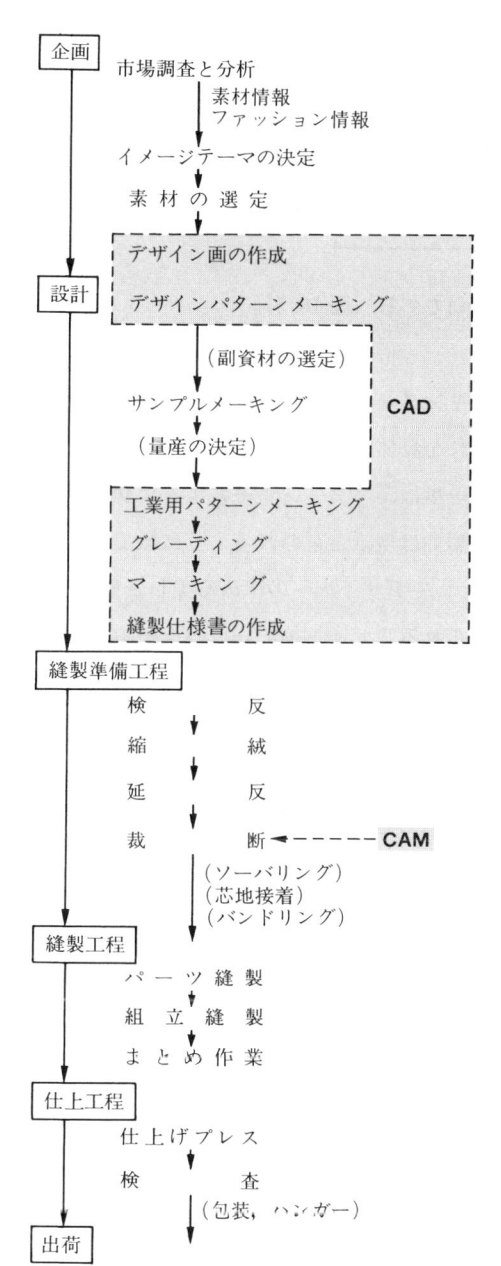

```
[企画]──→ 市場調査と分析
              ↓
              素材情報
              ファッション情報
              ↓
              イメージテーマの決定
              ↓
              素 材 の 選 定
              ↓
[設計]──→ ┌─────────────────────────┐
          │ デザイン画の作成        │
          │   ↓                     │
          │ デザインパターンメーキング │
          │   ↓                     │
          │ (副資材の選定)          │
          │   ↓                     │
          │ サンプルメーキング   CAD │
          │   ↓                     │
          │ (量産の決定)            │
          │   ↓                     │
          │ 工業用パターンメーキング │
          │   ↓                     │
          │ グレーディング          │
          │   ↓                     │
          │ マ ー キ ン グ          │
          │   ↓                     │
          │ 縫製仕様書の作成        │
          └─────────────────────────┘
[縫製準備工程]─→ 検     反
                  ↓
                  縮     絨
                  ↓
                  延     反
                  ↓
                  裁     断 ←----- CAM
                  ↓
                  (ソーバリング)
                  (芯地接着)
                  (バンドリング)
                  ↓
[縫製工程]──→ パ ー ツ 縫 製
                  ↓
                  組 立 縫 製
                  ↓
                  ま と め 作 業
                  ↓
[仕上工程]──→ 仕上げプレス
                  ↓
                  検     査
                  ↓
                  (包装,ハンガー)
                  ↓
[出荷]
```

図 10.4 アパレルの製造
プロセスの例

図10.5 企画書

画を描く．ここまでが，商品企画である（図10.5）．

〔2〕 **商 品 設 計**

（1） **デザインパターンメーキング**　デザイン画が作成され，衣服のイメージができ上がると，つぎはそれを具体的な形にすることが必要となる．これが衣服の設計である．設計の第一歩は，パターンナーによるデザインパターンの作成である．パターンは日本語では型紙と言われるように紙で作られる（図10.6）．デザインパターンは主としてデザイナーの求める美しさやシルエット，あるいは機能などを重視して作られるデザイン検討用のパターンである．したがって，この段階ではシルエット作成に必要な場合を除いて，裏地，芯地および付属のパターンは作成されないが，地の目，縫い合わせ位置などの印や布の使い方の情報は書き込まれる．デザインパターンができ上がると，つぎはそのパターンが実際の衣服製作に適しているかどうかの確認作業を行う．すなわち，服の種類や体型，シルエットなどに合ったボディを用いて，パターンを写し取った布地をデザイン通りに組み立て，地の目の動きやゆとりを確かめる．そして不具合を調節してより正確な立体的なデザインパターンを作製する．

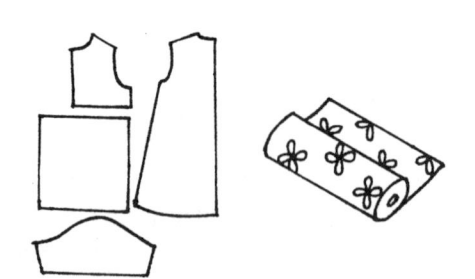

図10.6 デザインパターン

なお，デザインパターンができ上がったところで，裏地や芯地，ボタンやファスナーなどの止め具，レースなどの飾り付け材料などの副資材を決定する。副資材の選定では，イメージテーマに合っているか，素材との馴染み具合はどうか，コストは予算内か，などを考慮しながら決定することとなる。

（2）**サンプルメーキング**　つぎはいよいよ布を用いた製作である。製作はデザインパターンに印された指示や企画書の記載どおりに正確に行われる。これによって，縫製上に問題はないか，デザインイメージが的確に表されているか，大きさはどうか，素材の感じはどうか，などを調査検討し，パターンの手直しを行う。このようにして基本のパターンが完成すると，つぎには展示会用のサンプルが作られる。展示会は企画した衣服が市場に出る第一歩であり，ここで取引先から注文を受ける。メーカとしては，注文された数に見込み数を加算して，製造計画を立てることになる。

（3）**工業用パターンメーキング**　生産計画が決まれば量産体制に入る。まずは，デザインパターンをベースにして，基準サイズのパターンが作られる（図10.7）。基準サイズパターンはブランドの規格寸法，体型などのサイズに適合させ，かつ，素材の変化，機能性，縫製技術，生産の効率，コストなどを考慮して作られる。基準サイズパターンには当然のこと縫い代やノッチも付けられている。このようにして作られた基準サイズパターンは工業用パターンの元になるものなので，マスターパターンと呼ばれる。このとき，1着の製品を作るのに必要なすべてのパーツに対して，表地のパターンを基にして生地の風合いなどに考慮を払いながら，裏地や芯地のパターンも同時に作られる。

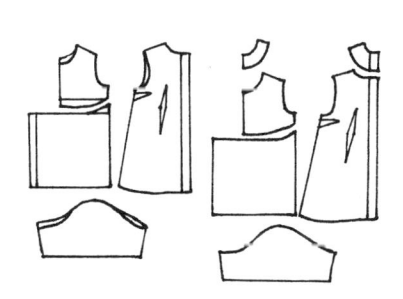

図10.7　工業用パターン

(4) **グレーディング** つぎには，マスターパターンからいろいろなサイズの工業用パターンが一定の方式により作られる（図 10.8）。この作業をサイズ展開，すなわち，グレーディング（パターングレーディング）と言う。このとき，1着の製品を作るのに必要なすべてに対して，表地のパターンを基に，生地の風合いなどに考慮を払いながら，裏地や芯地のパターンも作る。

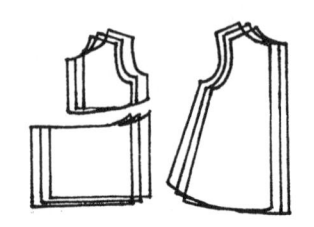

図 10.8 グレーディング

(5) **マーキング** 各種のパーツを布の上に配置することをマーカマーキングと言う（図 10.9）。配置は裁断時に必要なゆとりを考慮して行われる。マーカマーキングは単にマーキングと呼ばれることが多く，また時にはパターンレイアウトと呼ばれることもある。日本語では「型入れ」とか「型紙配列」と呼ばれている。マーキングをできるだけ無駄のないように，そしてできるだけ速やかに行うことはきわめて難しいことであるが，資源の節約，コストの低減などからしてきわめて大切な作業である。

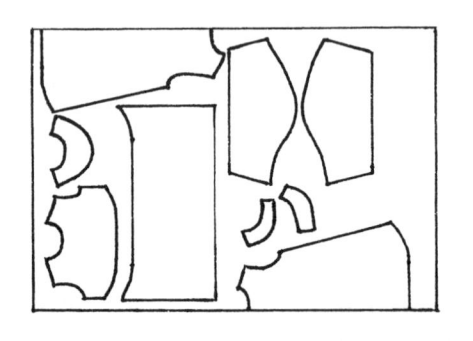

図 10.9 マーカマーキング

(6) **仕様書作成** 設計の最後は仕様書作りである。イメージどおりの衣服を作るためには生産工場に必要な情報を的確に伝えることが大切であるので，仕様書によりデザインや縫い方のポイントなどを詳しくわかりやすく説明

する。

〔3〕 **縫製準備工程** つぎからはいよいよ生産用の布の登場である。マーキングのつぎには，布を各パーツに裁断する作業に入るわけであるが，その裁断作業に入る前に布に対してつぎの前処理が行われる。

（1） **検　　　反** 一般に，検反は素材メーカでも行われるが，素材メーカが見落としていた布地の傷その他の障害の有無を調べ，問題を回避することである。検査の内容としては，傷，汚れ，しみ，染めむら，1反ごとの色違い，その他である（図10.10）。

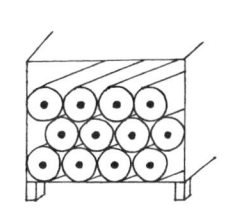

図10.10 検　反

（2） **寸法の安定化処理** 寸法の安定化処理を地直しともいう。地直しには，延反による自然の放縮と，積極的に熱と水分を与えて地詰めをするスポンジング加工とがある。スポンジング加工は，特にウール素材である紳士服には大切な工程である。織物は，繊維から糸が作られ，糸から織物が作られ，さらにその織物は染色仕上げなどの加工が施される。これらの加工工程を通して織物の内部には潜在的に形成された歪みが残存している。この歪みが衣服製作後に顕在化すると，パッカリング（縫い皺），型くずれ，バブリングなどの問題を引き起こすこととなる。したがって，パーツ裁断の前に歪みを取り除く布地の寸法安定化処理を行うことが大切である。このスポンジング処理は通常，生地に蒸気や温湯で適切な熱と水分を与えることで行われる。例えば，あるタキシードクロスのスポンジング処理前の緩和収縮が，タテ糸方向で4％程度，ヨコ糸方向で2％程度と，収縮が大きすぎて仕立て映えに重大な影響を与えると思われる素材に対して，スポンジング処理を施した結果，タテ糸方向でおよそ2

%，ヨコ糸方向では0.5％程度と低下し，ほぼ収縮率の許容範囲に納めることができる[1]。

(3) 延　　反　衣服を大量生産するためにはたくさんのパーツを一度に裁断できるように，ロールに巻かれている布地を平面に広げて一定の方法で積み重ねることが必要となる（図10.11）。これが延反である。延反の方法には，両方向に折り返して積み重ねる方法や，布を一方向に切断しながら積み重ねる方法その他があり，布地によって使い分けられている。延反の目的には地の目を整えることや布地の張りをゆるめる意味もある。

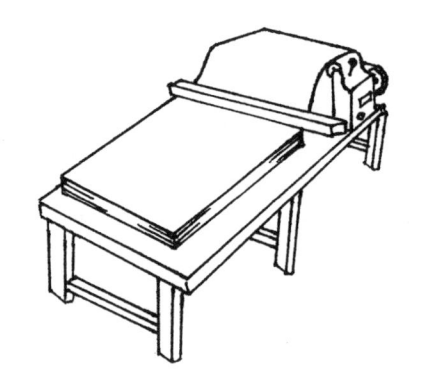

図10.11　延　反

(4) 裁　　断　マーキングの型取りに従って布を各パーツに裁断する（図10.12）。コンピュータによる自動裁断では，切断精度が高いのでパーツ間が接触するほどの切断間隙で切断できる。格子や縞などの柄物の場合には，柄の間隔を整えて粗裁ちし，さらにバンドナイフなどを用いて手動で裁断する。裁断方式および裁断機には種々ある。

量産の場合には，1着分にまとめられるパーツに同じ番号のラベルをつけ，微妙に色の違うパーツ同士を縫い合わせてしまうというトラブルをこれにより防ぐことができる（ラベル貼りをソーバリングという）。

衿や前身ごろなどの布地をしっかりさせたいパーツには必要に応じて芯地が接着される。芯地の固定に接着芯地を取り入れたことで作業効率が高まった。

パーツは，縫製の流れに従って，適当な枚数で束ねられ，後に続く工程作業

10.2 アパレル産業

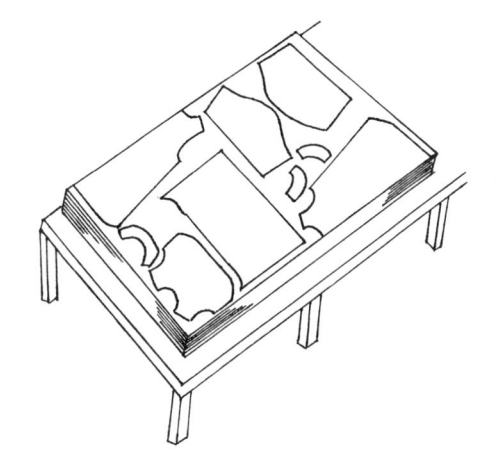

図 10.12 裁　断

をスムーズにする（パーツを束ねることをバンドリングという）。

〔4〕 **縫製工程**　縫製にはパーツ縫製と組立（アセンブリ）縫製とがあるが，縫製作業の合間に行うアイロン掛けやまとめ作業もある。

（1）**パーツ縫製**　パーツ縫製は，襟作りやポケットのフラップ作りなどの，組立てに入る前のパーツの縫製作業で，伸び止めテープ貼りや見返し作りなどを行う。例えばワイシャツの衿作り，ボタンホール作成，ボタン付け，ポケットのフラップ作成とかには能率向上のために専用ミシンや特殊ミシンが使われる（**図 10.13**）。また，つねに一定の形に縫うときには，電子サイクルミシンと呼ばれるコンピュータ制御の特殊ミシンを用いることで，特別の技能を持たない作業者でも正確にきれいに縫うことができる。

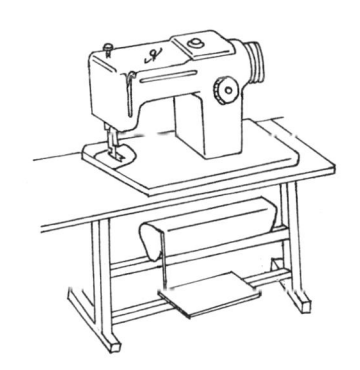

図 10.13 ミ シ ン

（２） 組立縫製　　組立縫製はパーツを組み合わせて衣服として仕立てる縫製をいう。すなわち，肩パット，袖(そで)付け，衿付け，フラップポケット付けなどのパーツの組立ミシン作業であるが，縫製作業を助けるために，縫目や型を整えるなどのプレス操作，アイロン操作もこれに加えられる。

　なお，パーツ縫製から組立縫製までの一貫した流れ作業の順番や所用時間を細かく工程分析することで，必要な材料や機械，人数を割り出し，縫製作業の効率化，生産時間の短縮化などを図っている。

（３） まとめ作業　　裾のまつり(すそ)など，機械化し難い作業は人の手でもって行われる。

〔５〕**仕上げ工程**

（１） 仕上げプレス　　縫製が終わり衣服の形態が整えられた衣服に対し，全体的なしわの除去のみならず，丸みをつけ，風合いにも気をつけながら形を整える（図10.14）。

図10.14　仕上げプレス

（２） 検　　査　　テカリや伸び，ねじれ，ふらつき，汚れ，傷，色変わりなどをチェックする（図10.15）。

図10.15　検　査

以上で製品ができあがる．検査に合格した製品には包装などが施されて完成品となり，出荷される（図 10.16）．

図 10.16　出　荷

10.2.7　衣服の製造機器

アパレルの製造工程とそれにかかわる機器類には，縫製準備工程の機器としては CAD 用コンピュータシステム，検反機，スポンジングマシン，延反機，そして，縫製工程の機器としては CAM 用コンピュータシステム，裁断機，プレス機，各種ミシンなど種々のものがある．これらの中で縫製の要であるミシンについてのみ少し説明をしておく．

『ミシン』は平面的な布を立体的な被服に加工する機械で，英語の"Machine"がなまったものと言われている．ミシンは布地などを縫糸を用いて縫い合わせる機械として一般に理解されているが，溶着や接着により布を貼り付ける方法が開発されてきたので，単に糸で縫うということはミシンの絶対的条件ではなくなっている．したがって，強いてミシンを定義すると，2枚以上の布をつなぎ止める機械ということになる．縫糸を用いた"縫い"には本縫いと環縫いの2種類がある．前者は織物の構造と同様に上糸と下糸が布の中で交絡する構造となっていて，環縫いの場合には編物と同様に連続する縫目をループでつなぎ止める構造となっている．この両者はその構造が根本的に異なるので，ミシンも本縫ミシンと環縫ミシンとに大別されている．

ミシンは精密機械の一つで，機械工学の粋を集めて作られている．その一端

は，その高速性にみることができる．工業用本縫ミシンでは，実際に使うことはなかなか難しいが，毎分6千ステッチ（6 000 spm）の高速ミシンが開発されている．いまわかりやすい例として，このミシンの半分の速度，すなわち，3 000 spmのミシンについて針の動きを考えてみると，針は毎秒50回の速さで布を刺していくこととなる（1縫目作る間に針は上下におよそ3 cm動く．またこのとき，かまはその倍の速度で回転している）．この速度は，丁度蛍光灯の点滅速度（関東での）と同じである．普通，蛍光灯が点いたり消えたりしていることはわれわれに認識できないが，電源周波数に従って点滅しているのである．蛍光灯の点滅が見えないのと同様に針の動きも見えない．しかし，布が送られて行くのでミシンが動いていることがわかる．もし，それがなければ単に「ゴー」という音が聞こえるだけである．なお，環縫ミシンでは本縫ミシン以上の高速運転ができる．

　速度以外の面でもミシンの進展は目覚ましく，自動糸切り，自動糸通し，下糸検知などの機能の付与や，2枚の布の端を揃えながら縫うエッジ・コントロール・シーマや，コンピュータに記憶されたプログラムに従って布送りを行い任意の形に縫い上げる電子サイクルミシン，さらにはコンピュータ刺繡ミシンなどに見られる電子化がなされ，ミシンはますます多機能化，省力化，自動化の方向に進んでいる．最近では，"ドライヘッド"と呼ばれる縫製中に油で製品を汚染させることをなくした無給油ミシンの開発，ボビンを回転させることなく下糸を繰り出すという無回転ボビンの開発などがなされてきている．さらには，ミシンの縫い機構の基本的変革とも言うべき新しい縫い機構を有するミシンも登場してきている．従来のミシンが，一定の下糸張力の下に，上糸に発生する張力に依存して縫目形成を行う機構であるのに対して，一つの縫目を造るのに必要とされる上糸長さを積極的に供給する機構を持つものである．これによって各縫目の長さが揃い，上糸と下糸のバランスも安定するようになった．このように今なお縫製品にやさしい，あるいは，縫製品の品位を高めるようなミシンの開発が行われているのである．

10.2.8 アパレル産業のコンピュータ利用・ロボット技術

衣服の生産工程においてコンピュータはおおいに利用され，労働力の緩和と製造の効率化，製造時間の短縮に貢献している．生産工程前半の設計部分，すなわち，デザイン画の作成，パターン作成，自動グレーディング，そして自動マーキングにおいてはCADが，工程後半においては自動裁断，縫製などでCAMが用いられている．

ここで，CAD (computer aided design) とは，コンピュータを利用した，あるいはコンピュータに支援された設計を意味する．アパレルでは，デザイン作成，マーキング，さらにはグレーディングなどにおおいに使われている（図10.4）．ところで，着装時のシルエット情報は設計時において是非とも欲しいものである．このような要求に対しては，静止した状態におけるシルエットの予測が布の力学特性値を用いたコンピュータ・シミュレーションによって可能となってきているが，ここにきてさらに，日本のT社によって"Dressing-Sim"と呼ばれる動態着装シミュレーションの開発が行われた．これによると，型紙データと布の力学特性値を用いることで非常にリアルな動態アニメーションが作成される．実際に衣服を作らなくとも，バーチャルな状態でのシルエット，例えば，歩いたり，跳んだりしたときのシルエットを知ることができるというものである．

CAM (computer aided manufacturing) とは，例えばマーキングされた生地をコンピュータのデータに従って裁断する（図10.4）というように，コンピュータを用いて加工することを言う．アパレルでは，CAD/CAMの利用は積極的に行われていて，それによる多品種，小ロット，短サイクル化に対応しようとしている．

自動車の組立工程などではロボットがおおいに活躍していることはよく知られている事実である．自動車などでのロボット利用は部品の搬送，溶接，塗装などであるが，そのようなロボットの利用がしやすい最大の理由は材料が鉄板などの剛直材料であるからである．これに対して，衣服の材料である布はきわめて柔らかく変形しやすい材料である．したがって，ある定められた形態を維

持したまま別の位置に移動することは容易なことではない。1982年4月から1991年3月までの8年間にわたって，通商産業省（現，経済産業省）は大型プロジェクト「自動縫製システムの開発」を行い，布という柔らかい材料をコントロールして原反から製品までを自動で作り上げる技術開発を行った。この研究によって，生地ハンドリングや生地の搬送・セッティング，そして自動縫製などの要素技術が研究開発されている。

つぎに，アパレルの製造におけるコンピュータの利用状況の概略について，個別的に説明する。

〔1〕 **デザイン画の作成** デザイン画は描かれ彩色や模様づけなど手書きにより行われていたが，デザイン作成を支援するコンピュータシステムの利用がなされるようになってきている。このようなシステムを利用すれば，デザイン画の形，色，模様，陰影付けなど，また，雑誌や写真からコンピュータに描画を取り入れ，それをデザイン画作成に容易に利用することもできる。さらに，作成したデザイン画はコンピュータに保管し，必要なときはいつでも簡単に取り出すことができる。

〔2〕 **パターンメーキング** パターンと素材の物性を与えると，その着衣時の形態がコンピュータ上に表現されるソフトも開発されている。これが一般化すると着衣時のシルエットが予測できるので，サンプル作りが省けることとなり，作業効率の大幅なアップが期待される。

〔3〕 **自動グレーディング** マスターパターンから各サイズへのサイズ展開は，メーカごとに一定の計算方式を用いており，結果はCG（computer graphics）画面に描画される。

〔4〕 **自動マーキング** CGを用いた自動マーキングがある。マーキングは一定長の生地にできるだけ無駄なくパーツを配置することが要求されるが，より無駄のない，より短時間のマーキングを行うためには，自動マーキングとともに経験者による手動マーキング支援が現在の技術では必要とされている。

〔5〕 **自動検反** 検反は検反機により人の目で行われる。自動縫製システムでは布幅，傷，欠点，汚れ，色などを自動検反するインテリジェント検反

機を開発した。

〔6〕**自動裁断**　マーキング情報に基づいて自動裁断を行う。裁断の方式には，レーザ，往復ナイフ式，ウォータジェット式などがある。自動縫製システムではミラー揺動型のレーザなどが開発されている。

〔7〕**自動芯接着**　自動縫製システムでは芯地代替技術が開発された。生地に対して粉末状の接着剤を芯地形状に直接塗布する方式である。また，接着芯の接着には高周波接着装置も開発されている。

〔8〕**自動縫製**　パターンシーマやコンピュータ刺繡ミシンのようにコンピュータの指示に従って被縫製材料が移動して，あるいは縫糸が自動交換して縫製するミシンがある。

　また，パーツ縫製のフレキシブル生産システム（FMS）化を目的としたシステムとして，各種の治具や各種のミシンヘッドを必要に応じて自在に使い，各種のパーツ縫製に関する一連の作業を自動処理するシステムが自動縫製システム（後述）で開発されている。例えば，前身頃と後身頃を自動搬送し，身頃の脇合わせ縫い，縫目割り，くせとり，背中心縫いを連続して自動で行う。

〔9〕**高機能プレス加工装置**　高い熟練度を必要とする仕上げプレス加工を自動で行う装置をいう。例えば，ハンガーで自動搬送されてきたブレザーを自動着脱装置によって寸法や体形を変化させることのできる，いわゆるフレキシブルダミーに装着し，立体のままプレス加工を行う。

引用・参考文献

1章

(1) 松村　明監修："大辞泉"，小学館 (1995)．
(2) 佐藤方彦編著："生活文化論"，2章（中島利誠：生活文化と家政），pp.43～44，井上書院 (1992)．
(3) 石井威望："日本人の技術はどこから来たか"，PHP出版 (1997)．

2章

(1) 河村哲也："環境科学入門"，インデックス出版 (1998)．
(2) L. Wittgenstein : "Tractatus Logicophilosophicus", Routledge (1981).
(3) 佐藤昭夫："自律機能生理学"，金芳堂 (1995)．
(4) カール・マルクス："資本論"，岩波文庫 (1969)．
(5) 河野邦雄，伊藤隆造，堺　章："解剖学"，医歯薬出版 (1991)．
(6) 毛澤東："実践論・矛盾論"，岩波文庫 (1957)．
(7) 神戸中医学研究会："基礎中医学"，燎原 (1995)．
(8) K. Cena and J. A. Clark : "Bioengineering, Thermal Physiology and Comfort", Elsevier Scientific Publishing (1981).
(9) 扇澤美千子，長谷部ヤヱ，小川昭二郎，會川義寛："布中の糸の曲がり"，生活工学研究，**4**，328 (2002)．
(10) 會川義寛，岡部哲郎："内科医のための漢方医学"，内科，80巻，pp.967～973 (1997)．
(11) 細井　勉："集合・論理"，共立出版 (1982)．
(12) P. Atkins and J. de Paula : "Atkins' Physical Chemistry", Oxford University Press (2002).
(13) 會川義寛："科学と中医学"，中国語，**9**，36，大修館書店 (1998)．

3章

(1) 佐藤方彦："人間工学概論"，光生館 (1975)．
(2) 人間工学用語研究会編："人間工学事典"，日刊工業新聞社 (1983)．
(3) 菊池安行・関　邦博："現代生活の生理人類学"，垣内出版 (1987)．
(4) 菊池安行："おはなし人間工学"，日本規格協会 (1989)．
(5) 佐藤方彦："人をはかる"，日本規格協会 (1990)．
(6) 佐藤方彦監修，勝浦哲夫ほか編："人間工学基準数値数式便覧"，技報堂出版

(1992).
(7) 佐藤方彦："おはなし生活科学"，日本規格協会（1994）．
(8) 日本生理人類学会計測研究部会編："人間科学計測ハンドブック"，技報堂出版（1996）．
(9) 日本生理人類学会居住環境評価研究部会編："生理人類学から見た環境の科学"，彰国社（2000）．
(10) 木村弘毅："パソコンの入力デバイスに関する研究"，千葉大学工学部工業意匠学科卒業研究・修士論文概要集，p.17（1994）．
(11) 原田 一（佐藤方彦編）："ATM の使いやすさ，現代のエスプリ──使いやすさの科学──"，pp.125〜135，至文堂（1996）．
(12) H. Harada, T. Katsuura and Y. Kikuchi："Fundamental study on the size and inter-key spacing of numeric keys for touch screen", J. Human Ergol, **25**, 2, pp.167〜174 (1996).
(13) A. D. Hall, J. B. Cunningham, R. P. Roache and J. W. Cox："Factors affecting performance using touch-entry systems, Tactual Recognition fields and system accuracy", J. Appl. Psychol. **73**, 4, pp. 711〜720 (1988).
(14) 岡田有策："タッチオペレーションによる状態変更型の手動制御"，日本人間工学会誌，**29**，5，pp.299〜306（1993）．
(15) H. Harada, T. Katsuura and Y. Kikuchi："Basic study on the rectangular numeric keys for touch screen", J. Human Ergol, **26**, 1, pp.77〜82 (1996).
(16) R. Conrad and A. J. Hull："The preferred layout for numeral data-entry keysets", Ergonomics, **11**, 2, pp. 165〜173 (1968).
(17) 泉 弘之・原田 一・勝浦哲夫・菊池安行："使いやすいテンキー配列パターンがタスクパフォーマンスに及ぼす影響"，日本生理人類学会，第34回大会梗概集，p.75（1995）．
(18) H. Harada, T. Katsuura and Y. Kikuchi："Effects of time stress on psycho-physiological responses during data entry tasks", Appl. Human Sci. **14**, 6, pp. 279〜285 (1995).
(19) 沖野宏明："電動リール用操作パネルの人間工学的研究"，千葉大学工学部工業意匠学科卒業研究・修士論文概要集，p.24（1995）．
(20) 前田勝義："筋電図による複写伝票ボールペン記入作業負担の解析"，産業医学，17，pp.203〜209（1975）．
(21) 菊池安行："ボールペンのグリップの太さについて"，安全，**46**，11，pp.62〜63（1995）．
(22) H. Harada, T. Katsuura and Y. Kikuchi："Comparative study on the muscular load of the arms using hair driers", J. Human Ergol., **24**, 2, pp.183〜192 (1995).
(23) 寺島智子・勝浦哲夫・原田 一・菊池安行："ファンデーション用コンパクト

の人間工学的研究", 日本生理人類学会, 第34回大会梗概集, p.49 (1995).
(24) T. Akioka, H. Harada, T. Katsuura and Y. Kikuchi : "Ergonomic Evaluation of automobile driver's seat", 2nd. International congress On Physiological Anthropology, pp. 1～5 (1994).

4章

（1） 家庭電気文化会編："家庭の電気工学", オーム社 (1989).
（2） 居垣千尋・太田頼敏："生活工学", 光生館 (1983).
（3） 池本洋一・堀野恒雄編："家庭機械・電気・情報", 建帛社 (1993).
（4） 森　昌幹・設楽　実："新・家庭機械および電気", 森北出版 (1986).

5章

（1） (社)日本建築学会編："建築設計資料集成6（設備計画）", 丸善 (1985).
（2） (財)建築技術教育センター編："旧建設大臣指定建築設備士講習テキスト上・中・下", 鹿島出版 (1987).
（3） (社)空気調和・衛生工学会編："空気調和衛生工学便覧", 丸善 (1995).

6章

（1） E. S.モース著, 斎藤正二・藤本周一共訳："日本人の住まい", 文弘社 (1979).
（2） 稲葉和也・中山繁信："日本人のすまい, 住居と生活の歴史", p.60, 彰国社 (1983).
（3） D. A.ノーマン著, 野島久雄訳："誰のためのデザイン", p.17, 新曜社 (1990).
（4） 森　典彦編："左脳デザイニング　デザインの科学的方法を探る",（山中敏正：デザイン設計条件の構造化）, p.37, 海文堂出版 (1993).
（5） 森　典彦編："インダストリアルデザイン　その科学と文化",（石川　弘：実際化の基本的な過程, pp.71～74, 朝倉書店 (1993).
（6） 日本人間工学会アーゴデザイン部会スクリーンデザイン研究会編："GUIデザイン・ガイドブック",（岡田　明：情報入手, 操作に関するガイドライン）, pp.97～99, 110～125, 海文堂 (1995).
（7） 岡田　明："ユニバーサルデザインのモノづくりと国内外の動向, 繊維製品消費科学", **42**, 2 (2001).

7章

（1） P. S. Berger："J. Home Economics", **12**, p. 252 (1984).
（2） 荒俣　宏："決戦下のユートピア", p.147, 文藝春秋 (1996).
（3） 総理府婦人問題担当室："婦人の生活と意識", ぎょうせい (1984).

引用・参考文献

8章

(1) Modern plastics magazine ed. : "Plastics Handbook", McGraw-Hill (1994).
(2) 鶴田禎二・中島章夫編:"高分子の化学",岩波書店 (1979).
(3) 高分子学会編:"ニューポリマーサイエンス",講談社 (1993).
(4) 田附重夫:"ファインポリマーの世界",岩波書店 (1985).
(5) 久保田宏・松田　智:"廃棄物工学　リサイクル社会を創るために",培風館 (1997).
(6) 長井　寿編著:"高分子材料のリサイクル",化学工業日報社 (1996).
(7) リターナブルプラスチックボトル技術情報研究会報告書,(社)環境生活文化機構 (1999).

9章

(1) S. Kawabata and M. Niwa : "Objective Measurement of Fabric Hand", Modern Textile Characterization Method, (Ed.) M. Raheel, Chapt. 10, pp. 329~354, Marcel Dekker, New York (1996).
(2) F. T. Pierce : "The 'Handle' of Cloth as a Measurable Quality", J. Text. Inst., **21**, T373 (1930).
(3) 川端季雄:"風合いの解析",繊維学会誌,**25**, pp.191~199 (1969).
(4) S. Kawabata and M. Niwa : "Fabric Performance in Clothing and Clothing Manufacture", J. Text. Inst., **80**, pp.19~50 (1989).
(5) 川端季雄:"風合いの評価の標準化と解析",風合い計量と規格化研究委員会,日本繊維機械学会 (1975),第二版 (1980).
(6) 川端季雄:"布風合いの客観評価システム",シミュレーション,**13**, pp.20~24 (1994).
(7) 川端季雄:"風合いと衣服",日本繊維機械学会誌,繊維工学,**33**, pp.136~142 (1980).
(8) S. Kawabata (Ed.) : "HESC Standard of Hand Evaluation (*H. V.* Standard for Men's Suitings)", HESC, The Text. Machinery Soc. Japan, Osaka (1975), HESC Standard of Hand Evaluation Vol. 1 (1980).
HESC Standard of Hand Evaluation Vol. 2 (*H.V.* Standard for Women's Thin Dress Fabric) (1980).
(9) S. Kawabata (Ed.) : "HESC Standard of Hand Evaluation Vol. 3 (*T.H.V.* Standard for Men's Winter Suitings)", HESC, The Text. Machinery Soc. Japan, Osaka (1982).
(10) T. J. Mahar and R. Postle : "International Fabric Handle Survey", Objective Evaluation of Apparel Fabrics, (Ed.) S. Kawabata, R. Postle and M. Niwa, The Text. Machinery Soc. Japan, Osaka, p. 261 (1983).

(11) S. Kawabata : "The Development of the Objective Measurement of Fabric Handle", Objective Specification of Fabric Quality, Mechanical Properties and Performance, (Ed.) S. Kawabata, R. Postle and M. Niwa, The Text. Machinery Soc. Japan, Osaka, p. 31 (1982).

(12) 川端季雄："風合いの計測システム", 繊維学会誌, 繊維と工業, **5**, p. 277 (1972).
川端季雄："布の風合とその客観評価システムについて", 色材, **64**, p. 156 (1991).
川端季雄："KES-F システムとその応用", 繊維学会誌, 繊維と工業, **47**, p. 624 (1991).
川端季雄："人間の感性はどのようにしてはかるのか", 化学, **51**, p. 91 (1996).

(13) 川端季雄："風合い計量のための布の力学特性キャラクタリゼーション, およびその計測システムについて", 日本繊維機械学会誌, 繊維工学, **26**, p. 27 (1973).

(14) S. Kawabata, M. Niwa and H. Kawai : "The Finite-Deformation Theory of Plain-Weave Fabrics, Part Ⅰ, Part Ⅱ, Part Ⅲ", J. Text. Inst., **64**, pp. 21〜46, 47〜61, 62〜85 (1973).

(15) 丹羽雅子・劉　彩明・川端季雄："布地で開発されたソフト感客観評価法の他の材料への応用", 第18回繊維工学研究討論会講演要旨集, 日本繊維機械学会, p.167 (1989).

(16) S. Kawabata, G. A. Carnaby and M. Niwa : "New Zealand/Japan Joint Project for Developing High Quality Summer Suiting Using New Zealand Wool and Fabric Objective Measurement Technology", Proc. of The Advanced Workshop on the Application of Mathematics and Physics in the Wool Industry, (Ed.) G. A. Carnaby, E. J. Wood and L. F. Story, Wool Research Organization of New Zealand and the Textile Institute (New Zealand Section), Christchrch, New Zealand, 92 (1988).

(17) M. Niwa, S. Kawabata, S. Kurihara and G. A. Carnaby : "Analysis of the Handle of High Quality Tropical Fabrics Developed Using New Zealand Wool in a Joint New Zealand/Japan Project", Proc. of the 8th Wool Text. Res. Conf., Vol. 5, pp. 350〜360 (1990).
S. Kawabata and M. Niwa, S. Kurihara, Y. Yamashita and A. Inamura : "Development of High Quality Apparel Fabrics by Means of Objective Measurement", Proc. of the 78th World Conf. of the Textile Institute, pp. 1〜8 (1997).

(18) S. Kawabata and M. Niwa : "Recent Progress in the Objective Measurement of Fabric Hand", Macromolecular Concept and Strategy for Human-

ity in Science, Technology and Industry, (Ed.) S. Okamura, B. Ranby and Y. Ito, Chapt. 7, Springer-Verlag, Berlin, Heidelberg, New York, pp. 81〜103 (1996).
(19) The Oxford English Dictionaly, Second Edition, Prepared by J. A. Simpson and E. S. C. Weiney, Vol. I, A-Bazouki, Oxford Clarendon Press, p. 562 (1989).
(20) The New Shorter Oxford English Dictionary, on Historical Principles, Vol. 1, Edited by Lesley Brown, The New Authority on the English Launguage, Oxford Clarendon Press, pp. 96〜97 (1993).
(21) J. Lindberg, L. Westerberg and R. Svenson : "Wool Fabrics as Garment Construction Materials", J. Text. Inst., 51, T1475 (1960).
(22) M. Niwa, S. Kawabata and K. Ishizuka : "Recent Developments in Research Correlating Basic Fabric Mechanical Properties and the Appearance of Men's Suits", Objective Evaluation of Apparel Fabrics, (Ed.) R. Postle, S. Kawabata and M. Niwa, The Text. Machinery Soc. Japan, Osaka, p. 67 (1983).
(23) K. Ito : "The Use of Objective Measurement of Fabric Mechanical Properties for Process and Quality Control in an Apparel Manufacturing Factory", Objective Specification of Fabric Quality, Mechanical Properties and Performance, (Ed.) S. Kawabata, R. Postle and M. Niwa, The Text. Machinery Soc. Japan, Osaka, p. 331 (1982).
(24) K. Ito : "Process Control for Tailoring Based on Objective Data about Fabric Properties-Progress in the Last Year", Objective Evaluation of Apparel Fabrics, (Ed.) R. Postle, S. Kawabata and M. Niwa, The Text. Machinery Soc. Japan, Osaka, p. 89 (1983).
(25) K. Ito and S. Kawabata : "Conception of the Automated Tailoring Controlled by Fabric Objective-Measurement Data", Objective Measurement : Applications to Product Design and Process Control, (Ed.) S. Kawabata, R. Postle and M. Niwa, The Text. Machinery Soc. Japan, Osaka, p. 175 (1985).
(26) S. Kawabata, K. Ito and M. Niwa : "Tailoring Process Control", J. Text. Inst., 83, pp. 361〜374 (1992).
(27) 今岡春樹・渋谷惇夫："アパレルCADのための人体モデリング"，第15回繊維工学研究討論会講演論文集，日本繊維機械学会，p.33（1986）．
(28) M. Niwa and S. Kawabata : "The Three Mechanical Components of Fabric Relating to Suit Appearance", Proc. of the Advanced Workshop on the Application of Mathematics and Physics in the Wool Industry", (Ed.) G. A. Carnaby, E. J. Wood and L. F. Story, WRONZ, Wool Research Organization

of New Zealand and the Textile Institute (New Zealand Section), Christchrch, New Zealand, p. 404 (1988).
(29) 綾田雅子・丹羽雅子:"ギャザースカートの着用感と布の力学特性との関係", 繊維学会誌, **47**, pp.291〜298 (1991).
(30) M. Niwa and Y. Yamada : "Prediction of Seam Pucker of SHINGOUSEN Fabrics Woven with Micro Denier Fabrics", Int. J. Clothing Science and Tech., **3**, No. 3, pp. 7〜10 (1991).
(31) S. Kawabata, M. Niwa, K. Ito and M. Niwa : "Application of Objective Measurement to Clothing Manufacture", Int. J. Clothing Science and Tech., **2**, No. 3/4, pp. 18〜33 (1990).
(32) M. Niwa, M. Nakanishi, M. Ayada and S. Kawabata : "Optimum Silhouette Design for Ladies' Garments Based on the Mechanical Properties of a Fabric", Text. Res. J., **69**, pp. 578〜588 (1998).
(33) 川端季雄・丹羽雅子:"薄手布を対象とした客観的風合い評価法の改良, 第1報;力学量測定における変形量の検討", 日本繊維機械学会誌, **37**, pp.113〜121 (1984).
(34) 繊維製品のシームパッカリング評価方法, JIS L 1905 (1994).
(35) 山田洋子, 丹羽雅子:"シームパッカリングに関する研究 第1報 紳士スーツ地のシームパッカリングに及ぼす布の力学特性の影響", 日本繊維製品消費科学会誌, **34**, pp.142〜150 (1993).
(36) 山田洋子・森美友喜・丹羽雅子:"縫目形成時の針貫通力と布物性との関係", 日本繊維製品消費科学会誌, **35**, pp.271〜277 (1994), "シームパッカリングに関する研究 第2報 婦人薄手ドレス地の力学特性に基づくパッカリング予測", 日本繊維製品消費科学会誌, **36**, pp.240〜246 (1995).
(37) M. Mori and M. Niwa : "Investigation of the Performance of Sewing Thread", Int. J. Clothing Science and Tech., **6**, No. 2/3, pp. 51〜56 (1994).
(38) S. Kawabata and M. Niwa : "Clothing Engineering Based on Objective Measurement Technology", The 2nd International Conf., on Innovation and Modelling of Clothing Engineering Process (IMCEP'97), pp. 1〜10, Maribor, Slovenia (1997).
(39) S. Kawabata, M. Niwa and Y. Yamashita : "Recent Developments in the Evaluation Technology of Fiber and Textiles : Toward the Engineered Design of Textile Performance", J. Applied Polymer Science, **83**, pp.687〜702 (2002).

10章

(1) 石川欣造監修:"新アパレル工学事典", p.358, 繊維流通研究会 (1994).

索引

【あ】

アウトソーシング	137
アーゴノミクス	27
アース端子	101
圧力水頭	84
アパレル	189, 208
アパレル技術	204
アパレル形成能	190
アパレル設計	204
アパレル縫製工程設計	186
アパレルメーカ	211
アフォーダンス	39, 128

【い】

衣環境設計	190
一般用ポリスチレン	158
糸	21
引火点	87
インダストリアル・デザイン	111
インターネット	140
インバータ	52, 56
インバータエアコン	63
インバート会所	83
インフレーション法	156
陰陽論	26

【う】

ウォータハンマ	85

【え】

エアコン	62
エイジレスデザイン	122
エネルギー	6
エンゲル係数	133
延反	218

【お】

汚水浄化槽	82
オゾン層	62
音環境	98
音の強さ	94
織物	21
音波	94

【か】

回帰精度	184
外治	22
快適性能	174
科学	4
ガスバリヤー性	155
可塑性	149
殻部	20
川上	206
川下	206
川中	206
灌漑	19
感覚性能	173
感覚表示	179
環境	6
関係湿度	77
感性	136
感性材料	173, 174
——の感性性能	187
——の品質評価	187
感性性能	174, 175
——の客観的評価	187
環縫い	221

【き】

技術	1, 4, 117
基本的力学特性	180
基本風合い	177, 181
基本物理量の計測条件	186
基本力学量	185
客観的評価法	186
吸音材	97
吸音率	97
吸音力	97
凝縮液化	75
曲面形成能	191
筋電図	32, 45
筋電図積分値	45
筋負担	45

【く】

クイックレスポンス	205
空気環境	80
組立縫製	220
クラッキング	152
グレア	91
グレーディング	216
グローランプ	66

【け】

頸肩腕障害	44
蛍光灯	65
携帯電話	141
ケミカルリサイクル	163, 168
言語	6
健康	22

原子力発電	3
原子論	25
現代医学	23
検 反	217
原 油	152

【こ】

高圧法ポリエチレン	154
工 学	5
工業用パターン	215
高次対偶	68
合成樹脂	149
高置水槽	83
口伝技術	134
高品質衣服ゾーン	192
高密度ポリエチレン	154
交 流	51
交流電動機	58
五 気	20
五 行	16
国際 10-20 電極法	34
国民生活指標	148
五 材	15
固体摩擦	68
コンパクト	46

【さ】

材質判別コード	153
在宅勤務	139, 141
裁 断	218
最適シルエット デザイン	199
栽 培	19
材料性能評価	176
材料物質	6
サーマルリサイクル	163, 169
産業革命	130, 138
サンプルメーキング	215
残留塩素	80
3路スイッチ	99

【し】

飼 育	19
自己外在化	11
自己対象化	10
事象関連電位	34
シーズヒータ	53
仕立て映え	194
——の客観的評価法	204
——の主観評価	194
仕立て映え評価	194
仕立て映え評価値	195
仕立て映え予測式	196
湿球温度	77
シックビル症候群	78
実効値	53
室指数	92
自動車用シート	48
自動縫製システム	193, 204
——の開発	224
シームパッカー	199
湿り空気線図	77
社会システム	144
弱電設備	104
写 像	8
周波数	51
主観判断過程	177
主観判断基準試料	178
樹 脂	149
受信アンテナ	101
受水槽	84
狩 猟	19
ジュール熱	52
潤滑油	68
瞬間湯沸器	90
瞬目数	41
消火器	88
硝酸エステル	150
硝酸セルロース	150
仕様書作成	216
照度感覚	90

商品企画	212
商品設計	214
情 報	6
情報化社会	138
情報検索	131
情報ニーズ	130
初期消火	87
女性の社会進出	137
シルエット	214
シルエットデザイン	199
シロッコファン	86
心電図	33
心拍数	33
心拍変動性	33
芯 部	20

【す】

水銀灯	67
水蒸気分圧	77
随伴陰性変動	34
スーパー	134
スピンドル油	68
スペースヒータ	53
スポンジング	217
寸法の安定化	217

【せ】

生活情報	130
生活様式	130
制 御	189
生産の空洞化	135
生産様式	131
性能評価	174
生理・心理反応	42
生理人類学	36
整流子電動機	58, 60
石 油	152
——の起源	151
絶対湿度	77
セルロイド	150
繊 維	21
繊維産業	206
繊維状の材料	174

索引 **235**

線状低密度
　ポリエチレン　　156
線・点対偶　　68

【そ】

双極誘導　　32
総合品質判断　　179
総合風合い値　　179
装着シミュレーション
　　　　　　　223
双方向通信　　143
粗製ガソリン　　152
ソーパリング　　218

【た】

第三種換気　　79
大量生産・大量販売　133
他糸レーシング　67
タッチスクリーン　39
タテ編　　69
単位　　24
単極誘導　　32
単純多重回帰　　182
弾性　　149
弾性保有量　　195

【ち】

中圧法ポリエチレン　154
中医学　　23
直流　　51
直流電動機　　57
治療　　22

【つ】

通信環境　　103
ツル　　44

【て】

手編機　　69
抵抗加熱　　52
低次対偶　　68
ディジタル　　120, 142
ディジタル化　　120, 142

低密度ポリエチレン　154
テキスト　　23
テクノストレス　　29
デザイン画　　212
デザイン・
　コンセプト　　114
デザインパターン　214
テレビ　　135, 142
電気　　51
電気環境　　99
電気事業法　　51
電気通信事業法　　103
テンキー配列　　40
電気用品取締法　　99
電気冷蔵庫　　61
電子サイクルミシン　222
電磁調理器　　56
電子レンジ　　55
電動機　　57
電動リール　　43
電波　　101
電力　　98
電力量　　98

【と】

透過損失　　96
同期電動機　　60
等ラウドネス曲線　95
都市ガス　　88
ドライヘッド　　222
トラッキング現象　99
トラップ　　81
ドレープ形成能　　196

【な】

内治　　22
内部環境　　10
ナフサ　　152

【に】

ニクロム　　53
ニトロセルロース　150
入力デバイス　　36

尿素樹脂　　162
人間　　6
人間—環境系　　28
人間—機械系　　28
人間工学　　27, 124

【ぬ】

布　　21
――の基本的力学特性
　　　　　　　177
――の仕立て映え　194
――の仕立てやすさ
　　　　　　　194
――の風合い設計
　　　　　175, 185
――の変形　　186
――の力学的性質　185
――の力学量の測定
　　　　　　　185

【ね】

熱可塑性　　150
熱可塑性樹脂　　149
熱可塑性プラスチック
　　　　　　　149
熱環境　　76
熱硬化性　　150
熱硬化性樹脂　　150, 162
熱硬化性プラスチック
　　　　　　　150
熱通過率　　74
熱抵抗　　73
熱伝導率　　73
熱放射　　64

【の】

脳波　　34

【は】

ハイインパクト
　ポリスチレン　　159
排水勾配　　81
排水用通気管　　81

索引

バイメタル	54	
パウチ	164	
白熱電球	64	
パーセンタルイ値	31	
バーチャル性	137	
発砲スチロール	159	
パーツ縫製	219	
発砲ポリスチレン	159	
パフォーマンステスト	35	
ハロゲンサイクル	65	
ハロゲンランプ	65	
バンドナイフ	218	
バンドリング	219	

【ひ】

光環境	93
火環境	90
ビジョン	116
ヒータ	53
ヒートポンプ	74
ヒートポンプエアコン	62
皮膚感触	174
被　服	189
被服材料	174
ヒューマンインタフェース	27, 36, 122
表面接触感覚	174
表面熱伝達率	73
平　編	70

【ふ】

風合い	175, 176
――の客観的評価法	180
――の主観評価	176
――の数値化	178
――の標準化	177
風合い感覚の強さ	177
不易と流行	2
沸騰気化ガス	75
ブナS	151
プラスチックス	149
ブラックボックス化	120
フラッシュオーバ	86
ブレーカ	100
フレミングの左手の法則	58
フレームロッド	89
ブロック残差回帰方式	181
プロトコル分析	36
プロパンガス	88
プロペラファン	85
フロン	61

【へ】

ヘアドライヤー	45
平均照度	91
べら針	69

【ほ】

縫製工程設計	191, 204
縫製工程の制御	191
縫製準備	217
飽和空気	77
ホームエレクトロニクス	144
ホームオートメーション	104
ポリエステル	160
ポリエチレン	154
ポリエチレンテレフタレート	160
ポリ塩化ビニリデン	160
ポリ塩化ビニル	157
ポリカーボネート	161
ポリスチレン	158
ポリプロピレン	157
ボールペン	44
ホルマリン樹脂	161
ホン	95
本縫い	221
本縫いミシン	67

【ま】

マイカヒータ	53
マイクロ波	54
マイクロ波加熱	54
マーキング	216
マグネトロン	55
マシン油	69
マテリアルリサイクル	163, 165, 167
マルチン式生体計測	31
マンエンバイロメンタルインタフェース	122
マンマシンインタフェース	122

【み】

ミシン	67, 221
水環境	83

【め】

明視照度	90
メラミン樹脂	162
メリヤス編	70
面対遇	68

【も】

文　字	23

【ゆ】

誘電加熱	54
誘導加熱	56
誘導電動機	58
誘発電位	34
ゆとり社会	148
ユニバーサルデザイン	122
ユリア樹脂	162

【よ】

揚水発電	3
ヨコ編	69
予測精度	184

【り】

立体曲面形成	191
立体曲面形成能	195

索　引　　237

リホーミング	152	
流体摩擦	68	
リユース	163, 164	

【る】

ルミネセンス　65

【れ】

冷凍圧縮機	75
冷凍サイクル	61
冷　媒	61

【ろ】

労働集約型産業	209
露点温度	77

【A】

ABC 火災	88
ABS 樹脂	159
AC	51
ATM	39

【B】

Buna-S	151

【C】

CAD	223
CAD マネキン	31
CAM	223
CD-ROM	143
CNV	34

【D】

DC	51
D＆C ブーム	136
DVD	143

【E】

ECG	33
EEG	34
EMG	32, 45
ERP	34

【F】

FS	159

【G】

GP	158

【H】

HDPE	154
HIPSt	159
HRV	33
H. V.	178

【I】

ISDN	103

【K】

KES-F	185, 191

【L】

LDPE	154
LLDPE	156

【N】

NC 曲線	96

【P】

P 300	34
PC	161
PE	154
PET	160
phon	94
PLI	148
PP	156
PS	158
PSt	158
PVC	157

【Q】

QR	209

【R】

RFD	170

【S】

SD 法	35
SPA	210

【T】

TAV	195
T. H. V.	179

【U】

UHF	103

【V】

V	157
VHF	103

―― 編著者略歴 ――

- 1955 年　東京大学工学部応用化学科卒業
- 1962 年　東京大学大学院化学系研究科博士課程満期退学
- 1962 年　東京大学助手
- 1964 年　工学博士（東京大学）
- 1969 年　お茶の水女子大学助教授
- 1979 年　お茶の水女子大学教授
- 1996 年　お茶の水女子大学名誉教授
- 1996 年　昭和女子大学教授
- 　　　　　現在に至る

この間，繊維学会会長，日本繊維製品消費科学会副会長，日本家政学会副会長を歴任，現在　日本衣料管理協会副会長。日本繊維製品消費科学会奨励賞・功績賞，日本繊維機械学会論文賞，繊維学会功績賞，遠赤外線協会研究開発賞などを受賞。繊維便覧（丸善），被服材料学（光生館），着心地の科学（光生館）など，著書および訳書多数。

生活と技術
Daily life in the information—oriented society—

© Toshinari Nakajima　2002

2002 年 10 月 31 日　初版第 1 刷発行

検印省略	編著者	中島　利誠（なかじま としなり）
	発行者	株式会社　コロナ社
	代表者	牛来辰巳
	印刷所	壮光舎印刷株式会社

112-0011　東京都文京区千石 4-46-10
発行所　株式会社　コロナ社
CORONA PUBLISHING CO., LTD.
Tokyo Japan
振替 00140-8-14844・電話 (03)3941-3131(代)
ホームページ　http://www.coronasha.co.jp

ISBN 4-339-07807-7　　(GT)　（製本：グリーン）
Printed in Japan

無断複写・転載を禁ずる
落丁・乱丁本はお取替えいたします

シリーズ　21世紀のエネルギー

(各巻A5判)

■ (社)日本エネルギー学会編

		頁	本体価格
1. **21世紀が危ない** ― 環境問題とエネルギー ―	小島紀徳著	144	**1700円**
2. **エネルギーと国の役割** ― 地球温暖化時代の税制を考える ―	十市　　勉 小川芳樹共著 佐川直人	154	**1700円**
3. **風と太陽と海** ― さわやかな自然エネルギー ―	牛山　泉他著	158	**1900円**
4. **物質文明を超えて** ― 資源・環境革命の21世紀 ―	佐伯康治著	168	**2000円**
5. **Cの科学と技術** ― 炭素材料の不思議 ―	白石・大谷 京谷・山田共著	148	**1700円**

以下続刊

深海の巨大なエネルギー源　奥田義久著
― メタンハイドレート ―

ごみゼロ社会は実現できるか　堀尾正靭著

太陽の恵みバイオマス　松村幸彦編著

定価は本体価格+税です。
定価は変更されることがありますのでご了承下さい。

図書目録進呈◆

ヒューマンサイエンスシリーズ

(各巻B6判)

■監　修　　早稲田大学人間総合研究センター

		頁	本体価格
1. 性を司る脳とホルモン	山内 兄人／新井 康允 編著	228	1700円
2. 定年のライフスタイル	浜口 晴彦／嵯峨座 晴夫 編著	218	1700円
3. 変容する人生 ーライフコースにおける出会いと別れー	大久保 孝治 編著	190	1500円
4. 母性と父性の人間科学	根ヶ山 光一 編著	230	1700円
5. ニューロシグナリングから知識工学への展開	吉岡 亨／市川 一寿／堀江 秀典 編著	160	1400円
6. エイジングと公共性	渋谷 望／空閑 厚樹 編著	近刊	

以下続刊

| バイオエシックス | 木村 利人 編著 |
| エイジングと日常生活 | 高田 知和／木戸 功 編著 |

定価は本体価格+税です。
定価は変更されることがありますのでご了承下さい。

◆図書目録進呈◆

コンピュータ関連書

◆好評発売中◆

Linux 数値計算ツール ── 大石進一 著　A5判／本体2,200円

高専学生のための**ディジタル信号処理** ── 酒井幸市 著　A5判／本体2,100円

コンピュータグラフィックス講義 ── 青木由直 著　A5判／本体3,200円

コンピュータ基礎講座 ── 熊谷勝彦　A5判／本体2,600円

Excelによるシステム最適化 ── 大野勝久 編著　田村隆善・伊藤崇博 共著　A5判／本体2,500円

問題解決のための**Cプログラミング**＜機械系 教科書シリーズ7＞── 佐藤次男・中村理一郎 共著　A5判／本体2,600円

マルチメディア時代の**情報理論** ── 小川英一 著　A5判／本体2,400円

入門 情報リテラシー(Windows版) ── 高橋参吉・松永公廣・若林 茂・黒田芳郎 共著　B5判／本体2,700円

コンピュータ科学入門＜情報・技術経営シリーズ6＞── 布広永示・菅澤喜男 共著　A5判／本体2,000円

情報科学の基礎 ── 細野敏夫 著　A5判／本体2,700円

Javaによる知能プログラミング入門 ── 新谷虎松 著　A5判／本体2,600円

情報通信システム＜電気・電子系 教科書シリーズ25＞── 岡田 正・桑原裕史 共著　A5判／本体2,400円

情報リテラシー入門＜電気・電子系 教科書シリーズ14＞── 室賀進也・山下 巌 共著　A5判／本体2,200円

C言語による**プログラミングの基礎** ── 田中敏幸 著　A5判／本体2,600円

Javaによる**プログラミング入門** ── 赤間世紀 著　A5判／本体2,500円

コンピュータ科学の基礎 ── 稲垣耕作 著　A5判／本体2,300円

やさしい組合せ数学 ── 西岡弘明 著　A5判／本体2,500円

インターネット時代のコンピュータ活用法 ── 岡田 稔 編著　A5判／本体2,800円

効率よく学ぶ**Cプログラミング** ── 宇土顕彦 著　A5判／本体2,000円

コンピュータ時代の基礎知識 ── 赤間世紀 著　A5判／本体1,800円

定価は本体価格+税です。
定価は変更されることがありますのでご了承下さい。

図書目録進呈◆

ライブラリー生活の科学

(各巻A5判)

■企画・編集委員長　中根芳一
■企画・編集委員　石川　實・岸本幸臣・中島利誠

	配本順			頁	本体価格
1.	(6回)	生活の科学	中根芳一編著		近刊
2.	(3回)	人と環境	中根芳一編著	212	2200円
3.		家族と生活	石川・岸本編著		
4.	(4回)	生活と健康	中島利誠編著	222	2300円
5.		生活と消費	清水哲郎編著		
6.		生活と福祉	岸本幸臣編著		
7.	(5回)	生活と技術	中島利誠編著	252	2500円
8.	(2回)	生活と住まい	中根芳一編著	256	2500円
9.	(1回)	生活と文化 ―生活文化論へのいざない―	鍵和田務編著	232	2500円
10.		生活と教育	岸本幸臣編著		

定価は本体価格+税です。
定価は変更されることがありますのでご了承下さい。

図書目録進呈◆